AK Trivia Book 53

마도서의 세계

쿠사노 타쿠미 | 지음 남지연 | 옮김

AK TRIVIA BOOK

마법사가 악마에게 명을 내리려고 하는데
뭔가 좀 이상하네요. 1분 이내로 찾아주세요.
그럼 스타트!

<정답은 6쪽에>

머리말

마법과 마술에 관심 있는 독자 여러분이라면 「마도서」 또는 「그리무아르」라는 단어를 많이 들어보았을 것이다. 『솔로몬 왕의 열쇠』나 『레메게톤』이라는 마도서의 제목을 들어본 적 있는 사람도 꽤 많을지 모른다. 하지만 마도서란 무엇인지, 어떤 내용이 적혀 있는지 물으면 구체적으로 답할 수 있는 사람은 거의 없지 않을까.

그 이유는 간단한데, 마도서는 매우 어렵고 이해하기 힘든 특징이 있기 때문이다.

마도서가 마술서의 일종이라는 사실은 틀림없다. 그러나 단순히 마술서라 하기에는 의미가 다르다. 마술서는 마술에 관하여 적힌 서적 전반을 가리키지만 마도서는 그렇지 않다. 마도서는 마술서 중에서도 특히 천사와 악마 같은 영혼들을 소환하여 자신의 소망을 실현하는 방법을 자세히 적은 책이다.

그래서 마도서는 보통 마술서보다 더욱 무섭고 비밀스러운 분위기가 있다. 마도서 또는 그리무아르라는 단어가 등장하는 것만으로 뭐라 형언할 수 없는 공포를 불러일으킨다. 20세기의 소설가 하워드 필립스 러브크래프트가 창조한 크툴루 신화에 『네크로노미콘』이라는 무시무시한 마도서가 등장하는 것만 보아도 그것을 알 수 있다. 어떤 의미로 마법사가 등장하는 이야기에는 빠질 수 없는 아이템인 것이다.

게다가 마도서는 결코 가공 세계만의 존재가 아니다. 특히 유럽에서는 아주 오랜 옛날부터 다종다양한 마도서가 수없이 존재하면서 많은 사람들에게 읽히고 이용되는 동시에 두려움의 대상이 되었다. 그리고 그 전통이 현대에까지 이어지고 있다.

대체 마도서란 어떤 책일까? 이 책을 읽고 나면 여러분은 그에 관해 나름대로 논할 수 있게 될 것이다.

쿠사노 타쿠미

목차

목차

1. 마법원이 @마크로 되어 있다.
2. 화로 대신 봉납함이 놓여 있다.
3. 촛불이 케이크 위에 꽂혀 있다.
4. 마도서가 아닌 아동서를 들고 있다.
5. 양피지 모자가 아닌 헬멧을 쓰고 있다.
6. 마법봉 또는 마법지팡이가 아닌 대파를 들고 있다.
7. 펜타클이 펜타곤으로 되어 있다.

제1장
마도서 입문

No.001

마도서란 무엇인가?

Grimoire-definition and meaning

마도서——그것은 악마와 천사 등의 다양한 영혼을 기도나 대화 또는 위협을 통해 마음대로 조종하여 자신의 욕망을 이루기 위한 책이다.

●악마와 천사 등을 이용하여 소망을 이루기 위한 책

마도서란 무엇인지 정확하게 정의하기는 매우 어렵다. 마도서는 영어로 그리무아르(grimoire)라고 하는데, 이 단어는 「grammaire」라는 프랑스어에서 왔다고 한다. 「라틴어로 적힌 문서」라는 뜻이다. 18세기부터 이 단어가 마술서를 뜻하게 되었는데, 어려워 이해할 수 없다는 데서 「그리무아르 같다」는 표현도 있었다. 마도서란 그 정도로 이해하기 힘든 물건이다.

하지만 일반적으로 마도서라 불리는 책에는 어떤 공통된 특징이 있다. 그것은 마도서에는 악마와 천사 등의 다양한 영혼을 기도나 대화 또는 위협을 통해 마음대로 조종하여 자신의 욕망을 이루는 방법이 쓰여 있다는 점이다. 그것은 영혼을 조종하기 위한 매우 구체적인 안내서로서, 영혼을 조종하는 데 필요한 마법원, 인장, 부적, **시질**, 마법지팡이 등의 제작 방법, 갖가지 주문 등이 기록되어 있는 책이다.

즉 마도서란 그저 단순히 마술에 관한 내용이 나열된 책이 아니라, 천사와 악마를 조종하여 자신의 소망을 이루기 위한 매우 구체적인 절차가 담긴 책이라고 할 수 있다.

이러한 책은 판타지 소설이나 영화 등에 자주 등장한다. 판타지 세계에서는 긴 외투를 걸친 척 보기에도 수상한 마법사가 마법원 안에 서서 마법지팡이를 휘두르며 천사와 악마를 불러내곤 한다. 마도서란 바로 그런 마법사의 참고서 같은 책이다.

그렇지만 마도서는 결코 허구 속의 존재만은 아니다. 유럽에는 아주 오랜 옛날부터 많은 마도서가 존재하고 있었다. 『솔로몬 왕의 열쇠』, 『솔로몬 왕의 작은 열쇠(레메게톤)』, 『그랑 그리무아르』, 『호노리우스 교황의 마도서』 등 헤아리자면 끝이 없다.

마도서의 정의

마도서란?

단순한 마술책이 아니다.

천사와 악마를 조종하여 소망을 이루기 위한 구체적인 안내서.

특징은? → 마법원, 인장, 부적, 시질, 마법지팡이 등 마도구의 제작 방법, 갖가지 주문 등이 기록되어 있다.

마도서에는 아래와 같은 여러 가지 마도구가 실려 있다.

마도서에 기재된 마도구의 예

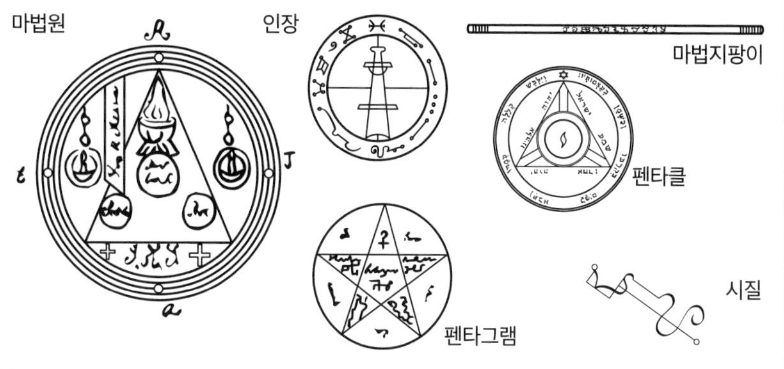

판타지 소설이나 영화 등에 자주 등장하지만…

↓

유럽에는 무수히 존재하고 있었다.
『솔로몬 왕의 열쇠』, 『레메게톤』, 『그랑 그리무아르』, 『호노리우스 교황의 마도서』 등.

용어 해설

●시질→서양 마술에서 사용하는 기호와 도형. 보통 「인장」이라고 하면 특정한 도형이 그려진 메달이나 반지 등 전체를 가리키는 경우가 많지만, 시질은 그려져 있는 도형과 기호만을 지칭한다.

No.002

마도서는 고대부터 존재하였는가?

Were there Grimoires in ancient times?

마도서는 헬레니즘 시대 고대 이집트에서 크게 발전하여, 서기 1세기의 지중해 주변 지역에는 파피루스지에 작성된 무수한 마도서가 나돌고 있었다.

●헬레니즘 시대에는 무수한 마도서가 존재하였다

『솔로몬 왕의 열쇠』나 『레메게톤』 등 현재 우리가 읽어볼 수 있는 마도서 대부분은 사실 그리 오래되지 않았다. 이것들은 모두 일러도 중세 말기, 대부분 근대 초기에 만들어진 것이다.

그러나 마도서는 고대부터 존재하고 있었다. 마도서를 마술 지식을 문자화한 것이라 생각한다면 기원전 2천 년대 고대 바빌로니아 문명의 점토판에 그 기원이 있다고도 할 수 있다. 물론 점토판은 무거워 휴대가 불편하기 때문에 일반적인 의미의 책과는 거리가 있다. 그런 의미에서 한층 편리한 마도서다운 마도서가 처음 나타나 발전한 것은 기원전 4세기부터 기원전 1세기 헬레니즘 시대의 이집트이다.

이 시대에 마도서는 파피루스지로 만들어졌으며, 거기에 기록된 마술은 그 이전의 마술과 내용적으로도 차이가 있었다. 고대 이집트에서는 예로부터 왕릉의 벽 등에 상형문자로 마술을 새겼는데, 그것은 건강과 수호를 기원하는 목적이었다. 그에 반해 파피루스지의 마술은 마술사의 개인적 소망을 이루고자 하는 것이 대부분이다. 즉 부를 얻거나, 사회적 지위가 높아지거나, 이성을 손에 넣는 등의 것들이다. 시대가 더 흐른 뒤에는 신에게 지혜와 예언을 구하는 것이 마술의 목적이 된다.

이처럼 마도서는 헬레니즘 시대에 크게 발전하여, 서기 1세기 지중해 주변 지역에서는 무수히 많은 마도서가 유통되었다.

하지만 이 시대의 파피루스지 마도서는 거의 남아 있지 않다. 고대 말기에 로마 제국과 그리스도 교회가 벌인 반복된 일제 단속 탓에 불타고 말았기 때문이다. 이렇게 처분된 마도서는 어마어마한 수량이어서, 전문가뿐만 아니라 일반인도 마도서를 읽었으리라 여겨진다.

고대 마도서의 발전

마도서 ➡ 고대부터 존재하고 있었다.

고대의 마도서는 점토판에서 시작되어, 파피루스 시대에 크게 발전하였다.

가장 초기의 마도서

· 고대 바빌로니아의 점토판.
· 무거워 휴대가 불편.
· 책 같지 않다.

⬇

헬레니즘 시대 고대 이집트의 마도서

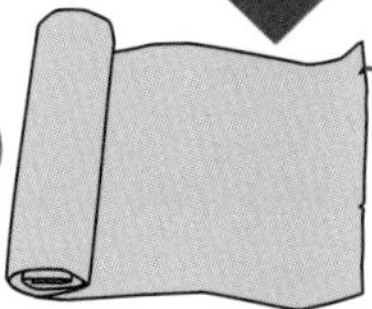

· 파피루스지로 제작.
· 가벼워 휴대가 쉽고 편리.
· 책다운 책.

⬇

지중해 주변 지역에 확산된다!

헬레니즘 시대 마도서의 내용

헬레니즘기 마도서의 내용

⬇

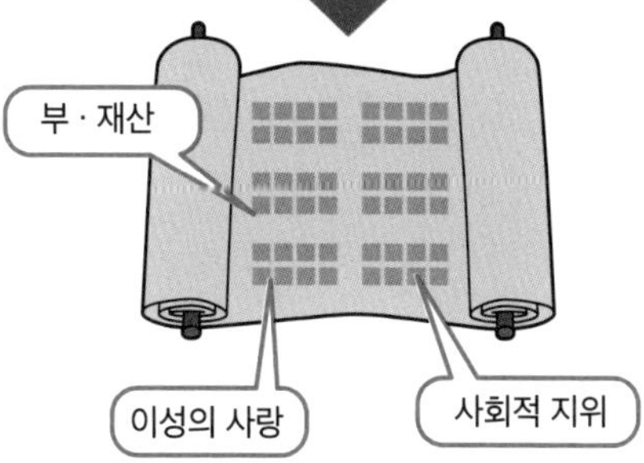

고대 이집트에서는 이전까지 왕의 건강과 수호를 비는 마술이 이루어졌으나, 헬레니즘기 들어 마술사 개인의 소망을 실현하는 마술이 중심이 되었다.

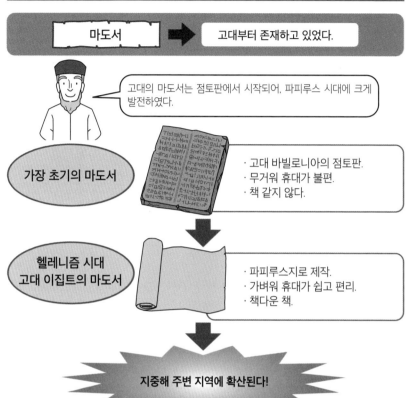

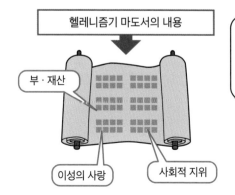

No.003

솔로몬 왕의 이름을 가진 고대의 마도서

Ancient Grimoire of Solomon the king

서기 5세기에는 이미 솔로몬 왕의 이름을 딴 마도서가 존재하였으며 베엘제붑, 아스모데우스, 레비아탄 등의 악마를 봉인하는 방법이 기록되어 있었다.

●36종 이상의 악마를 불러내는 주문을 기록한 마도서

솔로몬 왕(40쪽 참조)의 이름을 가진 최초의 마도서 『솔로몬 왕의 유언』은 서기 1~5세기 무렵 그리스어로 쓰인 고대의 마도서이다.

이 마도서에는 기원전 10세기 이스라엘 왕국의 국왕이었던 솔로몬이 신에게 받은 마법의 반지(솔로몬의 문장이 새겨져 있다)로 많은 악마를 사역하여, 신전을 훌륭히 완성시켰다는 이야기가 쓰여 있다. 등장하는 악마는 유명한 베엘제붑과 아스모데우스, 레비아탄 외에 36**데칸**에 속하는 36종의 악마 등이다. 악마들은 모두 마법 반지의 힘에 의해 강제로 소환되어 자신들의 이름과 능력, 명령하는 데 필요한 주문 등을 고백하게 된다.

이를테면 제11번째 데칸의 악마는 이렇게 고백한다.

'나는 카타니코타엘이라 불린다. 가정에 분쟁과 사고를 일으켜, 인간을 화나게 하는 것이 나의 일이다. 만약 집에서 편히 지내고 싶다면 다음과 같이 해야 한다. 월계수 잎 7장에 내가 싫어하는 천사의 이름을 적는다. 이어서 「Iae, Ieô. 위대한 신의 이름으로 카타니코타엘을 침묵하게 하라」라고 적는다. 그리고 물에 적신 월계수 잎으로 물을 뿌려 집 안팎을 정화한다. 그러면 나를 봉인할 수 있을 것이다.'

또한 제33번째 악마는 이렇게 고백한다.

'나는 아그코니온이라 불린다. 갓난아기의 배내옷 속에 숨어 못된 장난을 치는 것이 일이다. 나를 봉인하고 싶다면 이렇게 해야 한다. 무화과 잎에 「Lycurgos」라고 적은 뒤, 그 밑에 「ycurgos, curgos, urgos, rgos, gos, os, s」라고 한 글자씩 줄여가며 적는다. 이러면 나는 도망칠 것이다.'

『솔로몬 왕의 유언』에서는 이런 식으로 여러 악마를 봉인하는 방법을 차례차례 설명하고 있다.

『솔로몬 왕의 유언』

솔로몬 왕의 유언 ➡
- 솔로몬 왕의 이름을 가진 최초의 마도서.
- 1~5세기 무렵 성립.

?

내용은? ➡ 솔로몬이 신에게 받은 반지로 악마를 사역하여 신전을 완성하는 이야기.

이것은 솔로몬 왕이 신에게 받은 반지에 있던 인장이다. 솔로몬 왕은 이것을 이용하여 아래와 같은 다수의 악마를 사역했다.

솔로몬 왕이 사역한 악마들

베엘제붑, 아스모데우스, 레비아탄, 36데칸의 악마 등.

악마 아그코니온의 행위와 약점

악마 아그코니온
- 33번째 데칸의 악마
- 갓난아기의 배내옷 속에 숨어 못된 장난을 치는 것이 일

약점은?

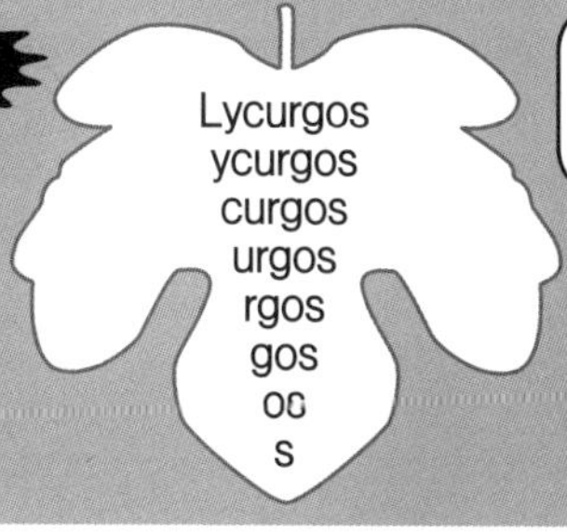

무화과 잎에 왼쪽 그림처럼 글자를 적으면 나는 도망칠 수밖에 없다.

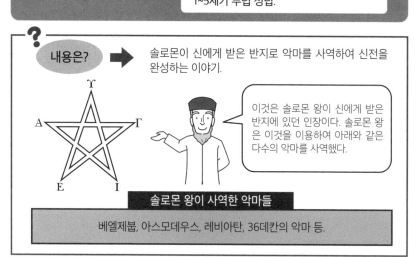

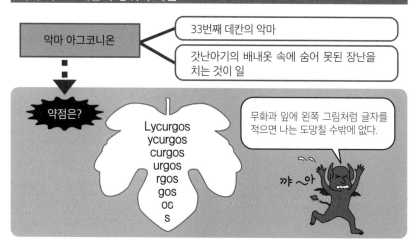

용어 해설

●데칸→점성술에서 천구상의 황도를 30도씩 12분할한 것이 사인(궁), 10도씩 36분할한 것이 데칸이다.

No.004

중세 유럽의 마도서

European grimoires in the middle ages

고대 세계에서 중세 유럽으로 계승된 마도서는 12세기에 이르러 아라비아, 유대, 북유럽 마술의 영향을 받아 한층 새로운 발달을 이루었다.

●외국 문화의 영향으로 변화한 마도서

마도서는 헬레니즘 시대 이집트에서 처음 발전하였으며, 그리스도 교회가 지배하던 유럽 중세 시대에도 새로운 발전이 있었다.

유럽 마도서의 변화는 특히 12세기 무렵부터 현저히 나타났다. 여기에는 십자군 운동의 영향도 있었다. 11세기 말 시작된 십자군은 성지를 탈환하기 위해 여러 차례 중근동으로 원정하였다. 이에 따라 유럽인은 아라비아 세계의 풍요로운 문화에 눈을 뜨게 된다. 또한 11세기 이전 아프리카 북부의 이슬람 세력은 강력하여 이베리아 반도까지 지배하고 있었다. 그러다 12세기에 들어서면 그 지배력도 약해진다. 그때 특히 스페인에서 유럽권과 아라비아권의 접촉이 활발히 이루어져, 아랍어에서 라틴어로 번역된 책 등이 대량으로 유럽에 유입된 것이다.

이러한 흐름의 결과 유럽의 마도서에도 새로운 사고방식이 도입되었다. 그중 최대의 것은 천계 영혼의 힘을 조종하고자 하는 천계마술(아스트랄 매직)로서, 『솔로몬 왕의 열쇠』 등 많은 마도서가 그 사상을 전제로 하고 있다. 천계마술은 스페인에 살던 유대인 학자에게도 영향을 주어 거기에서 카발라 사상이 발생하였고, 이 카발라 사상도 유럽에 들어와 마도서에 도입되었다.

그 밖에 스칸디나비아 문화의 영향도 있었다. 스칸디나비아 반도에서는 11세기경 그리스도교가 확산되었다. 그 결과 라틴어가 쓰이기 시작하였으며, 이전부터 존재하던 룬 문자는 쓰이지 않게 되었다. 그리고 룬 문자는 마술적 문자로 취급되어 마도서 등에 사용된다.

이처럼 다양한 문화의 영향을 받으며 유럽의 마도서는 현재 확인할 수 있는 형태로 변화해온 것이다.

마도서의 새로운 발달

중세 유럽의 마도서 ➡ 12세기경에 대변화.

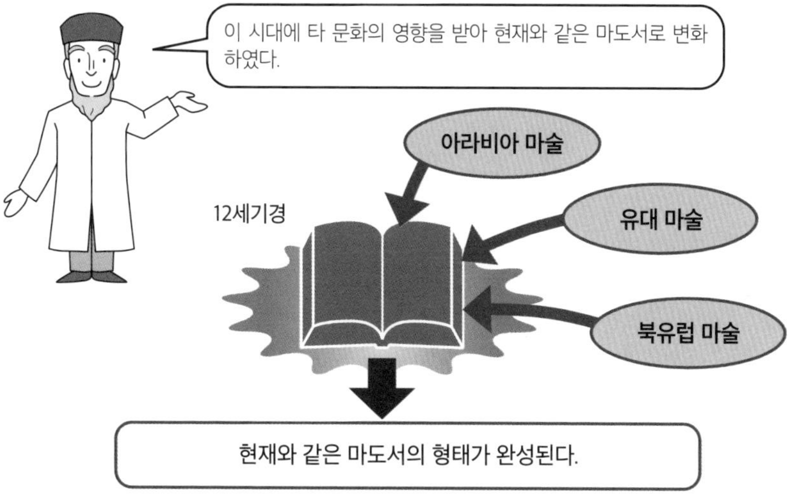
이 시대에 타 문화의 영향을 받아 현재와 같은 마도서로 변화하였다.
아라비아 마술
12세기경
유대 마술
북유럽 마술
현재와 같은 마도서의 형태가 완성된다.

마도서에 도입된 영향

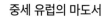

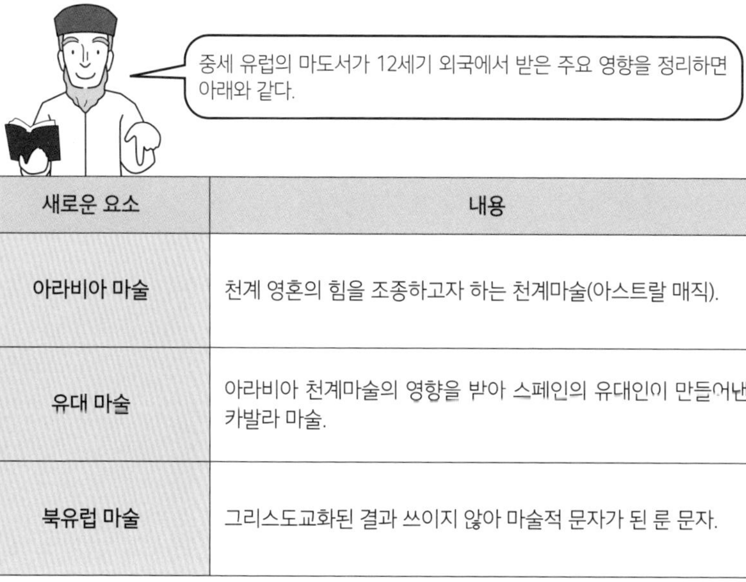
중세 유럽의 마도서가 12세기 외국에서 받은 주요 영향을 정리하면 아래와 같다.

새로운 요소	내용
아라비아 마술	천계 영혼의 힘을 조종하고자 하는 천계마술(아스트랄 매직).
유대 마술	아라비아 천계마술의 영향을 받아 스페인의 유대인이 만들어낸 카발라 마술.
북유럽 마술	그리스도교화된 결과 쓰이지 않아 마술적 문자가 된 룬 문자.

No.005

아라비아 마술의 영향

Influence of Arabic magic

별과 행성에 깃든 영혼의 힘을 이용하는 천계마술(아스트랄 매직)이 아라비아에서 수입되어 유럽의 마술에 다대한 영향을 주었다.

●아라비아에서 수입된 천계마술

십자군의 영향 등도 한몫하여 12세기경부터 아라비아의 학술이 대량으로 유럽에 유입되었다. 이에 따라 유럽 문화는 다대한 영향을 받았는데, 마도서도 예외는 아니었다.

마도서의 세계에서는 특히 아라비아에서 들어온 천계마술(아스트랄 매직)의 영향이 컸다. 천계마술이란 별과 행성에 영혼이 깃들어 있다는 전제하에, 점성술적으로 적절한 일시를 골라 적절한 의식을 치름으로써 천계 영혼의 힘을 마술적으로 이용할 수 있다는 이론이다. 즉 마술과 점성술을 종합한 것이다.

이러한 천계마술 서적이 아랍어에서 번역되어 다수 유럽에 보급되었는데, 그중에서도 유명한 것이 『피카트릭스』(원제 Ghâyat al-Hakîm=현자의 목적)였다.

『피카트릭스』는 스페인에 거주하던 아랍인 학자가 12세기에 썼다고 전해지며, 그 기술에 따르면 책 224권의 내용을 정리한 것이었다. 그런 만큼 체계적인 책이라고는 할 수 없지만, 별과 행성에 깃든 영혼의 힘을 부적 등에 주입하는 방법을 주된 테마로 삼고 있다.

예를 들어 행성의 힘을 효과적으로 이용하고 싶다면 그 수단으로서 행성, 도형, 제물, 주문, 훈증(燻蒸) 등을 적절히 활용해야 한다고 한다.

또한 특정한 행성의 힘을 이용하려면 우선 자기 자신의 신앙심을 돈독히 할 필요가 있다. 우상 숭배 따위는 언어도단이었다. 이어서 자신의 신체와 의복을 정화한다. 그리고 실제로 의식을 행할 때는 행성에 어울리는 색의 옷을 몸에 걸친다. 이를 통해 적절한 훈증이 가능해지며, 기도도 유효해진다. 이들 준비를 갖춘 상태에서 행성이 적절한 배치에 있을 때 의식을 행하면 목적을 달성할 수 있다고 한다.

천계마술(아스트랄 매직)

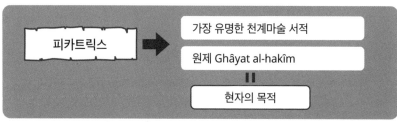

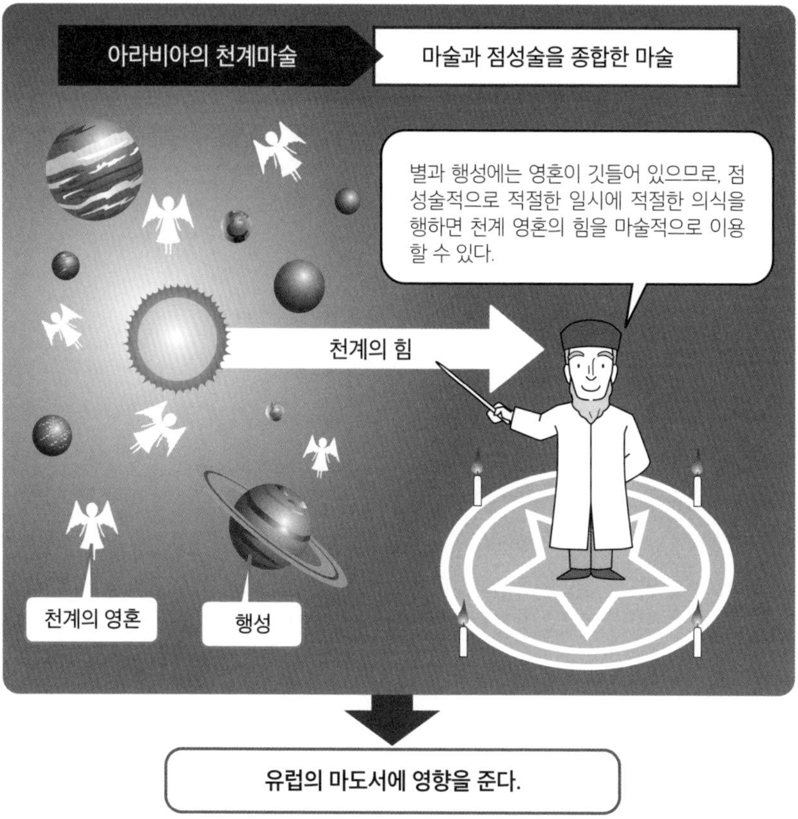
아라비아의 천계마술
마술과 점성술을 종합한 마술
별과 행성에는 영혼이 깃들어 있으므로, 점성술적으로 적절한 일시에 적절한 의식을 행하면 천계 영혼의 힘을 마술적으로 이용할 수 있다.
천계의 힘
천계의 영혼
행성

유럽의 마도서에 영향을 준다.

『피카트릭스』의 마술

피카트릭스 → 가장 유명한 천계마술 서적

원제 Ghâyat al-hakîm

＝

현자의 목적

내용은? → 별과 행성에 깃든 영혼의 힘을 부적 등에 주입하는 방법이 주된 테마.

No.006

카발라의 영향

Influence of Kabbalah

카발라 마술 사상에 따르면 히브리 문자와 신의 비밀스러운 이름에는 특별한 힘이 있어, 그것을 통해 천사와도 연락할 수 있다고 한다.

●특별한 마력을 가진 테트라그라마톤

유대 신비주의 사상인 카발라는 예로부터 비밀리에 전해졌으나, 13세기경부터는 스페인의 유대인 학자가 쓴 저작을 통해 유럽인에게도 알려지게 되었다. 그 결과 유럽의 마도서는 카발라의 영향을 받게 된다.

카발라에서는 유대인의 언어인 히브리어는 신의 언어로서, 그 문자 하나하나가 특별한 힘으로 신과 연결되어 있다고 믿었다. 유럽의 마술사들은 이 사상을 마음에 들어 했다. 즉 히브리 문자와 신의 비밀스러운 이름에는 특별한 힘이 있으므로, 그 문자와 신의 이름을 이용하면 부적의 힘이 강해져 천사계와 통할 수도 있다고 생각한 것이다.

이리하여 유럽의 마도서에는 히브리 문자가 많이 등장하게 되었다. 다만 마술사들이라고 누구나 히브리어를 읽고 쓸 수 있던 것은 아니기 때문에, 의미도 없는 엉터리 문자열이 이용되는 일조차 있었다.

자주 이용된 것은 신성한 신의 이름이었다. 유대교에는 신을 의미하는 거룩한 호칭이 많이 존재했다. 아도나이(Adonai), 엘(El), 엘로아(Eloa), 엘로힘(Elohim), 여호와(Jehovah), 사바오트(Sabaoth), 샤다이(Shaddai) 등의 이름이다.

그중에서도 특별한 마력을 지닌 신의 이름으로서 특히 경외시한 것이 테트라그라마톤(신성 4문자)이다. 이는 그리스어로 「네 글자」를 뜻하는 단어로서, 『구약 성서』에서 참된 신의 이름으로 여겨지던 히브리어 "YHWH"(야훼)를 가리킨다. 유대교에서는 이 이름을 직접 입에 담는 것을 금했기 때문에 다양한 신의 호칭이 존재하는 것이다.

카발라 마술

카발라 → 12세기경 융성한 유대 신비주의.

특징은?
- 히브리 문자
- 신의 비밀스러운 이름

↓

특별한 힘이 있다.

↓

부적의 힘을 강하게 한다.

카발라에서는 유대인의 언어인 히브리어 문자와 신의 비밀스러운 이름에는 특별한 힘이 있다고 믿는다.

히브리 문자와 테트라그라마톤

문자	대응 알파벳	명칭	문자	대응 알파벳	명칭
א	a/e	알레프	ל	l	라메드
ב	b/v	베트	מ (ם)	m	멤
ג	g	기멜	נ (ן)	n	눈
ד	d	달레트	ס	s	사메크
ה	h	헤	ע	a	아인
ו	v	바브	פ (ף)	p/f	페
ז	z	자인	צ (ץ)	ts	차데
ח	H	헤트	ק	q	코프
ט	t	테트	ר	r	레시
י	y/i/j	요드	ש	s/sh	신
כ (ך)	k	카프	ת	t	타브

위가 히브리어 알파벳 22문자. 오른쪽은 그중에서도 특별한 힘이 있다고 여겨진 "YHWH"(야훼)를 나타내는 테트라그라마톤(신성 4문자)이다.

יהוה

No.007

룬 마술의 영향

Influence of Runic Magic

스칸디나비아에서는 그리스도교화가 진행되면서 더 이상 쓰이지 않게 된 룬 문자가 문자 그 자체에 마력이 깃든 마술적 문자로 여겨지게 되었다.

●북방에서 전해진 마력을 가진 문자

히브리어만큼 일반적이지는 않지만, 고대 북유럽에서 쓰이던 룬 문자도 유럽의 마도서에 이용되는 경우가 있었다.

룬 문자는 서기 1세기경 성립하여 독일 북부와 스칸디나비아 반도에서 알파벳으로 사용되던 게르만인의 고대 문자 체계이다. 룬에는 「신비」라든가 「비의(秘儀)」라는 의미가 있다.

그 후 게르만인의 민족이동에 의해 유럽 각지에 알려졌으나, 11세기경 스칸디나비아 반도에 그리스도교가 보급되기 시작하면서 라틴어가 쓰이게 되었다. 그리고 그리스도교가 세력을 얻어감에 따라 룬 문자는 히브리 문자와 마찬가지로, 문자 그 자체에 마력이 깃든 마술적 문자로 여겨지게 된다. 14세기 노르웨이에서는 룬 문자 및 흑마술 금지령이 나오기도 하였다.

이렇게 룬 문자를 공공연히 쓸 수 없게 되자, 그 대신 암호문이나 마술 목적으로 쓰게 된 것이다.

마술을 목적으로 한 룬 문자 사용은 특히 아이슬란드에서 활발히 이루어진다. 룬 문자를 사용하여 마술을 행했다는 죄로 많은 사람이 마녀로 몰려 처형되었다. 아이슬란드에는 글을 읽고 쓸 줄 아는 사람이 많았기 때문에 마도서 수요도 높았던 것이다.

룬 문자는 자신이 직접 써야만 마력이 발휘되므로, 마술을 행하고자 하는 사람은 마도서를 참고로 손수 룬 문자를 적어 부적 등을 만들었을 것이다. 스칸디나비아 반도에서 발견된 사본에는 룬 문자가 적힌 마법진도 나타나고 있다. 또한 정령의 이름을 적을 때 룬 문자를 이용하기도 하였다. 다만 히브리 문자와 마찬가지로 의미 불명인 경우도 많았다.

룬 문자의 역사

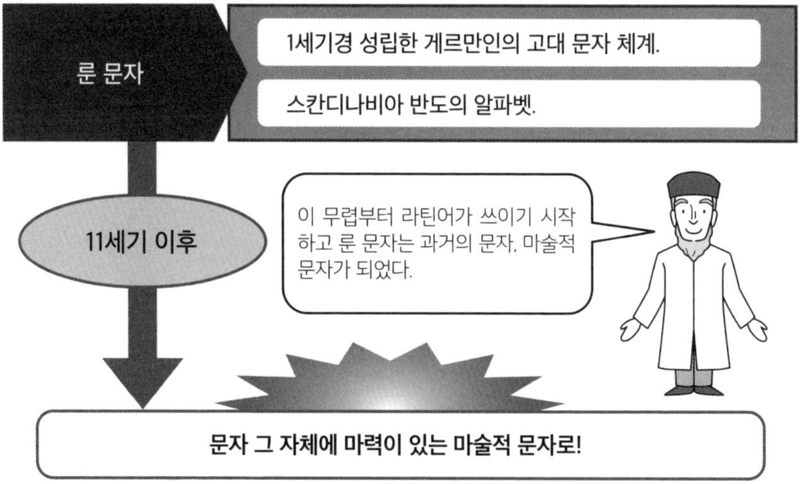

룬 문자
1세기경 성립한 게르만인의 고대 문자 체계.
스칸디나비아 반도의 알파벳.
11세기 이후
이 무렵부터 라틴어가 쓰이기 시작하고 룬 문자는 과거의 문자, 마술적 문자가 되었다.
문자 그 자체에 마력이 있는 마술적 문자로!

공통 게르만 룬 문자

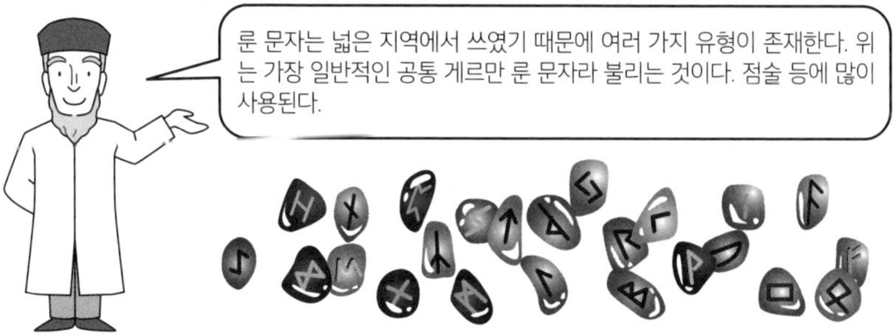

룬 문자는 넓은 지역에서 쓰였기 때문에 여러 가지 유형이 존재한다. 위는 가장 일반적인 공통 게르만 룬 문자라 불리는 것이다. 점술 등에 많이 사용된다.

No.008

마도서의 물질적 재료

Physical materials of grimoires

마도서는 고대 이집트 시절 파피루스지를 이용하여 만들어졌으나, 중세 유럽에서는 값이 싸며 책처럼 철할 수 있는 양피지에 작성했다.

●유럽의 마도서는 양피지제

마도서를 그저 단순히 마술 지식을 문자로 적어놓은 것이라고 생각한다면, 유럽 마도서의 기원은 기원전 2천 년대의 바빌로니아로까지 거슬러 올라간다. 이 시대에는 점토판에 갈대 등의 펜으로 쐐기문자를 적었으므로, 마도서의 물질적 재료가 점토판이었다고 할 수 있다. 하지만 점토판은 자유롭게 운반할 수 없기 때문에 책이라는 이미지와는 거리가 멀었다.

마도서가 보다 책다워진 것은 파피루스지를 이용하기 시작하고부터이다. 파피루스지는 고대 이집트에서 발달한 필기를 위한 재료로서, 그 역사가 매우 깊어 기원전 10세기 이전까지 거슬러 올라간다. 그리고 마술적 내용이 적힌 파피루스 책 또한 늦어도 기원전 4세기에는 등장하였다. 다만 파피루스지는 파피루스라는 식물의 줄기를 얇게 벗겨 가로세로로 늘어놓고 압축한 것이므로 엄밀하게는 종이가 아니다. 접을 수도 없었다. 문장이 길어질 때는 파피루스지 조각을 풀로 연결한 다음 봉에 감아 두루마리로 만들었다. 글자는 잉크로 썼는데, 마도서를 작성하는 경우에는 잉크의 재료에도 점차 주의를 기울이게 되었다.

이에 반해 중세 유럽에서는 양피지 마도서가 일반적이었다. 양피지는 서기 2세기경 터키에서 발명되었다고 전해지는데, 파피루스지보다 싸고 유연하며 여러 장 포개서 철할 수도 있었다. 다른 종교와 달리 그리스도교에는 양피지에 사용하는 동물에 관한 제한도 없었다. 그래서 유럽에서는 성서를 비롯한 책을 만들 때 양피지를 일반적으로 사용하게 된 것이다.

유럽에서는 15세기부터 종이가 제작되어 양피지를 대신하지만, 마술적으로는 양피지가 중요시되었다. 종이에 기계로 인쇄된 마도서보다 양피지에 손으로 필사한 마도서가 더욱 큰 마력을 지녔다고 믿었기 때문이다. 그래서 부적이나 마법원 등은 양피지로 만들도록 지시하는 경우가 많다.

마도서 재료의 변천

마도서의 재료

점토판

고대 바빌로니아

파피루스지

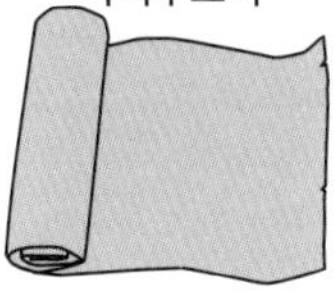

고대 이집트

양피지

중세 유럽

마도서의 재료는 시대에 따라 점토판, 파피루스지로 변화하였고 중세 유럽에서는 양피지가 사용되었다.

파피루스와 양피지 비교

파피루스지와 양피지에는 각각 아래와 같은 특징이 있으며, 그에 따라 결과적으로 유럽에서는 마도서의 재료로 양피지가 쓰이게 된 것이다.

파피루스지

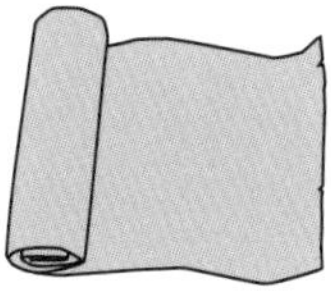

- 식물의 줄기를 얇게 벗겨 가로세로로 늘어놓고 압축한 것으로 종이가 아니다.
- 접지 못한다.
- 문장이 길어질 때는 종잇조각을 풀로 연결한 다음 봉에 감아 두루마리로 만들었다.

양피지

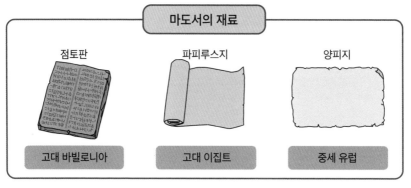

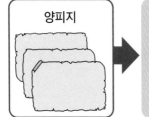

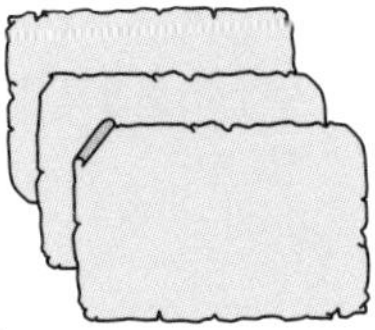

- 파피루스지보다 싸고 유연.
- 여러 장 포개서 철할 수 있다.
- 그리스도교에는 양피지에 사용하는 동물에 관한 제한이 없다.

No.009

마도서의 이용자

Users of grimoires

유럽에서는 우선 성직자가 마도서를 이용하기 시작하였고, 그 후 교사 · 의사 · 법률가 · 군인 등 고도의 교육을 받은 사람들에게 확산되었다.

●마도서의 최대 이용자는 성직자였다

마도서는 책이므로 이용자는 글자를 읽고 쓸 줄 아는 사람이 중심이었다. 따라서 유럽에서는 여성 이용자가 적었다. 유럽에서는 20세기 이전까지 여성의 식자율이 남성보다 낮았기 때문이다.

최초로 마도서가 발전한 헬레니즘 시대의 알렉산드리아에서는 학술 연구소와 도서관도 발달하여, 마도서는 일반인에게도 보급되어 있었다.

그러나 그리스도 교회가 강력해진 3세기 이후의 중세 유럽에서는 학술이 성직자에게 독점되어 그리스도교적으로 변화하는 경향을 보인다. 글을 읽을 수 있는 것은 성직자 정도뿐이었으므로, 마도서를 읽고 이용하며 필사하거나 작성한 것도 수도사 등 성직자였다. 마도서가 존재하는 도서관류의 장소도 중세 유럽에서는 수도원 정도밖에 없었다. 그래서 당연한 결과이지만, 보물찾기에 열중한 것도 수도사였다.

12세기경부터 대학이 많이 설립되면서 식자층이 늘어나 교사와 학생 등도 수도사에 가세하게 된다. 개중에는 마도서를 작성하는 사람도 있었다. 그 후 대졸 수준의 학문을 익힌 사람들은 점점 증가했고, 16세기에는 고도의 교육을 받은 교사 · 의사 · 법률가 · 군인 등 다양한 전문직종이 생겨났다. 그리고 이러한 사람들 가운데서도 마도서 이용자가 늘어갔다. 또한 근대에는 마도서가 인쇄되어 대중화되면서, 글을 아는 숙련공 · 상인을 비롯한 일반인에게도 보급되었다.

다만 글을 모르는 사람이라고 마도서와 아무 인연이 없던 것은 아니다. 글자를 읽지 못하는 시골의 마술사가 그저 불가사의한 분위기를 내는 소품으로서 마도서를 장식해두는 것은 흔한 일이었다. 또한 여성들 사이에서는 마도서에 적힌 고대 문자나 기호를 의미도 모른 채 본떠 그려 부적으로 삼는 습관을 흔히 찾아볼 수 있었다.

마도서 이용자의 확산

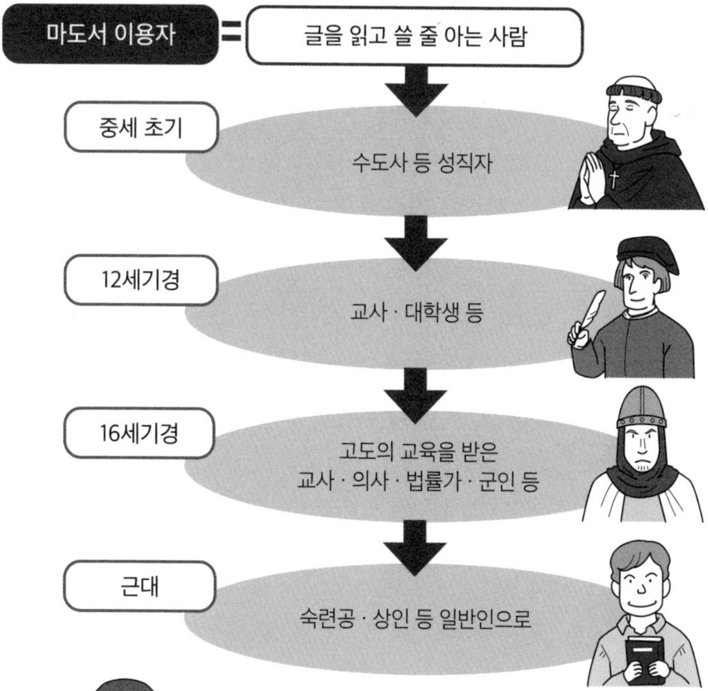

시대가 흐르며 교육이 보급됨에 따라 마도서 이용자도 늘어났다. 다만 글을 모르는 사람도 마도서를 이용하는 경우는 있었다.

글을 모르는 사람의 경우

시골의 마술사

불가사의한 분위기를 내는 소품으로서 방에 장식했다.

글자를 읽지 못하는 여성

바노서에 나오는 고대 문자나 기호를 본떠 그려 부적으로 삼았다.

이처럼 글을 몰라도 마도서를 이용할 수는 있었다.

No. 010

마술사는 모두 마도서를 사용하였는가?

Did all magicians use grimoires?

수많은 마술사 중에서도 특히 악마나 영혼을 소환하는 컨저레이션이라 불리는 종류의 마술을 사용하는 마술사들이 마도서의 이용자였다.

●컨저레이션 마술에 필수적인 마도서

마도서에는 마술을 사용하는 방법이 적혀 있으나, 모든 마술사가 마도서를 필요로 한 것은 아니다.

가령 중세 유럽의 마을에는 질병 치료를 주된 생업으로 하는 민간 마술사가 있었다. 그들은 구전으로 전해진 오랜 전통적 마술을 행했으므로 문자로 적힌 책은 필요가 없었다. 또한 글자를 읽지 못하는 마술사가 많았다. 르네상스 시대에는 고대의 마술적 사상이 추앙받으며 마술의 지적 탐구가 성행한다. 그리고 피치노, 아그리파, 피코 델라 미란돌라 등이 활약하였다. 하지만 그들의 마술은 자연마술이나 순수한 천체마술로서, 자연계에 깃든 마력이라든가 별의 영향 등을 탐구하는 것이지 마도서가 필요한 마술은 아니었다.

그렇다면 어떤 마술사가 마도서를 필요로 하였는가 하면, 그것은 컨저레이션이라 불리는 마술의 실천자였다. 이는 고대 그리스 · 로마 시대부터 신봉되어온 정령을 불러내는 마술로, 초자연적 정령을 불러내 그 힘을 자신의 욕망 실현에 이용하는 것이다. 이 마술은 적절한 의식을 행할 필요가 있어 의식마술이라고도 불렸다. 적절한 의식이란 그야말로 마도서의 테마라 할 수 있는 것으로 단식과 기도 의식, 지면에 그리는 마법원, 주문, 성수, 양초, 검, 마법지팡이, 메달류 등을 바르게 사용하는 것을 말한다.

예로부터 존재하던 이 부류의 마술은 르네상스기에 융성한 마술 사상의 영향을 받아 단숨에 널리 유행하여 『솔로몬 왕의 열쇠』, 『호노리우스 교황의 마도서』, 『오컬트 철학 제4권』 등 다양한 마도서가 등장하게 된다. 그리고 이러한 의식이 교육을 받은 지식인은 물론 교육을 받지 못한 사람들 사이에도 확산되면서 많은 자칭 마술사가 탄생하였다.

마도서를 이용한 마술사

마도서가 필요한 마술 → 영혼을 소환하는 컨저레이션 마술.

나는 필요 없어.
마도서
나에게는 필요해!

르네상스 마술의 마술사

질병을 치료하는 민간 마술사

컨저레이션 마술의 마술사

> ! 마술 중에서도 컨저레이션 마술을 행하는 마술사가 마도서를 필요로 하였다.

컨저레이션이란?

컨저레이션

고대 그리스 · 로마 시대부터 신봉된 마술

▼

적절한 의식을 통해 초자연적 정령을 불러낸 다음,
그 힘을 지상적 목적을 위해 이용하는 마술.

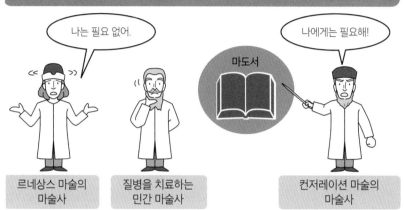

이 적절한 의식 절차에는 마법원, 마법지팡이, 성수, 주문, 단식 등이 포함되므로 마도서가 꼭 필요하다.

No.011

인쇄본과 필사본

Printed or hand-written copy

인쇄된 마도서가 대량으로 유통되기 시작하였으나, 사람들은 인쇄된 책에는 필사본만큼의 마력이 없다고 믿었다.

●인쇄본보다 필사본의 마력이 더 크다

유럽에서는 15세기에 인쇄 기술이 탄생하여, 16세기경부터는 인쇄된 마도서가 잇따라 유통되기 시작하였다.

그러나 근대 초기에는 기존의 필사본이 인쇄본보다 수적으로 훨씬 많았을 뿐만 아니라, 새로운 필사본도 계속해서 만들어졌다. 인쇄된 마도서를 바탕으로 필사본이 제작되는 경우도 많았다.

그 이유 중 하나는 인쇄된 마도서보다 필사본을 읽고 싶어 하는 인간의 수가 더 많았기 때문이다. 그래서 대량의 사본 없이는 수요가 충족되지 않았다. 하지만 이유는 그것만이 아니었다. 실은 인쇄된 책에는 마도서가 본래 가져야 할 마력이 없다고 인식되었던 것이다. 사람들은 인쇄된 마도서 자체에는 마력이 없으며, 마술을 기록해놓은 것에 지나지 않는다고 여겼다.

고대로부터 사람들은 문자 그 자체에 마력이 있다고 믿었다. 글을 모르는 사람들 입장에서 보면 사람에서 사람으로 의미를 전하는 문자란 그것만으로도 신비로웠기 때문이다. 당연히 읽거나 쓰는 행위도 마술이었다. 그렇기에 마도서 역시 인쇄된 문자보다 자신이 직접 쓴 문자의 마력이 훨씬 더 크다고 믿었던 것이다.

거기에서 마술 의식에는 손수 필사한 사본이 필요하며, 한 권씩 정화해야 한다는 신념이 생겨났다. 그리고 그 때문에 인쇄본 시대가 되어도 수많은 필사본이 제작된다. 유명한 『솔로몬 왕의 열쇠』 등의 마도서에 양피지 취급법부터 시작해 마도서 제작법과 정화법, 어떤 잉크와 펜을 사용해야 좋은지까지 상세히 적혀 있는 것도 그런 이유에서이다. 인쇄된 마도서의 글귀에 숨겨진 마력도 뒤떨어지는 것은 아니었으므로, 그렇게 함으로써 충분한 힘을 끌어낼 수 있었다.

인쇄본과 필사본의 차이

인쇄된 마도서 → 필사본이 가진 마력이 없다.

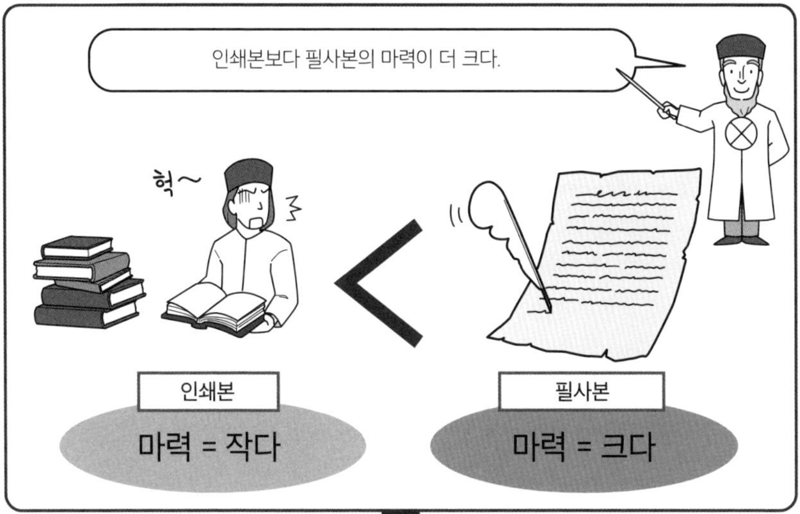
인쇄본보다 필사본의 마력이 더 크다.
헉~
인쇄본
마력 = 작다
필사본
마력 = 크다

↓

따라서 인쇄본 시대에도 수많은 필사본이 만들어졌다.

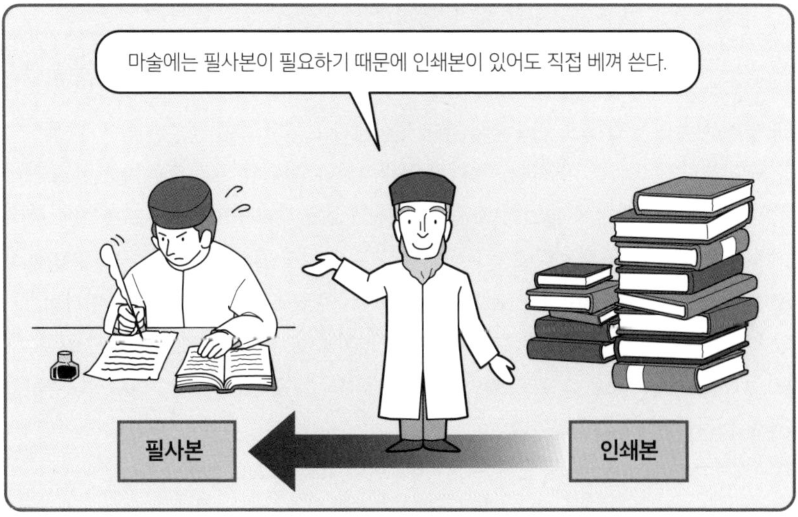
마술에는 필사본이 필요하기 때문에 인쇄본이 있어도 직접 베껴 쓴다.
필사본
인쇄본

No.012

마도서의 목적

Purposes of grimoire

사람들이 마도서를 이용하는 것은 대부분 세속적인 목적을 위해서였으며, 뭐니 뭐니 해도 인기 있던 것은 보물찾기와 이성의 사랑을 획득하는 마술이었다.

●보물을 찾고 사랑을 획득하는 데 이용된 마도서

마도서는 대체 어떤 목적으로 이용되었을까? 그것을 통해 자연의 비밀을 깨닫고자 한 사람들이 있던 것은 틀림없다. 하지만 대부분의 경우 마도서를 이용하는 목적은 좀 더 세속적이었다.

마도서의 테마로 특히 인기 있던 것은 보물찾기와 사랑을 획득하는 마술이었다. 현대인에게는 생소하겠지만, 중세는 물론 근대까지만 해도 보물찾기가 성행하여 많은 **트레저 헌터**들이 마도서의 힘을 빌렸다. 또한 그 시대에는 연애가 그다지 자유롭지 않았고 자유롭게 성적 관계를 맺을 수도 없었기 때문에, 이성의 사랑을 얻는다는 것은 누구에게나 중대한 관심사였다. 사랑이라기보다 명백히 외설적인 목적으로 마도서를 이용하는 사람들도 많았다. 마도서 가운데는 여성을 알몸으로 만들어 조종하는 방법이나 투명인간이 되는 방법 등이 설명되어 있는 것도 존재하는데, 그것은 명백하게 외설을 목적으로 한 마술이라 할 수 있다.

귀족에게 있어서는 정치력도 중요한 관심사였다. 그래서 고위층의 후원을 받거나 적의 음모를 파헤치는 방법 등도 마도서의 테마가 되었다.

도둑 탐색도 마도서를 이용하는 커다란 목적이었다. 현대와 달리 도둑맞은 물건을 되찾을 방법은 마술 정도밖에 없었기 때문이다. 이 마술은 피해자가 마술사에게 범인 탐색을 의뢰했음을 공언할 때 더욱더 큰 효과를 발휘했다고 한다. 그 사실을 알게 된 범인이 공포심에 사로잡혀 자백하거나 훔친 물건을 몰래 되돌려놓는 경우가 있었기 때문이다.

그 밖에도 마도서에는 실종자 탐색, 사고 방지, 피로 없이 오랫동안 여행하기, 도박에 이기기, 사기를 성공시키기 등의 방법이 쓰여 있는 것도 있었다. 즉 예사 사람들이 바랄 만한 일들이 거기에 담겨 있던 것이다.

마도서는 어디에 이용할까?

마도서의 이용 목적 → 무척 세속적인 목적으로 이용되었다.

구체적으로는 아래와 같다.
보물이다, 보물.
보물찾기
역시 사랑이지.
이성의 사랑 획득
우히힛.
외설 목적
출세!
고위층의 후원을 받는다
흐~음.
적의 음모를 파헤친다
오!
범인 탐색
실종자 탐색
도둑맞았어!
도둑맞은 물건을 되찾는다
안전제일!
사고 방지
중얼 중얼
8?
4?
노박 승리를 기원

용어 해설

●트레저 헌터→일확천금을 노리고 보물찾기에 매진하던 사람들. 중세와 근대 초기 유럽에는 매장된 보물이 있다고 믿는 사람이 많아, 트레저 헌터가 여럿 존재하고 있었다.

No.013

트레저 헌터와 마도서

Treasure hunters and Grimoire

중세와 근대 초기의 유럽인은 전원 지역에 보물이 잔뜩 묻혀 있다고 믿어, 일확천금을 노리고 보물찾기에 매진했다.

●활발하게 활동한 트레저 헌터

15세기에 인쇄 기술이 발명되면서 마도서도 대량으로 유통되었는데, 그중에서 특히 인기를 얻은 것은 보물찾기에 도움이 되는 책이었다. 『솔로몬 왕의 열쇠』, 『그랑 그리무아르』, 『검은 암탉』, 『호노리우스 교황의 마도서』, 『프티 알베르』, 『성 키프리아누스의 서』, 『모세 제6, 7경』 등 유명한 것은 모두 보물찾기에 유용하다는 평판이 있었다.

여기에는 이유가 있다. 중세나 근대 초기에는 유럽 사람들이 전원 지역에 보물이 잔뜩 매장되어 있다고 믿었기 때문이다. 그리고 이것이 중요한데, 그 환상이 전혀 터무니없는 생각은 아니었다. 현대와 같은 예금 제도가 없던 시대에는 자산가들이 귀중품을 상자에 담아 땅속에 묻어두는 일이 흔했다. 뜬금없이 그것이 발견되는 일 또한 드물지 않았다. 전통적으로 보물은 폐허가 된 수도원이나 성, 작은 언덕, 오래된 무덤 등에 있다고 여겨졌다. 그래서 요즘 같으면 주식 투자에 열중할 법한 사람들이 일확천금을 찾아, 때로는 팀을 꾸려가며 보물찾기에 나선 것이다.

그러나 보물찾기란 발견하기만 하면 그만인 단순한 것이 아니었다. 보물은 혼령과 악마가 지키고 있다는 것이 오랜 신앙이었다. 그런 보물을 손에 넣으려면 혼령과 악마를 마음대로 조종할 필요가 있었으므로, 트레저 헌터들은 직접 마도서를 사용하거나, 전문 마술사의 힘을 빌리는 경우가 많았다.

그런데 보물찾기 자체는 범죄적 행위가 아니었다. 하지만 마도서를 사용하면 범죄가 되었다. 이는 그것이 악마적 마술로서, 그 시대의 그리스도 교회가 적시하던 대상이었기 때문이다. 그래서 유럽 각지에서 마도서를 이용한 트레저 헌터가 체포되는 사건이 자주 일어났다.

마도서의 테마

보물찾기 → 사람들을 가장 매료한 마도서의 테마.

그 증거로 유명해진 마도서 대부분이 보물찾기에 유용하다는 평판을 받던 책이었다.

『솔로몬 왕의 열쇠』 『그랑 그리무아르』
『검은 암탉』 『호노리우스 교황의 마도서』
『프티 알베르』 『성 키프리아누스의 서』
『모세 제6, 7경』 등

→ 모두 보물찾기에 유용하다는 평판을 받았다.

보물찾기에 왜 마도서가 필요한가?

오랜 신앙

보물은 혼령과 악마가 지키고 있다.

↓

보물을 손에 넣으려면 혼령과 악마를 마음대로 조종할 필요가 있다.

↓

그래서 마도서가 꼭 필요한 것이다.

No. 014

전설적인 마도서 저자

Legendary authors of grimoires

마도서의 실제 저자는 여러 가지 이유로 자신의 이름을 숨긴 채 구약 성서의 성인이나 영웅, 과거의 위대한 학자, 유명한 성직자 등의 이름으로 마도서를 발표했다.

●저자명으로는 성서의 성인이나 유명한 마술사의 이름이 사용되었다

헬레니즘 시대의 이집트는 물론 중세 유럽에서도 마도서를 실제로 집필한 사람들은 거기에 자신의 이름을 붙여 발표하지 않았다. 그런 짓을 했다가는 시대의 권력에 탄압당할 가능성이 높았기 때문이다. 또한 마도서의 독자도 어디 사는 누군지도 모르는 저자의 책을 읽고 싶어 하지는 않았다.

그래서 실제 마도서의 저자들은 자신이 쓴 책의 제목에 과거 존재하던 전설적인 마술사나 성인의 이름을 사용했다. 그러면 자신도 안전한 데다 책의 가치도 올라갔다.

유대 · 그리스도교 세계에서 마도서의 저자로 자주 이용된 것은 구약 성서에 등장하는 성인의 이름이었다. 이를테면 성서 가운데서도 수위를 다투는 성인이자 책의 발명가라고도 전해지는 에녹, 노예 상태였던 유대인을 이집트에서 탈출시킨 영웅 모세, 이스라엘 왕국의 최대 전성기를 이룩한 솔로몬 왕 등이다.

위대한 학자도 마도서의 저자로 쓰였다. 고대 그리스의 철학자 아리스토텔레스, 중세의 대학자 알베르투스 마그누스 등이 그랬다.

중세 유럽에서 마도서의 최대 이용자는 성직자였기 때문에, 성직자가 마도서를 집필했다고 전해지는 경우도 많았다. 로마 교황이었던 레오 3세(750년경~816년)와 호노리우스 3세(1148~1227년) 등이 그 대표적 인물이다. 16세기 들어 프로테스탄트 종교개혁파 사람들이 가톨릭 교황을 공격하기 위해 마술을 쓰는 교황 이야기를 과장해서 퍼뜨리면서, 마술을 썼다고 여겨진 교황의 수는 점점 늘어났다.

그 밖에 마술적 내용을 연구하던 학자 등도 종종 마도서의 저자가 되었다. 그 대표적 인물은 아바노의 피에트로와 아그리파이다.

전설적인 마도서 저자들

마도서의 저자명 → 전설적인 과거 유명인의 이름을 붙였다.

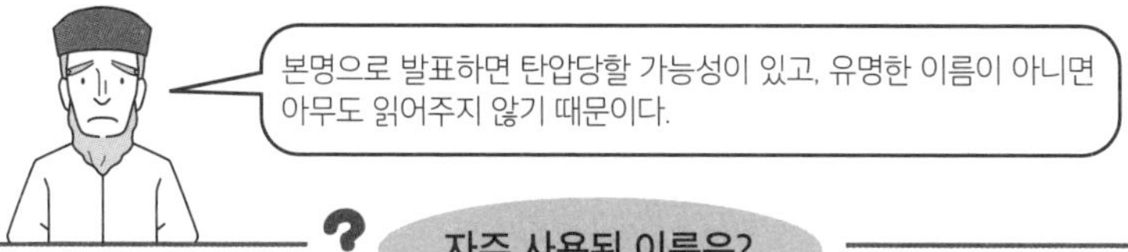

본명으로 발표하면 탄압당할 가능성이 있고, 유명한 이름이 아니면 아무도 읽어주지 않기 때문이다.

자주 사용된 이름은?

↓

성서의 성인 · 영웅 · 왕
고대의 철학자 · 중세의 대학자
성직자 · 교황 · 마술 연구가 등

No. 015

에녹

Enoch

책을 발명했다고도 전해지는 성서의 성인 에녹은 천계를 여행하며 비밀의 지식을 얻었다는 전설의 주인공으로, 서적 및 마도서와 인연이 깊은 인물이었다.

●책을 발명하고 타천사 리스트를 만들다

중세 유럽에서는 책을 발명한 사람이 에녹이라고 믿었다. 따라서 에녹은 마도서의 역사에서 빼놓을 수 없는 인물이다.

에녹은 성서에 등장하는 인물 가운데서도 수위를 다투는 성인이다. 성서에는 「에녹이 하느님과 동행하더니 하느님이 데려가시므로 세상에 있지 아니하였다」고 기록되어 있다. 어디까지나 「하느님이 데려가신」 것이지 「죽은」 것이 아니라는 점이 중요하다. 여기에서 신에게 사랑받은 에녹은 살아서 천계로 올라갔다는 전설이 생겨났다. 구약 성서 위경 『에티오피아어 에녹서』도 그런 전설을 바탕으로 하고 있는데, 하늘에 올라간 에녹은 천사들의 안내를 받아 천국과 지옥을 구경하고, 우주의 구조와 세상의 종말까지의 역사에 관한 설명을 들었다고 한다. 즉 에녹은 아무도 모르는 비밀의 지식을 얻은 것이다. 또한 이 책은 천사들의 일부가 지상에 내려와 타천사가 된 경위를 이야기하며, 타천사들의 리더 명부도 소개하고 있다. 이 때문에 후대의 여러 그리무아르에 등장하는 타천사들의 목록이 에녹과 연관 지어지게 된 것이다.

에녹의 손자인 노아나 노아의 아들인 셈과 함도 마도서와 관계가 깊다. 사파이어 석판에 쓰여 있다는 전설적인 『천사 라지엘의 서』는 처음 아담에게 건네졌고, 에녹, 노아의 손을 거쳐 최종적으로 셈에게 전해졌다고 한다. 또한 노아는 방주를 타고 대홍수에서 살아남은 것으로 유명한데, 노아의 아들 함은 대홍수 전에 여러 사악한 마법을 금속판에 새겨 땅에 묻고, 홍수가 끝난 뒤 그것을 파냈다고 전해진다. 그리고 그것이 바로 인류 최초의 마도서라는 것이다. 페르시아에서 일어난 조로아스터교의 창시자 조로아스터는 인류 최초의 마술사라고도 일컬어지는데, 이 조로아스터가 실은 함이었다는 전승도 존재한다.

에녹과 마도서

에녹

- 성서에서 수위를 다투는 성인.
- 책을 발명했다고 전해진다.
- 천계 여행에서 얻은 비밀의 지식을 글로 남겼다.

여러 가지 전설이 탄생한다

· 에녹의 증손자 함이 인류 최초로 마술을 기록했다.
· 함은 조로아스터 본인이었다.

에녹은 신비학과 깊이 연관되어 있었으므로, 그 일족도 마도서와 관계가 있다고 여겨진 것이다.

『천사 라지엘의 서』

카발라 주의자의 전승에 따르면 대천사 라지엘은 세상의 모든 비밀을 알고 있으며, 그 지식을 사파이어로 만들어진 한 권의 책에 정리했다고 한다. 이것이 『라지엘의 서』였다. 그런데 라지엘이 이 책을 에덴동산에서 추방된 인류의 조상 아담에게 주자 많은 천사들이 질투했다. 천사도 모르는 비밀의 지식을 인류에게 전했다는 사실을 참을 수 없었기 때문이다. 천사들은 아담의 손에서 이 책을 빼앗아 바다에 던져버린다. 하지만 이를 본 신은 바다의 악마 라합에게 그것을 찾아내 인류에게 돌려주라고 명한다. 『라지엘의 서』는 다시 인간의 손에 돌아왔다. 그리고 아담은 『라지엘의 서』를 인류의 보물로서 자손 대대로 전하기로 하였다.

이리하여 이 책은 아담의 자손에게 전해져 에녹, 노아, 솔로몬 등의 손을 거쳐갔다. 그들은 이 책에서 많은 것을 배웠다. 노아가 대홍수 전에 방주 만드는 법을 배울 수 있던 것은 물론, 솔로몬이 갖가지 마법을 쓸 수 있게 된 것도 실은 『라지엘의 서』를 읽은 덕분이라고 한다.

No. 016

모세

Moses

수많은 기적을 일으킨 「출애굽기」의 영웅 모세는 신에게 특별한 비밀의 지식을 전수받아, 그것을 마도서에 글로 써서 남겼다고 한다.

●신에게 비밀 지식을 전수받은 모세

모세는 구약 성서에 등장하는 고대 유대의 영웅이다. 역사적으로는 기원전 13세기 무렵의 사람이다.

구약 성서 『출애굽기』에는 이런 이야기가 있다. 그 무렵 히브리인들은 이집트에서 노예로 혹사당하고 있었는데, 모세는 그들을 이집트에서 탈출시키기 위해 강물을 피로 바꾸거나, 메뚜기 떼가 이집트 전역을 덮치게 하거나, 우박을 내려 농작물을 괴멸시키거나, 바다를 둘로 가르는 등 그야말로 마술이라고밖에 볼 수 없는 기적을 일으킨다.

유명한 「십계」가 적힌 석판과 율법을 시나이 산에서 신에게 받은 것도 모세였다. 그래서 사람들은 구약 성서의 첫 다섯 편(창세기, 출애굽기, 레위기, 민수기, 신명기)은 신에게 계시 받은 율법을 모세가 직접 글로 남긴 것이라고 믿게 되었다. 그렇기에 이들 책은 모세오경이라 불리는 것이다.

그리고 이들 성서의 기술과 전설을 토대로 재차 새로운 전설이 생기게 된다. 모세가 십계와 모세오경에 적혀 있는 것 이외에도 특별한 비밀 지식을 신에게 전수받아, 그것을 마도서의 형태로 써서 남겼다는 것이다.

모세가 마도서를 집필했다는 전설은 4세기에 이미 존재하고 있었다. 파피루스지에 적힌 당시의 고문서 가운데 『모세의 숨겨진 책』, 『모세 제8경』이라는 제목을 가진 것이 있다. 그리고 그 안에는 『모세의 열쇠』, 『모세의 비밀의 달의 서』와 같은 서적도 존재한다고 기록되어 있다. 이는 그 시대부터 모세가 마도서 저자로서 상당히 유명했음을 보여준다. 18세기 들어 『모세 제6, 7경』, 『모세 제8, 9, 10경』 등의 마도서가 등장하는 것도 이러한 전설이 있었기 때문이다.

모세와 마도서

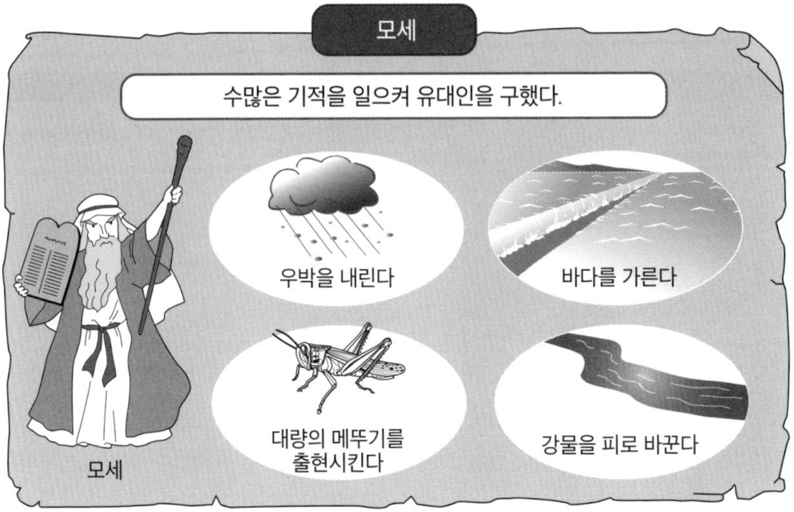
모세
수많은 기적을 일으켜 유대인을 구했다.
우박을 내린다
바다를 가른다
대량의 메뚜기를 출현시킨다
강물을 피로 바꾼다
모세

모세는 성서 안에서 많은 기적을 일으켰기 때문에, 신에게 비밀 지식을 얻어 여러 마도서를 썼다고 여겨지게 되었다.

성서의 영웅 모세는 신에게 지식을 얻어 10편의 책을 썼다

구약 성서 앞부분에 있는 5편 「모세오경」

- 『창세기』
- 『출애굽기』
- 『레위기』
- 『민수기』
- 『신명기』

＋

마도서

- 『모세 제6, 7경』
- 『모세 제8, 9, 10경』

＋

그 밖에 『모세의 숨겨진 책』, 『모세의 열쇠』, 『모세의 비밀의 달의 서』 등의 마도서도 있었다고 한다.

No.017

솔로몬 왕

King Solomon

구약 성서에서 신에게 지혜와 견식을 전수받은 솔로몬 왕은 신비적 지식에도 정통했다고 여겨져, 전설적 마도서 저자로서의 지위를 확립하였다.

●마법의 반지로 악마를 지배한 왕

마도서 가운데서도 가장 인기 높은 『솔로몬 왕의 열쇠』를 썼다고 전해지는 솔로몬 왕은 전설적인 마도서 저자 중에서도 특별한 존재이다.

이스라엘 왕국 제3대 국왕(재위 기원전 965~925년)인 솔로몬 왕은 다윗의 아들로, 크고 호화로운 신전과 궁전을 건축하고 왕국의 전성기를 이룩했다고 알려져 있다. 구약 성서 안에 신에게 지혜와 견식을 받았다고 언급되어 있을 만큼 지혜로운 인물이었던 것으로도 유명하다.

그래서 아주 오래 전부터 사람들은 솔로몬 왕이 신비적 지식에도 정통했다고 믿게 되었다. 1세기에는 유대인 역사가 요세푸스가 솔로몬 왕은 3천 권의 저서를 남기고, 마도서도 집필하였다고 기술할 정도였다.

1~5세기 무렵에는 솔로몬 왕이 썼다는 『솔로몬 왕의 유언』이라는 책이 제작되어 다음과 같은 이야기를 확산시킨다. 솔로몬 왕이 신전을 건축할 때 악마들의 방해를 받아 직인들이 고통받았다. 그때 신의 명령으로 천사 미카엘이 악마를 구속하는 힘을 가진 마법의 반지를 가져온다. 이 반지 덕분에 솔로몬 왕은 베엘제붑과 아스모데우스뿐만 아니라 36데칸의 악마 등을 지배하에 두었다. 그리고 놀랄 만한 속도로 신전을 완성시켰다는 것이다. 게다가 『솔로몬 왕의 유언』에는 솔로몬 왕이 지배한 여러 악마의 특징과 그것을 봉인하기 위한 주문 등도 기록되어 있다. 그래서 이 책은 일종의 교훈을 담은 종교서임에도 불구하고, 많은 사람들에게 솔로몬 왕이 쓴 마도서로서 읽힌 것이다.

이리하여 솔로몬 왕은 전설적 마도서 저자로서의 지위를 확립하게 된다. 중세 들어서도 솔로몬 왕의 이름을 딴 마도서는 잇따라 등장했다. 13세기의 대학자 알베르투스 마그누스에 따르면 솔로몬 왕이 저술했다는 마도서가 그 시대에 다섯 권 세간에 나돌았다고 한다.

솔로몬 왕의 전설

솔로몬 왕

이스라엘 왕국 제3대 국왕
(재위 기원전 965~925년)

15세기의 이야기 『벨리알의 재판』에 나오는
삽화 속 솔로몬 왕(왼쪽).

전설에 따르면…

신에게 지혜와 견식을 전수받았다.

생애에 걸쳐 3,000권의 책을 썼다.

↓

특히 유명한
전설적 마도서 저자가 된다.

솔로몬 왕이 사역했다는 36데칸의 악마

1	루악스	13	보벨	25	아나트레트
2	바르사파엘	14	쿠메아텔	26	에네누트
3	아로토사엘	15	로엘레드	27	페트
4	유달	16	아트락스	28	하르팍스
5	기재 없음	17	예로파엘	29	아노스테르
6	스펜도나엘	18	불두메크	30	알레보리트
7	스판도르	19	나오트	31	헤페시미레트
8	벨벨	20	마르데로	32	익티온
9	쿠르타엘	21	알라트	33	아그코니온
10	메타티악스	22	기재 없음	34	아우토티트
11	카타니코타엘	23	네프타다	35	프테노트
12	사파토라엘	24	악톤	36	비아나키트

No.018

성 키프리아누스

St. Cyprianus

18세기 덴마크와 노르웨이에서는 거의 대부분의 마도서에 4세기 순교한 전설의 성인 키프리아누스의 이름이 붙었다.

●스페인과 북유럽에서 인기 있던 마도서 저자

18~19세기 트레저 헌터들 사이에서 인기 높던 마도서에는 흔히 **안티오키아**의 성 키프리아누스라는 이름이 사용되었다. 가령 19세기 스페인에서는 보물 리스트가 실린 『성 키프리아누스의 서』가 출판되어 대중의 인기를 얻는다. 또한 18세기 덴마크와 노르웨이에서는 거의 대부분의 마도서가 성 키프리아누스 작이었다.

여기서 말하는 성 키프리아누스는 3세기에 실재한 카르타고 주교였던 성 키프리아누스와는 전혀 관계없는 전설상의 성인이다. 다음과 같은 전설이 있다. 시리아 안티오키아의 키프리아누스는 어린 시절 아폴론 신을 신앙하며 미트라교를 공부했다. 나아가 이집트와 바빌로니아를 편력하면서 여러 밀교를 배우고 귀국하여, 이교도에게 위대한 마술사라 칭송받게 된다. 그는 최고위 다이몬(영적 존재의 일종)과 관계를 맺어 다양한 정령을 부릴 수 있었기 때문이다. 그런데 어느 날 이런 일이 있었다. 한 남자가 찾아와 마술을 이용해 어떤 여성을 손에 넣을 수 있게 해달라고 키프리아누스에게 의뢰한다. 그 여성은 유스타라는 경건한 그리스도교도 처녀였다. 키프리아누스는 곧장 마도서를 이용해 악마를 불러냈지만, 그리스도에 대한 신앙으로 무장한 그녀에게는 악마의 힘이 통하지 않았다. 더욱 강력한 악마를 불러내도 허사였다. 그래서 마침내 십자가 이상의 것은 없음을 깨달은 키프리아누스는 자신의 죄를 뉘우치고 개종한다. 그리고 그 후 덕망 높은 사제가 되었으나, 304년 디오클레티아누스 황제의 박해를 받아 순교하였다.

이렇게 전설이 되었기에 중동에서는 아주 오래 전부터 키프리아누스가 만들었다는 주문과 부적이 널리 퍼졌다. 그리고 18세기 후반 들어 키프리아누스 작이라는 마도서가 유럽에 확산되게 된다.

성인 키프리아누스가 썼다는 마도서

성 키프리아누스의 마도서

- 18~19세기. 스페인과 북유럽의 트레저 헌터들에게 대인기.
- 북유럽에서는 거의 대부분의 마도서가 성 키프리아누스 작이었다.

◀ 18세기 말엽의 라틴어판 『성 키프리아누스의 마도서』의 표제지.

키프리아누스란?

키프리아누스는 다양한 정령을 부렸다고 전해진다.

- 시리아의 안티오키아 사람.
- 카르타고 주교 키프리아누스와는 다른 사람.
- 이교를 배워 위대한 마술사가 된다.

↓

개종하여 그리스도교도가 된다.

↓

304년의 박해로 순교하여 전설적 성인이 된다.

↓

중세에 키프리아누스의 부적과 주문이 널리 퍼진다.

↓

18세기에 키프리아누스 작 마도서가 유행한다.

키프리아누스는 순교하여 죽음으로써 성인이 되었기에, 마도서 저자로서 걸맞은 인물이라고 여겨진 것이다.

용어 해설

●안티오키아→3세기경 셀레우코스 왕조 시리아의 수도로서 번영한 도시.

No.019

아바노의 피에트로

Peter of Abano(Pietro de Abano)

마도서 『헵타메론』을 저술했다고 알려진 아바노의 피에트로는 동료의 질투로 마술사의 오명을 뒤집어쓴 중세 이탈리아의 철학자였다.

●병 속에 사역마를 기르던 마도서 저자

『헵타메론』이라고 하면 16세기 후반 제작된 매우 실천적인 마도서로 악명 높은데, 그 저자로서 알려진 것이 아바노의 피에트로이다. 16~17세기경 시칠리아 섬에 떠돌던 『루키다리우스』라는 마도서에도 그의 이름이 붙어 있었다.

아바노의 피에트로(1250~1316년)는 이탈리아의 학자로, 파도바 근교 아바노라는 마을에서 태어났다. 13세기 후반 파리 대학에서 학문을 익혀 학자로서 유명해진다. 전문 분야는 철학과 의학이었지만, 그 밖에 인상학과 천문학 논문 등도 다수 발표했다. 그러나 천문학에 관한 글을 쓴 탓에 이단심문에 회부되고 만다. 그는 딱히 마술에 관해 논하지 않았는데도, 그의 명망을 질투한 동업자 동료가 그를 이단으로 고발한 것이다. 첫 번째 재판에서는 무죄 판결을 받은 피에트로였으나, 고소자들은 포기하지 않고 다시 고발했다. 고소자들은 그가 병 속에 사역마 7마리를 기르고 있으며, 그의 지식은 그 사역마들에게 받은 것이라고 주장했다. 그 결과 그는 두 번째 이단심문에서 사형을 선고받는다. 하지만 그는 사형 집행일 전에 죽어 매장되었다. 그렇게 형 집행이 중단되자 재판소는 격노하였고, 행정관은 그의 유체를 파내 정식으로 화형에 처하도록 명한다. 그렇지만 피에트로의 충실한 하인이 그의 유체를 몰래 파내 다른 교회의 묘지에 묻은 상태였다. 그래서 이단심문소는 그의 대역 인형을 불태우는 데 만족할 수밖에 없었다.

그 후 본래 무죄였던 피에트로의 명예는 회복되었고, 100년 후에는 파도바의 시민홀에 그의 흉상이 세워진다.

하지만 그에 대한 마술사로서의 전설은 남아, 200년이나 지난 후 그 이름이 마도서의 저자로 사용되었던 것이다.

『헵타메론』의 저자

아바노의 피에트로

- 『헵타메론』 등의 저자로 알려져 있다.
- 실은 마도서를 쓴 적이 없다.

그 진상은?

- 아바노 출신의 이탈리아 학자.
- 13세기 후반에 학자로 유명해진다.

↓

동업자가 그 명망을 질투해, 그를 이단자로 고발한다.

피에트로는 마술사로, 병 속에 사역마 7마리를 기르고 있습니다. 그의 뛰어난 지식은 그 사역마들에게 받은 것입니다.

질투한 동업자

↓

이단심문소에서 사형 판결이 내려진다.

↓

16~17세기에 그 이름이 마도서 저자로 사용된다.

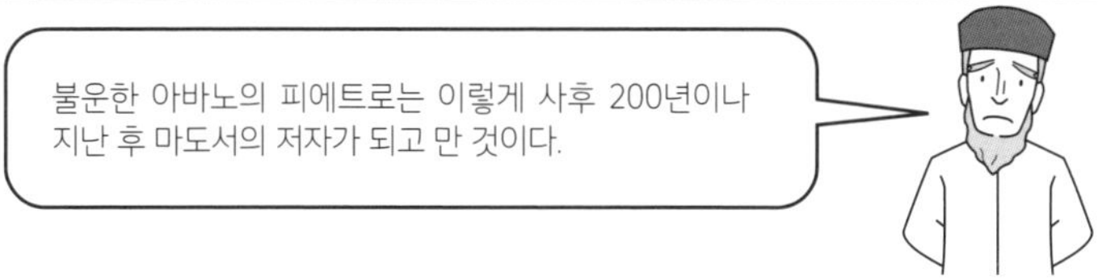

불운한 아바노의 피에트로는 이렇게 사후 200년이나 지난 후 마도서의 저자가 되고 만 것이다.

No.020

파우스트 박사

Dr. Faust

18세기 독일에서는 악마 메피스토펠레스와 계약하여 불행한 죽음을 맞았다는 전설의 파우스트 박사가 쓴 마도서가 인기였다.

●마도서 저자로서 최고의 전설을 가진 주인공

18세기 독일의 마도서 가운데는 파우스트 박사 작이라고 명기된 것이 많다. 『지옥의 위압』, 『위대하고도 강력한 바다의 영혼』 등이 파우스트 박사 작 마도서로서 유명하다.

16세기 독일에 요한 게오르크 파우스트라는 인물이 있었다. 그는 폴란드의 크라쿠프 대학에서 학문을 익혀, 연금술사로서는 물론 의사로서도 일류가 된다. 그 후 독일의 하이델베르크 대학에서 박사 학위를 취득하고 한동안 대학에서 교사로 일한다. 그러나 자신은 최고의 연금술사라고 호언하는 오만한 인물이었기 때문에 주위 사람들과 잘 지내지 못했다. 그는 바그너라는 조수를 데리고 방랑하며 사람들에게 마술을 피로하는 생활을 하게 되었다. 그리고 마지막에는 몰락하여 한 여관의 2층에서 기괴한 죽음을 맞는다. 연금술 실험이 잘못된 탓이라고도 하는데, 대폭발로 몸이 산산조각 나고 만 것이다. 그 죽음이 너무나 기괴했으므로 금세 안 좋은 소문이 돌았다. 파우스트가 악마와 맺은 계약 기한이 끝나는 바람에 죽었다는 소문이었다. 이렇게 실재 인물 파우스트의 죽음으로부터 머지않아 파우스트 박사의 전설이 탄생한다. 악마 메피스토펠레스와 계약하여 25년 동안 즐거운 생활을 보낸 뒤 기괴한 죽음을 맞는다는 이야기이다.

18세기경에는 이 전설이 대인기였다. 전설 속 파우스트 박사는 비텐베르크 근교 숲에서 메피스토펠레스를 불러내는데, 그 덕분에 비텐베르크가 독일 국내에서 마술의 중심지로 여겨졌을 정도이다. 따라서 파우스트 박사는 마도서의 저자로서 안성맞춤이었다. 이 전설에서 힌트를 얻어 희곡 『파우스트』를 쓴 요한 볼프강 폰 괴테(1749~1832년)도 파우스트 박사 작 마도서 『지옥의 위압』을 소유하고 있었다고 전해진다.

파우스트 박사의 마도서

파우스트 박사 작 마도서

- 『지옥의 위압』, 『위대하고도 강력한 바다의 영혼』 등.
- 18세기 독일에서 인기.

파우스트 박사란?

본명 요한 게오르크 파우스트

- 16세기의 실재 연금술사.
- 기괴한 죽음을 맞아 전설이 된다.

↓

파우스트 박사의 전설

악마를 불러내는 파우스트 박사

· 악마 메피스토펠레스와 계약한다.
· 25년 동안 즐거운 생활을 보낸다.
· 계약 기간이 끝나고 악마에게 영혼을 빼앗겨 기괴한 죽음을 맞는다.

↓

수많은 마도서가 파우스트 박사의 이름으로 발표된다.

악마와 계약한 파우스트 박사는 마도서의 저자로서 안성맞춤이었다.

소환마술과 환기마술

자신의 소망을 실현할 목적으로 천사와 정령을 불러내는 마술을 컨저레이션이라고 한다. 이것은 고대 그리스 · 로마 시대부터 존재하던 전통적인 마술로, 적절한 의식을 치름으로써 천사와 정령을 만나 그들의 천상적 능력을 지상적 목적에 이용할 수 있다는 이론이다. 그리고 이 책에서도 서술하였듯이 이 컨저레이션 마술이야말로 마도서가 필요한 마술이다.

그런데 마술에 관심 있는 독자들 가운데는 컨저레이션에는 소환(영어로 invocation)과 환기(영어로 evocation)의 2종류가 있다고 어디선가 들어본 사람도 있을 것이다. 그리고 『솔로몬 왕의 열쇠』 등의 마도서가 이들을 따로 구별하지 않는 점에 의문을 느낄 수도 있다.

여기에는 물론 이유가 있다. 『솔로몬 왕의 열쇠』로 대표되는 근대 초기 이전의 마술에서는 소환과 환기가 딱히 구별되지 않았기 때문이다. 그 시대에는 이들 단어가 거의 같은 의미, 즉 천사와 정령을 불러낸다는 의미로 사용되었다.

사실 소환과 환기의 구별은 19세기 말 설립된 황금여명회의 마술에서 주장된 것이다. 이를테면 알레이스터 크롤리는 『마술—이론과 실천』 안에서 이렇게 말한다. '환기(evoke)가 불러내는 것이듯 소환(invoke)이란 불러들이는 것이다. … (중략) … 사람은 「신」을 「원환」에 소환(invoke)하며, 「영혼」을 「삼각형」에 환기(evoke)한다'라고.

요컨대 소환이란 영혼을 자기 자신의 내부에 불러내는 것이고, 환기란 영혼을 자기 외부(눈앞)에 불러내는 것이라는 뜻이다.

따라서 환기하는 영혼과 소환하는 영혼은 같은 영혼이라도 종류가 전혀 다르다. 악마를 소환하여 자기 안에 불러낸다면 곧바로 악마에게 씌고 말 것이기 때문이다. 크롤리도 말하는 것처럼 소환하는 상대는 신이 아니면 안 된다. 즉 소환을 함으로써 사람은 신과 일체화한다. 그리고 악마를 비롯한 그 밖의 각종 영혼의 경우에는 자기 외부에 불러내야 하므로 환기를 행하게 된다.

크롤리가 신을 「원환」에, 영혼을 「삼각형」에라고 말하는 의미는 『솔로몬 왕의 작은 열쇠』에 실린 솔로몬 왕의 마법원을 보면 바로 이해할 수 있다. 그 마법원에는 원과 삼각형이 있는데, 원은 그 안에 술자가 서기 위해 존재하며, 삼각형은 영혼을 불러내 가두는 장소이기 때문이다.

이렇게 황금여명회의 마술을 통해 소환과 환기가 구별됨으로써, 소환과 환기는 다른 것이라는 생각이 확산되었다.

제2장
『솔로몬 왕의 열쇠』 철저 해설

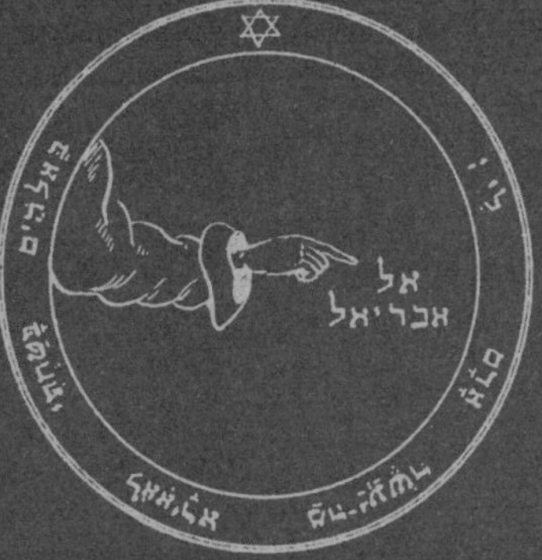

No. 021

솔로몬 왕의 열쇠

The key of Solomon the king(Clavicula Salomonis)

수많은 마도서 가운데 가장 인기 높고 가장 오래 읽힌 『솔로몬 왕의 열쇠』는 후대의 마도서에도 다대한 영향을 주었다.

●마도서 중 최고의 마도서

『솔로몬 왕의 열쇠』(『솔로몬 왕의 큰 열쇠』라고도 부른다)는 수많은 마도서 가운데서도 특별한 존재이다. 「솔로몬 왕의」라고 명시되어 있듯이, 전설에 의하면 이 책은 솔로몬 왕의 저서라고 한다. 물론 그것은 어디까지나 전설이고 역사적으로는 14, 15세기경 제작되었으리라 추정되고 있다. 15세기에 그리스어로 쓰인 것이 존재하였으며, 16세기에는 라틴어와 이탈리아어로 번역이 이루어진다.

1559년 로마 교황 파울루스 4세가 발행한 『금서목록』 중에서 『솔로몬 왕의 열쇠』는 사악한 책의 대표격으로 취급된다. 그러나 인기는 쇠하지 않았다. 그렇기는커녕 특별한 금서가 되면서 오히려 인기가 높아져, 근대 초두 이탈리아에서는 이 책이 대히트작이 되었다. 그 후 『솔로몬 왕의 열쇠』는 유럽 전역에서 읽히게 되는데, 그 당시 베네치아에는 이탈리아어, 라틴어, 프랑스어, 영어, 독일어 등으로 된 『솔로몬 왕의 열쇠』가 있었다고 한다. 이렇게 『솔로몬 왕의 열쇠』는 많은 사람들에게 읽히며 유럽에서 가장 유명한 마도서가 된 것이다.

이처럼 유명한 마도서였기에 그 밖의 마도서에도 커다란 영향을 주었다. 르네상스부터 근대 초기에 걸쳐 유럽에서는 수많은 마도서가 만들어지는데, 그 대부분이 『솔로몬 왕의 열쇠』의 영향을 받아 제작된 것으로 여겨진다. 『레메게톤』(『솔로몬 왕의 작은 열쇠』)은 물론 『그랑 그리무아르』, 『프티 알베르』, 『검은 암탉』, 『호노리우스 교황의 마도서』 등이 그렇다. 이들 유명한 마도서 속에서 『솔로몬 왕의 열쇠』의 영향을 찾아볼 수 있다. 따라서 『솔로몬 왕의 열쇠』는 마도서 시대의 선구자인 동시에 최고의 마도서라고 할 수 있겠다.

특별한 마도서 『솔로몬 왕의 열쇠』의 역사

솔로몬 왕의 열쇠 ➡ 수많은 마도서 가운데서도 특별한 존재!

솔로몬 왕

전설에서는 솔로몬 왕의 저서라고 한다.

⬇

사실은 14, 15세기경 제작되었다.

⬇

1559년. 로마 교황 파울루스 4세의 『금서목록』에서 사악한 책의 대표로 취급된다.

이런 책은 읽어서는 안 된다.

파울루스 4세

그러나 ➡ 금서가 되어 인기가 높아진다.

⬇

각국어로 번역된다.

이탈리아어	라틴어	영어
프랑스어	독일어	

『솔로몬 왕의 열쇠』의 영향을 받아 만들어진 마도서

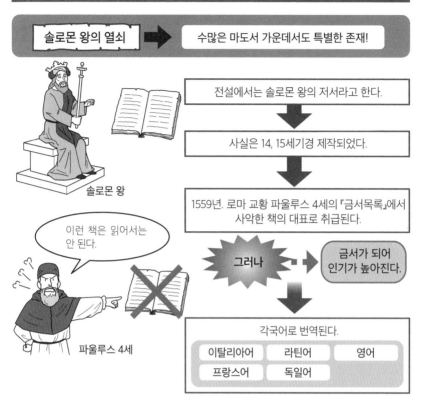

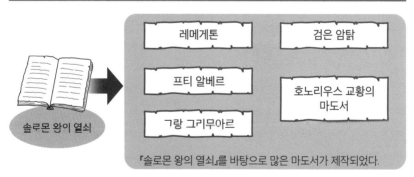

솔로몬 왕이 열쇠 ➡

- 레메게톤
- 검은 암탉
- 프티 알베르
- 호노리우스 교황의 마도서
- 그랑 그리무아르

『솔로몬 왕의 열쇠』를 바탕으로 많은 마도서가 제작되었다.

용어 해설

● 솔로몬 왕의 큰 열쇠→『솔로몬 왕의 작은 열쇠』와 구별하기 위해 이렇게 부르기도 한다.

No.022

『솔로몬 왕의 열쇠』의 내용

Contents of "Key of Solomon"

우주에 존재하는 엄청난 수의 영혼들을 어떻게 조종하여 소망을 이룰 것인가. 『솔로몬 왕의 열쇠』에는 그 방법이 구체적으로 기재되어 있었다.

●악마뿐만 아니라 모든 영혼을 대상으로 한 마도서

『**솔로몬 왕의 열쇠**』에서 정의하는 마술이란 기본적으로 신의 힘에 의한 술법으로, 신에게 기도하여 다양한 영혼을 움직이는 것이다.

이 세상에는 엄청난 수의 영혼이 존재하며 온갖 것들을 관장하고 있다. 이를테면 당시에는 우주에 첫 번째 하늘부터 열 번째 하늘까지 있다고 믿었는데, 그 각각을 복수의 영혼이 담당하는 것이다. 4대 원소 각각을 담당하는 영혼들도 존재한다. 나아가 인간 한 사람 한 사람에게도 영혼들이 할당되어 있다.

이러한 영혼들을 움직여 자신의 소망을 달성하는 것이 마술로서, 『솔로몬 왕의 열쇠』에는 그러기 위해 어떻게 해야 하는지가 적혀 있다. 즉 마술을 행하는 데 필요한 도구와 재료, 점성술적으로 적절한 시간, 여러 가지 펜타클(부적과 액막이) 기호, 주문 등에 관한 사항이 상세히 기재되어 있는 것이다.

책은 두 권으로 구성되어 있으며, 제1권은 구체적인 마술의 방법을 테마로 삼고 있다. 여기에서는 극히 일반적인 기본 마술의 절차와 특별한 목적마다 다른 마술의 절차를 설명한다. 특별한 목적으로는 「도둑맞은 물건을 찾는다」, 「모습을 감춘다」, 「현자에게서 필요한 지식을 끌어낸다」, 「영혼들이 소유한 재보의 지배자가 된다」, 「호감과 사랑을 얻는다」 등이 제시되어 있다.

제2권의 테마는 마술의 준비 작업이다. 다시 말해 마술을 행할 때 주의해야 할 점, 몸을 정화하는 법, 제물 바치는 법, 각종 마도구 만드는 법 등을 설명하고 있다. 양피지와 잉크 제작법 등 다른 마도서에서는 찾아보기 힘든 부분도 자세히 설명하는 것이 특징이다. 바로 그렇기 때문에 『솔로몬 왕의 열쇠』는 절대 없어서는 안 될 마도서로 자리매김한 것이다.

『솔로몬 왕의 열쇠』의 마술

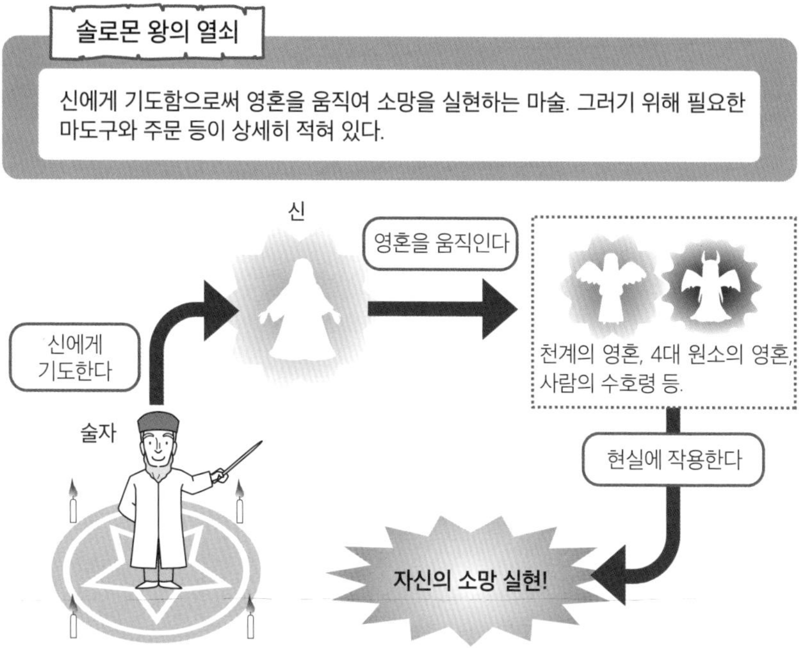

솔로몬 왕의 열쇠

신에게 기도함으로써 영혼을 움직여 소망을 실현하는 마술. 그러기 위해 필요한 마도구와 주문 등이 상세히 적혀 있다.

『솔로몬 왕의 열쇠』의 구성

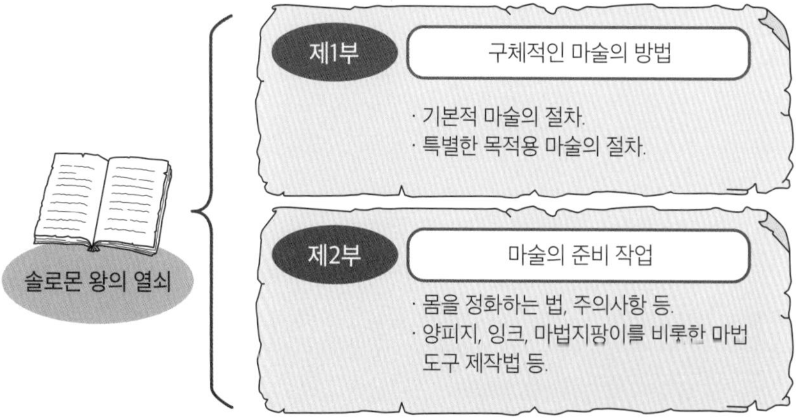

No.023

마술의 원리

The Principles of Magic

영혼들의 기호를 숙지하여 영혼들을 끌어들이면 그들을 조종하는 것도 불가능하지 않다. 그것이 『솔로몬 왕의 열쇠』가 말하는 마술의 원리이다.

●마도서 『솔로몬 왕의 열쇠』가 필요한 이유

『솔로몬 왕의 열쇠』 첫머리에는 솔로몬 왕이 아들 르호보암에게 이야기하는 형식으로 다음과 같은 글이 쓰여 있다.

만물을 창조한 전능한 신은 인간이 완전한 존재이기를 바란다. 그래서 신은 인간을 신적인 동시에 물질적인 존재, 즉 육체는 조악하고 지상적이지만 혼은 영적이고 천상적인 존재로 창조하였다. 그렇기에 인간은 지상의 영혼은 물론 천상의 천사도 복종시킬 수 있는 것이다.

그러므로 중요한 것은 신의 영광을 위해 일하는 것이다.

영혼과 천사에는 여러 종류가 있다. 영혼과 천사들은 그들이 무엇을 지배하고 있느냐에 따라 구별된다. 예를 들어 지고천(至高天)의 천사, 원동천(原動天)의 천사, 수정천(水晶天)의 천사, 7행성의 천사들이 있다. 4대 원소 저마다에도 천사들이 있다. 바로 불 · 공기 · 물 · 흙의 천사이다. 또한 신은 우리들 한 사람 한 사람에게도 천사를 파견하였음을 잊지 말아야 한다. 그들은 우리가 바르게 행동하는지 감시하고 있다.

이들 영혼과 천사들의 성격 및 그들을 끌어들이는 방법을 깨달을 때 인간은 그들을 복종하게 만들 수 있다.

다만 이들 영혼은 저마다 불러내는 데 적합한 날과 시간이 존재한다. 그때 그들은 최고의 능력을 발휘하게 된다. 따라서 각각의 천체 · 영혼 · 천사별로 그에 적합한 날과 시간이 언제인지 알아둘 필요가 있다. 이와 비슷하게 각각의 영혼에 어울리는 다양한 요소도 존재한다. 그것은 색, 금속, 약초, 식물, 물에 사는 동물, 하늘을 나는 동물, 지상의 동물, 향, 방위, 주문, 인장, 도형, 신성한 문자 등이다. 이러한 것들의 힘이 합쳐져 영혼과 천사들을 움직인다. 그러므로 이 책 『솔로몬 왕의 열쇠』에 쓰인 내용을 잘 알아야 하는 것이다.

인간이 영혼을 조종할 수 있는 이유

인간은 신에 의해 신적이자 물질적인 존재로 만들어졌기 때문에, 천상의 영혼과 지상의 영혼을 모두 조종할 수 있다.

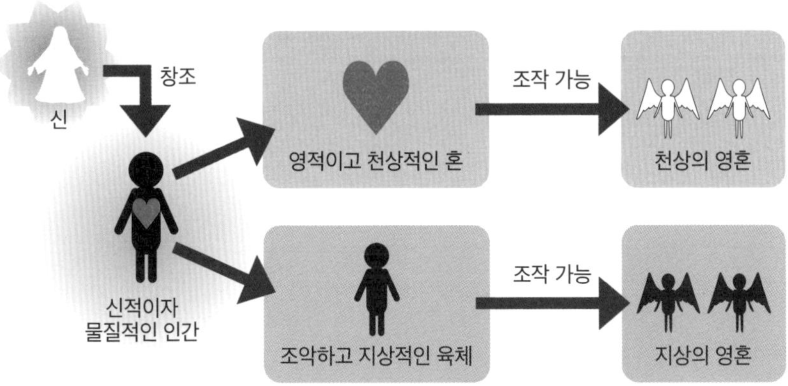

영혼을 조종하는 원리

영혼을 끌어들이는 방법을 알면 영혼을 조종할 수 있다. 그리고 그 모든 것이 『솔로몬 왕의 열쇠』에 적혀 있다고 한다.

영혼에 어울리는 요소

시간과 날, 색, 금속, 약초, 식물, 물에 사는 동물, 하늘을 나는 동물, 지상의 동물, 향, 방위, 주문, 인장, 도형, 신성한 문자 등.

모든 것이 『솔로몬 왕의 열쇠』에 쓰여 있다.

No.024

행성이 지배하는 날과 시간

Planetary hours and days

행성의 지배는 마술의 내용에까지 영향을 미치므로, 마술을 행하는 사람은 행성과 요일과 하루 시간의 관계를 잊지 않도록 표로 만들어두어야 한다.

●요일과 시간은 행성의 지배하에 있다

『솔로몬 왕의 열쇠』에서는 행성의 힘이 대단히 커서 요일과 하루의 시간을 지배하고 있기 때문에, 마술의 내용에 따라 그것을 시행하기 적합한 요일과 시간이 정해진다고 생각하였다. 그러므로 마술을 행하는 사람은 행성과 요일과 하루 시간의 관계를 알 필요가 있는데, 그것은 다음과 같다.

각 요일은 그 요일의 이름과 가까운 이름을 가진 행성의 지배를 받는다. 다시 말해 일요일=태양, 월요일=달, 화요일=화성, 수요일=수성, 목요일=목성, 금요일=금성, 토요일=토성이다.

하루의 시간과 행성의 관계는 더욱 복잡하다.

하루의 시간은 24시간이며 이것은 일출부터 일몰까지의 12시간과 일몰부터 일출까지의 12시간으로 나누어진다. 주의할 것은 낮과 밤의 길이는 계절에 따라 다르므로, 당연히 낮과 밤의 1시간의 길이도 계절에 따라 다르다는 점이다.

거기다 각 요일의 일출 후 첫 1시간은 그 요일을 지배하고 있는 행성의 지배를 받는다는 특징이 있다. 즉 첫 1시간 동안에는 각 요일의 지배 행성과 동일하게 일요일=태양, 월요일=달, 화요일=화성, 수요일=수성, 목요일=목성, 금요일=금성, 토요일=토성이다. 그리고 그 뒤 1시간마다 태양→금성→수성→달→토성→목성→화성→(처음의 태양으로 돌아간다)이라는 주기로 지배 행성이 반복되며 교체된다. 이 규칙은 한 주간 전체의 흐름으로 보아도 들어맞아, 일요일의 일출 후 첫 1시간을 지배하는 태양으로 시작해서 토요일의 마지막 1시간을 지배하는 화성까지 같은 주기가 반복된다. 1시간 단위로 이루어지는 지배 행성 교체는 기억하기 어려우니, 실수를 막기 위해서라도 올바른 표를 준비해두는 편이 좋다.

다대한 영향을 미치는 행성의 힘

행성 → 요일 · 하루의 시간을 지배한다.
마술의 내용에 따라 요일 · 시간이 정해진다.

행성과 하루 시간의 관계표

요일과 시간의 지배 행성은 아래와 같이 교체된다.

하루의 시간	일요일	월요일	화요일	수요일	목요일	금요일	토요일
1	태양	달	화성	수성	목성	금성	토성
2	금성	토성	태양	달	화성	수성	목성
3	수성	목성	금성	토성	태양	달	화성
4	달	화성	수성	목성	금성	토성	태양
5	토성	태양	달	화성	수성	목성	금성
6	목성	금성	토성	태양	달	화성	수성
7	화성	수성	목성	금성	토성	태양	달
8	태양	달	화성	수성	목성	금성	토성
9	금성	토성	태양	달	화성	수성	목성
10	수성	목성	금성	토성	태양	달	화성
11	달	화성	수성	목성	금성	토성	태양
12	토성	태양	달	화성	수성	목성	금성
1	목성	금성	토성	태양	달	화성	수성
2	화성	수성	목성	금성	토성	태양	달
3	태양	달	화성	수성	목성	금성	토성
4	금성	토성	태양	달	화성	수성	목성
5	수성	목성	금성	토성	태양	달	화성
6	달	화성	수성	목성	금성	토성	태양
7	토성	태양	달	화성	수성	목성	금성
8	목성	금성	토성	태양	달	화성	수성
9	화성	수성	목성	금성	토성	태양	달
10	태양	달	화성	수성	목성	금성	토성
11	금성	토성	태양	달	화성	수성	목성
12	수성	목성	금성	토성	태양	달	화성

No.025

행성의 영향력과 마술

Planetary influences

행성의 지배는 마술의 내용에까지 영향을 미치므로, 특정 행성이 지배하는 날과 시간에는 그 날과 시간에 적합한 마술을 행해야 한다.

●마술의 효과는 행성의 지배와 달의 위치에 영향을 받는다

『솔로몬 왕의 열쇠』에 따르면 행성의 지배는 마술의 내용에까지 영향을 미친다. 그러므로 특정 행성이 지배하는 날과 시간에는 그 날과 시간에 적합한 마술을 행해야 한다. 몇 가지 예를 들자면 다음과 같다.

토성의 날과 시간에 적합한 것은 자연사한 사람의 혼을 저승에서 불러내기, 건축물에 행운이나 불운을 야기하기, 자는 동안 사역마에게 여러 가지 일 시키기, 일 · 재산 · 상품 · 씨앗 · 과일 등의 품질을 좌우하기, 파멸과 죽음 혹은 증오와 불화를 초래하기 등이다.

목성의 날과 시간에 적합한 것은 명예 · 부 · 우정의 획득, 건강 유지 등이다.

화성의 날과 시간은 전쟁 관련 분야에 어울린다. 즉 명예를 얻는 것, 용감해지는 것, 적을 물리치는 것 등이며, 파괴 · 학살 · 잔혹 · 불화 · 부상 · 죽음을 초래하는 것까지 포함된다.

태양의 날과 시간은 일시적 필요성이 있는 부와 행운 및 군주의 호의 획득, 적의의 해소, 친구를 얻는 의식 등에 알맞다.

금성의 날과 시간은 우정 · 사랑 · 친절에 관한 마술에 적합하다.

수성의 날과 시간은 웅변력 · 지성 · 기민성의 획득, 미래 예언, 사기나 상업에 관한 의식에 적합하다.

달의 날과 시간은 대사와 외교관의 파견, 무역, 항해 등 물과 바다에 관계된 안건 및 사랑과 화해의 마술에 적합하다.

다만 마술의 효과는 황도상 달의 위치와도 깊이 관계하고 있다. 따라서 마술의 효과를 높이기 위해서는 행성의 날과 시간뿐만 아니라, 황도상 달의 위치에도 주의를 기울일 필요가 있다.

마술에 영향을 미치는 행성의 지배

요일과 시간은 행성의 강한 영향하에 있으므로 요일, 시간마다 적합한 마술을 행해야 한다.

각 행성의 날과 시간에 적합한 마술

토성	자연사한 사람의 혼을 저승에서 불러내기. 건축물에 행운이나 불운을 야기하기. 자는 동안 사역마에게 여러 가지 일 시키기. 일 · 재산 · 상품 · 씨앗 · 과일 등의 품질을 좌우하기. 파멸과 죽음 혹은 증오와 불화를 초래하기.
목성	명예 · 부 · 우정의 획득, 건강 유지.
화성	전쟁 관련 분야에 어울린다. 즉 명예를 얻는 것, 용감해지는 것, 적을 물리치는 것, 파괴 · 학살 · 잔혹 · 불화 · 부상 · 죽음을 초래하는 것. 전투에서 죽은 자의 영혼을 소환하는 것.
태양	일시적 필요성이 있는 부와 행운 및 군주의 호의 획득, 적의의 해소, 친구를 얻는 의식 등.
금성	우정 · 사랑 · 친절에 관한 마술. 여행에도 알맞다.
수성	웅변력 · 지성 · 기민성의 획득, 미래 예언, 사기나 상업에 관한 의식. 게임이나 스포츠 같은 오락에도 좋다.
달	대사와 외교관의 파견, 무역, 항해 등 물과 바다에 관계된 것. 사랑과 화해의 마술. 도둑맞은 물건 되찾기, 잠자는 영혼 소환하기, 물에 관련된 의식 등.

No.026

의식 전 술사의 주의사항

Preparations of the Master of the art

술사(마술의 마스터)는 3일간의 단식 기간이 끝나기 전까지 마술의 세세한 부분까지 검증하고, 필요한 모든 준비를 갖추어두어야 한다.

●의식 개시 전까지 마스터가 해야 할 일

마술 의식을 집행하기 위해 마술의 마스터는 다음과 같은 사항에 주의할 필요가 있다. 여기에서 소개하는 것은 전체적인 흐름이므로, 보다 구체적인 내용에 관해서는 해당하는 항목을 참조하기 바란다.

무엇보다 중요한 것은 『솔로몬 왕의 열쇠』의 마술을 실천하려는 사람이라면 그것이 어떤 성질의 것이든 사소한 잡무나 무관계한 상념에 휘둘려서는 안 된다는 점이다.

그리고 마스터는 이제부터 행할 마술에 관하여 세세한 부분까지 검증하고 똑똑히 종이에 적어두어야 한다. 특히 마술을 행하는 목적은 적절한 주문, 구마(驅魔) 의식 등과 함께 분명히 해두지 않으면 안 된다. 마술에 알맞은 날과 시간, 꼭 준비해야 하는 것, 생략해도 괜찮은 것 등도 전부 정리한다. 또한 그때 표시하거나 적는 데 사용하는 종이 · 잉크 · 펜 등은 모두 특별 제작된 것이어야 한다.

그것들을 끝낸 뒤 마술 의식을 행할 장소를 찾는다. 그리고 마스터 자신이 그 장소(마술의 목적에 따라서는 비밀의 방이 되기도 한다)에 가서 준비를 갖춘다. 단 그곳은 아무도 모르며 누가 볼 수도 없는 장소여야 한다는 조건이 있다.

그러고 나서 입욕 의식을 진행한다. 그리고 그 후 적어도 3일간은 쓸데없고 무익한 생각과 일체의 불순하고 죄 많은 행위로부터 멀어질 필요가 있다. 이것이 「단식행(斷食行)」이자 「철야행(徹夜行)」이다.

이 3일간이 지나기까지 모든 준비가 갖추어져 있어야 한다. 이제 마스터는 의식을 시작하기에 알맞은 날과 시간을 기다릴 뿐이다. 그리고 일단 의식을 개시하면 끝날 때까지 계속하는 것이 좋다. 그렇게 함으로써 마스터는 바라는 결과를 얻게 될 것이다.

의식까지의 흐름

의식 전 술자가 할 일과 갖추어야 할 마음가짐은 다음과 같다.

전체적인 마음가짐: 그것이 무엇이든 사소한 잡무나 무관계한 상념에 휘둘려서는 안 된다.

↓

절차 1 — 마술 검증

마술의 목적, 적절한 주문, 구마 의식, 마술에 알맞은 날과 시간, 꼭 준비해야 하는 것, 생략해도 괜찮은 것 등 전부를 분명히 정해 종이에 적어둔다. 종이, 펜, 잉크는 특별 제작된 것을 사용한다.

↓

절차 2 — 장소 마련

술자 자신이 마술을 행할 장소에 가서 준비를 갖춘다. 아무도 모르며 누가 볼 수도 없는 장소가 좋다.

↓

절차 3 — 입욕 의식

적절한 일시에 강이나 시내, 혹은 비밀의 방에 가서 규칙에 따라 입욕한다.

↓

절차 4 — 단식 의식

3일간 쓸데없고 무익한 생각과 일체의 불순하고 죄 많은 행위로부터 멀어진다.

↓

절차 5 — 대기

의식을 행할 날과 시간을 기다린다. 준비는 전부 갖추어져 있어야 한다.

No.027

동료나 제자들의 주의사항

Preparations of the Companions or Disciples

마법 의식은 가능하면 3명의 동료 혹은 제자와 함께 실시하거나, 그렇지 않으면 적어도 충실한 애견과 실시하는 편이 좋다고 여겨진다.

●3명의 동료 혹은 애견을 위한 준비

마법 의식은 3명의 동료 혹은 제자들과 함께 실시하는 것이 좋다고 여겨진다. 여기서 3명이란 마스터를 제외한 숫자이다. 만약 그렇게 할 수 없는 경우라면 적어도 충실한 애견과 함께 의식을 시행해야 한다. 그러므로 마스터는 의식을 성공시키기 위해 우선 어떤 동료와 협력할지 잘 생각할 필요가 있다.

동료나 제자를 선택하는 경우, 이들 동료는 마스터에게 복종하기로 맹세한 사람이어야 한다. 그렇지 않다면 영혼이 일으키는 고통과 위험 탓에 때로는 죽기조차 하기 때문이다.

동료를 고르고 나면 마스터는 지시사항을 충분히 전달한 뒤, 구마 의식을 치른 성수를 준비하여 제자들을 청결히 정리한 비밀의 방으로 데려간다. 그곳에서 제자들을 알몸으로 벗기고 머리부터 발바닥까지 성수를 뿌려 온몸을 씻긴다. 그러고 나서 마스터처럼 로브를 입히고 3일간 단식하게 한다. 이 기간 동안 제자들은 기도와 행동을 모두 마스터와 똑같이 해야 한다.

인간이 아닌 개와 함께 의식을 치를 경우에도 성수로 그 개를 잘 씻기고, 마술의 향과 향수로 좋은 향을 입혀주며 소정의 주문을 외워둘 필요가 있다.

어린 소년소녀를 동료로 삼는 경우도 개의 경우와 마찬가지로 그들의 몸을 씻기고 좋은 향을 입혀주어야 한다. 그리고 손톱과 발톱을 깎은 뒤 소정의 주문을 왼다.

이와 같이 올바른 방법으로 동료를 선택해 임명하고 배치하면 마스터는 언제든지 의식을 집행할 수 있다. 다만 안전을 위해 마스터와 동료 모두 펜타클을 가슴에 달 필요가 있다. 동료나 제자의 수는 마스터를 제외하고 3명이지만 5명, 7명, 9명도 가능하다.

마법 의식의 동료

마법 의식은 3명의 동료 또는 제자와 실시해야 한다. 그것이 무리라면 적어도 충실한 애견과 함께하는 것이 좋다.
네!
멍!
3명의 동료 또는 제자
충실한 애견

제자와 애견의 주의사항

제자의 경우

- 스승에게 복종하기로 맹세한 사람을 고른다.
- 비밀의 방에서 성수로 온몸을 씻는다.
- 로브를 입고 3일간 단식한다.

애견의 경우

- 성수로 잘 씻긴다.
- 마술의 향과 향수로 좋은 향을 입힌다.
- 소정의 주문을 왼다.

소년소녀를 고르는 경우

- 개와 마찬가지로 성수로 잘 씻긴다.
- 좋은 향을 입힌다.
- 손톱과 발톱을 깎고 주문을 왼다.

↓

올바른 방법으로 동료를 선택하면 언제든 마술 의식을 집행할 수 있다.

No. 028

절제와 단식 기간에 관하여

About the Fasting and Moderation

의식 전 9일간의 준비 기간은 절제와 단식 기간으로서, 선행을 쌓고 성실히 말하며 예의 바르게 행동하여 매사에 절도를 잃지 말아야 한다.

●의식 전의 준비 기간에는 몸을 삼가야 한다

마술 의식 전에는 9일간의 준비 기간이 있다.

이 준비 기간은 외투와 신발, 양피지 등 의식에 필요한 마술 도구류를 준비하는 기간이자, 또한 절제와 단식 기간이기도 하다.

따라서 이 준비 기간이 시작되면 정신적으로나 육체적으로 불신앙, 불순, 사악, 극단 등을 피해야 한다. 예를 들어 도가 지나친 폭음폭식, 무의미하고 수다스러운 대화, 타인에 대한 비방과 중상 등은 결코 해서는 안 된다. 그리고 선행을 쌓고 성실히 말하며 예의 바르게 행동한다. 또한 매사에 절도를 잃지 말아야 한다. 의식 전 9일간의 준비 기간 중에는 아무튼 위의 사항을 무엇보다 중요하게 여기지 않으면 안 된다. 이는 마스터뿐만 아니라 제자들도 마찬가지이다.

또한 준비 기간 9일 중 마지막 3일, 즉 의식 직전의 3일 동안에는 단식할 필요가 있다. 이 단식은 식사를 하루 한 끼만으로 제한하는 것이다. 그 한 끼도 빵과 물만으로 때우면 더욱 좋다. 당연하지만 이 기간 중에도 앞서 말한 불순함을 모두 피해야 한다. 그리고 아침에 한 번, 저녁에 두 번 소정의 기도를 드린다.

의식 직전 마지막 1일에는 식사를 완전히 끊는다. 그리고 그 후 비밀의 방에 들어가 신에게 죄를 고백하고 회개해야 한다.

이 모든 행위는 제자들도 마스터와 함께 실천한다.

이상을 마치면 정화된 비밀의 방에 들어가 물과 우슬초로 몸을 깨끗이 하고 입욕하게 된다. 이에 관해서는 다른 항목에서 서술하도록 하겠다.

준비 기간 9일

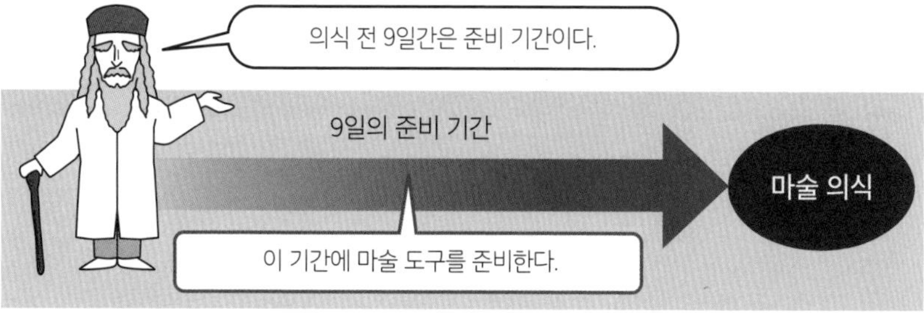

의식 전 9일간은 준비 기간이다.
9일의 준비 기간
마술 의식
이 기간에 마술 도구를 준비한다.

절제와 단식의 9일 보내는 법

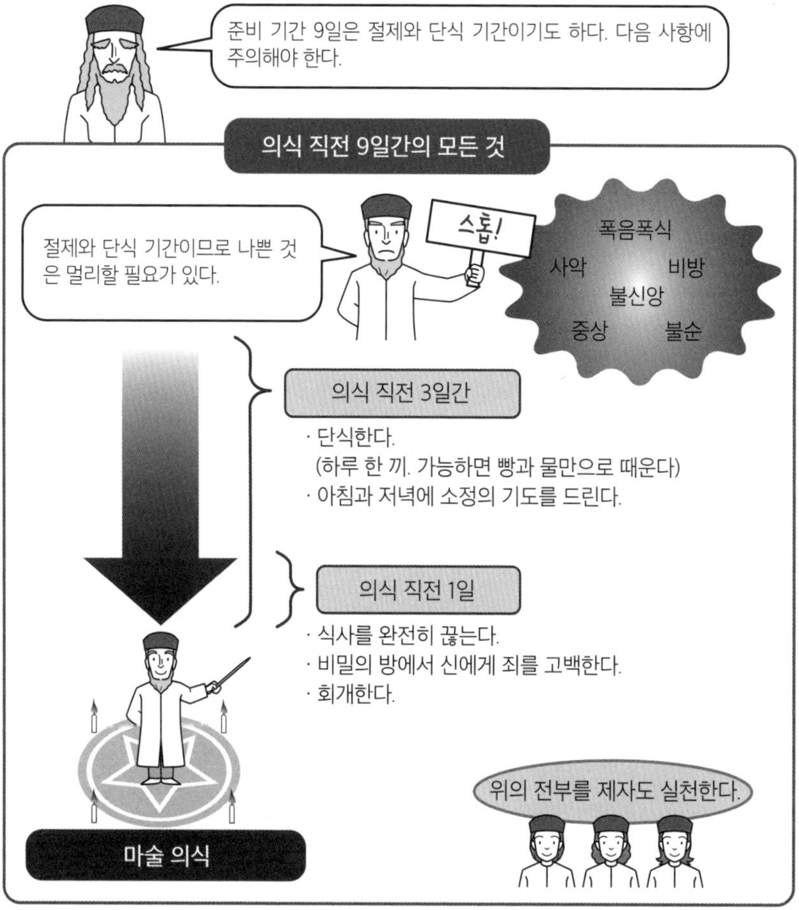

No.029

의식 전의 입욕에 관하여

About the Baths

마술이나 강령술 전에는 강이나 시내에 가거나 비밀의 방에 따뜻한 물을 담은 통을 준비하여 규칙에 따라 입욕해야 한다.

●물과 소금의 힘으로 자신의 불순과 탐욕을 씻는다

마술 · 강령술 전에는 다음과 같은 순서로 입욕하도록 정해져 있다.

적절한 일시에 모든 준비를 갖추고 강이나 시내에 가거나, 따뜻한 물을 담은 통 등을 비밀의 방에 마련해둔다. 『시편』의 구절(14편 또는 53편 및 27편, 54편, 81편)을 낭송하며 의복을 벗는다. 옷을 다 벗으면 물 또는 욕조에 들어가 이렇게 말한다. '피조물인 물이여. 나는 너를 정화하리라. 너를 창조하시고 한곳에 모아 대지를 드러내신 분의 힘으로, 적의 책략은 꿰뚫리고 악령의 불순과 부정은 맑아져 더 이상 해롭지 않을 것이다. 세상 끝까지 통치하시는 전능하신 하느님의 덕으로. 아멘.'

그런 다음 몸을 구석구석 씻으며 다음의 이름을 두세 번 되풀이해서 읊는다. '메르탈리아, 무살리아, 도팔리아, 오네말리아, 지탄세이아, 골다파이라, 데둘사이라…….'

깨끗해지면 욕조에서 나와 몸에 마술의 물을 뿌리고 아래와 같이 말한다.

'주여, **우슬초**로 나를 정결케 하소서. 눈보다 희어지도록.'

그리고 옷을 입으며 필요한 『시편』을 낭송한다(102편, 51편, 4편, 30편, 119편의 「멤」 부분, 114편, 126편, 139편).

이어서 소금을 축복하고 정화된 소금을 집어 욕조에 던져 넣는다. 다시 옷을 벗고 다음의 문장을 말한다. '강하고 경이로우신 엘이여. 나는 당신을 찬양합니다. 나는 이 자리에서 당신께 기도하고 감사합니다. 이 물이 나에게서 불순과 탐욕을 쫓아내게 하소서. 당신, 거룩하신 아도나이의 권능으로. 아멘.'

다시 입욕하여 시편 104편과 81편을 낭송하고, 욕조에서 나와 청결한 흰색 리넨 의복을 입는다. 그리고 겉옷을 걸친다.

이상으로 마스터의 입욕 의식은 끝이다. 이어서 제자들이 같은 방식으로 엄숙히 입욕 의식을 행한다.

입욕의 의미

의식 전의 입욕 → 몸을 청결히 하고 부정을 털어낸다. / 의식을 성공시키기 위해 필요.

입욕의 순서

입욕에도 올바른 순서가 있다. 다음과 같이 하지 않으면 안 된다.

① 입욕 장소에 간다.

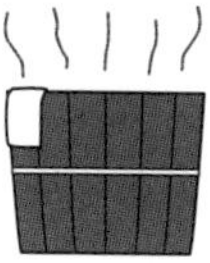

비밀의 방에 따뜻한 물을 담은 통을 준비한다. 또는 강이나 시내에 간다.

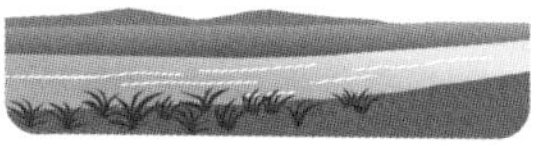

② 몸을 씻는다.

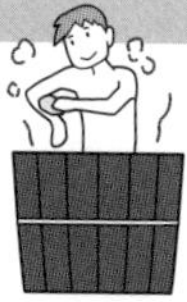

③ 욕조에서 나와 몸에 성수를 뿌린다.

④ 옷을 입는다.

입고 있던 옷을 다시 입으면 된다.

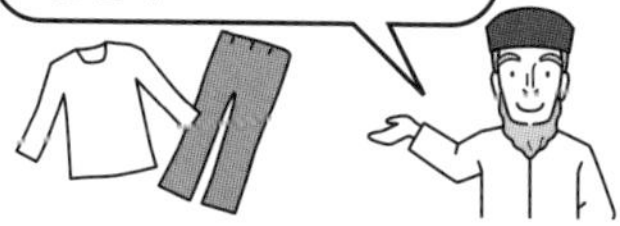

⑤ 소금을 축복하고 욕조에 넣는다.

⑥ 옷을 벗고 다시 입욕한다.

⑦ 욕조에서 나와 의복을 갖춰 입는다.

청결한 리넨 의복과 겉옷을 입자. 이것으로 입욕은 끝난다.

용어 해설

●우슬초→허브의 일종으로서 성수채로 사용된다(94쪽 참조).

No.030

의식을 집행하는 장소

About the places for the ceremonies

마술 의식은 마을에서 떨어진 숨겨진 장소나 황폐하고 인적 없는 장소, 밤의 사거리 등 마술에 적합한 장소에서 시행하는 편이 보다 효과적이다.

●마을에서 떨어진 황폐한 장소를 찾자

마술 의식은 그에 적합한 장소에서 시행하는 것이 좋다. 만약 그런 곳에 갈 수 없는 경우라면 자신의 방에서 할 수도 있지만, 적합한 장소에서 시행하는 편이 보다 효과적이다.

적합한 장소란 마을에서 떨어진 숨겨진 장소로서 황폐하고 인적 없는 곳이 가장 좋다. 호숫가, 숲, 어두워 눈에 띄지 않는 땅, 오래된 폐가, 산, 동굴, 정원, 과수원 같은 곳이다. 다만 그중에서도 가장 좋은 것은 어둡고 조용한 밤의 사거리이다.

대략적인 장소를 정했다면 낮이든 밤이든 상관없으니 실제로 그곳에 가서, 의식을 시행하기에 적합한 정확한 지점(마법원을 작성하는 장소)을 정하자. 그 주변 일대는 널찍한 편이 좋으나, 의식을 집행할 지점은 울타리, 덤불, 수목, 벽 등에 둘러싸인 곳으로 정하는 것이 좋다. 그런 지점을 찾았다면 그곳을 완전히 정화하고 정돈하여 더러움이 없도록 한다. 그리고 그 작업을 하면서 『시편』 2, 67, 54편을 낭송한다. 그 후 마술의 향 등을 피워 좋은 향으로 채우고 물과 우슬초를 뿌린다. 또한 마술에 필요한 모든 준비를 갖추어둔다.

실제 의식날이 되어 집을 나설 때는 그 장소에 가는 동안 특별한 기도를 나직하지만 정확하게 되풀이해서 읊조린다. '자자이, 자마이, 푸이다몬, 엘, 야훼, 야, 아글라. 나를 도우소서.'

마스터는 그렇게 읊조리며 물과 우슬초를 길에 뿌리고, 제자들은 단식 때의 기도를 나지막하게 반복해서 읊는다. 또한 마술용 소품은 제자들이 분담해서 옮기고(첫 번째 사람이 향로, 불, 향을. 두 번째 사람이 마도서와 종이, 펜, 잉크, 각종 향료를. 세 번째 사람이 단검과 낫을) 지팡이와 봉은 마스터 자신이 옮기자.

이렇게 해서 그 장소에 도착하면 마법원 구축 작업에 들어가게 된다.

마술 의식과 그 집행 장소

의식을 집행하는 장소는? → 마술에는 적합한 장소가 있다. / 마을에서 떨어진 곳이나 황폐한 곳.

구체적으로는 다음과 같은 장소가 좋다. 참고로 시간은 밤이 기본이다.
폐가
숲
호숫가
동굴
정원
사거리

마법원을 작성하는 장소

마법원의 장소 → 마법원은 울타리, 덤불, 수목, 벽 등에 둘러싸인 장소에 그린다.

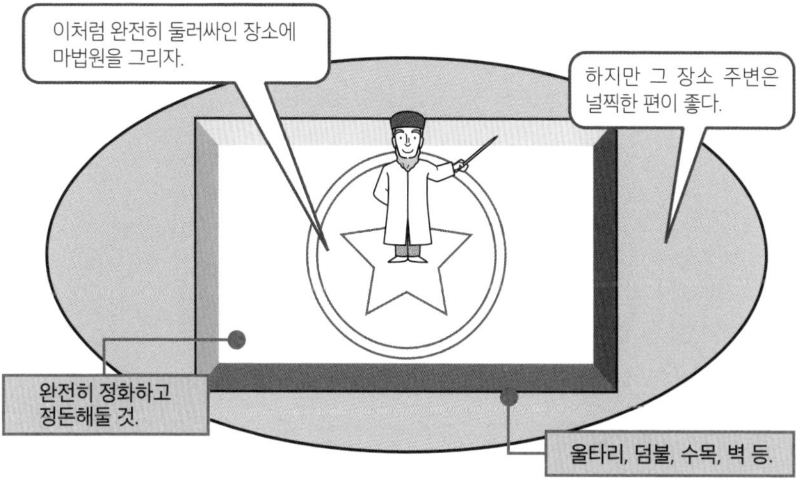
이처럼 완전히 둘러싸인 장소에 마법원을 그리자.
하지만 그 장소 주변은 넓찍한 편이 좋다.
완전히 정화하고 정돈해둘 것.
울타리, 덤불, 수목, 벽 등.

No.031

마법원 형성 의식

About the formation of the circle

마법원은 정해진 치수에 따라 가능한 한 정확히 그릴 필요가 있다. 그리고 술자와 동료가 안에 들어가고 나면 확실하게 닫아야 한다.

●시편을 읊으며 마법원을 구축한다

의식 장소에 도착해 준비가 갖추어지면 마법원을 구축하는데, 그 방법은 아래와 같다.

이제부터 그리려는 마법원의 중심이 되는 위치에 낫 또는 신월도를 꽂아 세운다. 미리 준비해둔 9피트(약 2.7미터) 길이의 끈을 꺼내 그 한쪽 끝을 낫에 묶고, 이 끈을 컴퍼스 삼아 자루가 검은 검이나 나이프로 원을 그린다. 다 그리면 그 바깥에 1피트 간격으로 원 두 개를 더 그린다. 그리고 안쪽의 두 원 사이에 성스러운 신들의 심벌을 표시한다. 바깥쪽의 두 원 사이에는 펜타클 등 정해진 기호와 신들의 이름을 번갈아 표기한다. 동남쪽에는 신성한 테트라그라마톤인 YHWH. 남서쪽에는 AHIH. 서북쪽에는 ALIVN. 북동쪽에는 ALH이다.

그런 다음 이들 원 바깥에 네 각이 사방위를 향하도록 사각형 두 개를 그린다. 두 사각형의 간격은 반 피트이다. 그리고 바깥쪽 사각형의 네 꼭짓점을 중심으로 네 개의 원을 그린다. 원의 지름은 1피트이다. 네 개의 원 안에는 성스러운 신들의 이름을 적는다. 동쪽에는 AL. 서쪽에는 IH. 남쪽에는 AGLA. 북쪽에는 ADNI이다. 또한 이들 원 안쪽에 한층 작은 원을 그린다. 의식 때는 이 작은 원 안에 향로를 놓게 된다.

마법원을 작성하는 작업 동안 스승은 『시편』의 다음 편을 계속 낭송해야 한다. 시편 2편, 54편, 113편, 67편, 47편, 68편이 그것이다. 이들 시편은 마법원을 구축하는 작업 전에 낭송해도 상관없다.

마법원을 다 그리고 나면 스승은 제자들을 다시 불러 모아 마법원의 적절한 위치에 배치하고 영혼 소환 작업을 실시한다. 한편 스승과 제자들이 출입할 수 있도록 마법원의 북쪽 일부는 선을 그리지 않고 비워둔다. 그러다가 의식을 위해 모두가 원 안에 들어갔을 때 그 선을 닫는다.

마법원 작성법

마법원을 그리는 기본 → 낫, 단검, 끈을 컴퍼스 삼아 지면에 그린다.

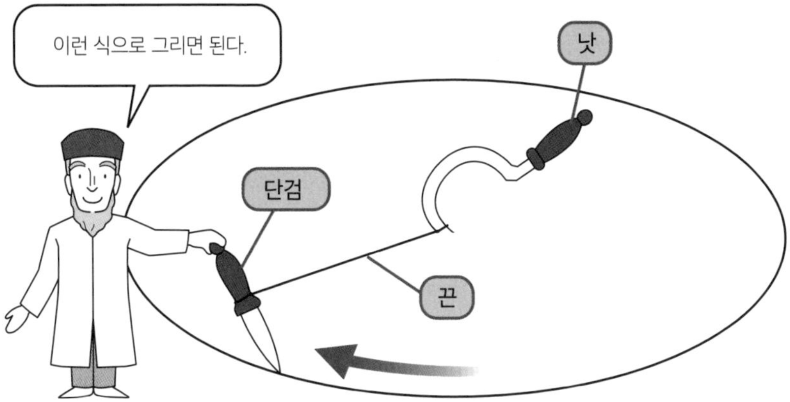

마법원의 형태

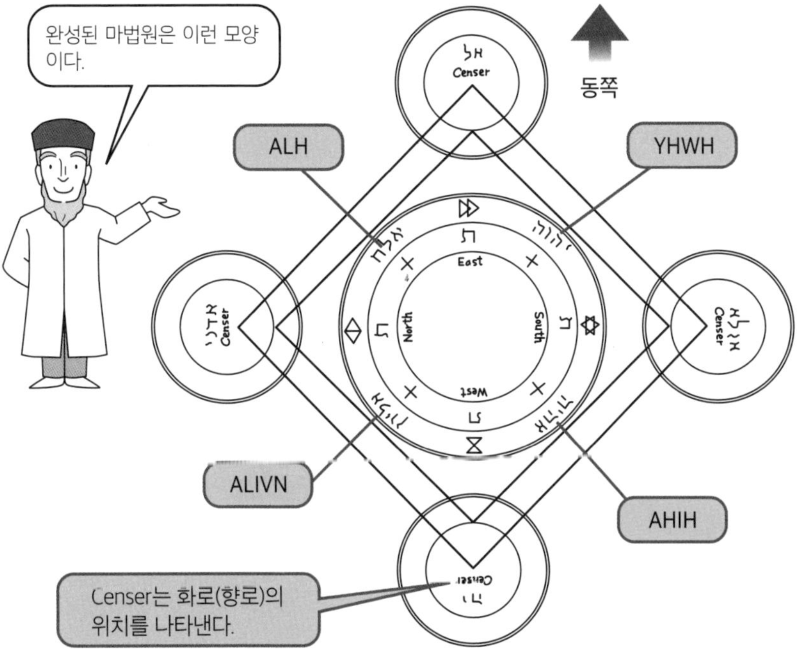

No.032

소환 의식

About the conjuration ceremony

통상적인 주문, 더욱 강력한 주문, 극히 강력한 주문, 화염의 소환주문은 점점 강력해지는 4단계의 주문으로서 마지막에는 반드시 영혼들이 출현한다.

●영혼을 복종시키기 위한 4단계의 주문

마법원을 다 그리면 영혼을 소환하는 의식을 시작한다. 먼저 스승은 성수를 뿌려 마법원을 정화한다. 그리고 제자들을 다시 불러 모아 마법원 안에 들어간다. 모두 들어간 뒤 선을 그리지 않고 비워두었던 부분에 선을 그어 마법원을 닫는다. 제자들은 사방위에 배치하는데 동쪽 사람에게 펜, 잉크, 종이, 비단, 무명을 들게 한다. 또한 제자들에게 검을 들게 하고 언제든 뽑을 수 있도록 준비시킨다. 여기서 사방의 향로에 불을 붙인다. 양초에도 불을 붙여 정해진 위치에 배치한다. 그리고 신에게 의식의 성공을 기원한다. '우리는 고개 숙여 기도합니다. 전능하신 주여, 부디 임하소서. 그리고 천사들에 명하여 이곳을 지켜주소서. 부디 우리의 기도를 들어주시옵소서. 영원무궁토록 통치하시는 주여.'

그 후 스승은 준비해둔 목제 나팔을 분 뒤, 펜타클이나 메달(금속제 펜타클)을 손에 들고 보통 동쪽을 향해 주문을 왼다. 주문에는 다음과 같은 4종류가 있다. 처음 외는 것은 「통상적인 주문」이다. 그래도 영혼이 나타나지 않을 경우, 성별(聖別)한 펜타클이나 메달을 꺼내 왼손에 들고, 오른손에는 단검을 든 채 「더욱 강력한 주문」을 왼다. 이것으로 영혼이 나타난다면 왼손의 펜타클을 보여준다. 하지만 이것으로도 영혼들이 나타나지 않는다면 오른손의 단검으로 허공을 벤다. 그리고 단검을 바닥에 내려놓은 다음, 양 무릎을 꿇고 「극히 강력한 소환주문」을 왼다. 이 단계에서 거의 틀림없이 영혼들은 찾아온다. 그러나 그래도 영혼들이 완고하게 복종하지 않는다면 양피지에 영혼들의 이름을 적고 흙이나 진흙, 먼지 등으로 더럽힌 뒤 말린 **루타**, 가루 낸 **아위**, 또한 사악한 향료와 함께 불을 붙여 태운다. 그리고 「화염의 소환주문」을 외는 것이다. '나는 너희를 소환한다. 화염의 피조물들이여…….'

이렇게 하면 영혼들은 반드시 나타날 것이다.

스승과 제자의 배치

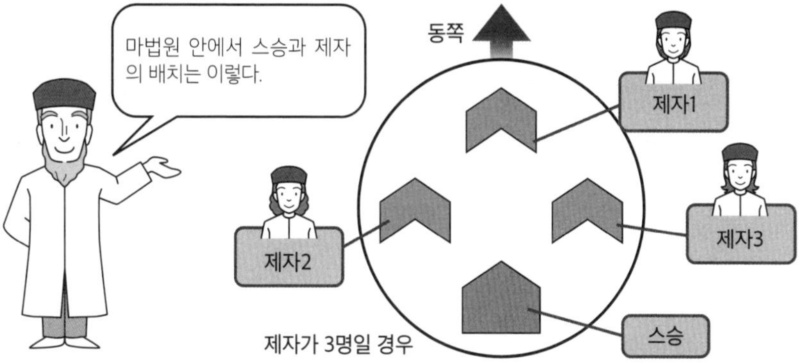

4단계의 소환주문

신에 대한 기도를 마치면 악마 소환주문을 외는데, 거기에는 4단계가 있다. 1<2<3<4 순으로 강력해진다.
① 통상적인 주문
영혼이여, 나타나라. 위대한 신의 덕과 지혜와 힘과 자애로 나는 너희에게 명한다. ……
② 더욱 강력한 소환주문
영혼들이여, 나는 다시금 너희를 소환한다. 신의 호칭 가운데서도 가장 강력한 엘의 이름으로써. ……
③ 극히 강력한 소환주문
영혼들이여, 나는 너희에게 강력히 명하며 끊임없이 강제한다. 아도나이, 체바오트, 엘로힘 등 여러 신의 이름으로써. ……
④ 화염의 소환주문
나타나라, 화염의 피조물들이여. 그렇지 않으면 너희는 영원히 저주받고 매도당하며 괴로움을 겪으리라. ……

①에서 영혼이 나타나지 않을 경우, 스승은 왼손에 펜타클, 오른손에 단검을 들고 허공을 벤다.

용어 해설

●루타→허브 등으로 이용되는 운향과의 약용식물.
●아위→허브 등으로 이용되는 산형과의 약용식물.

No.033

영혼에 대한 명령

Orders to spirits

영혼들이 나타났다면 술사는 영혼들의 왕을 향해 펜타클이나 메달을 들이밀어 영혼들을 조용히 시키고, 분명하면서 강한 어조로 명령을 내리자.

●펜타클을 들이밀고 명령한다

『솔로몬 왕의 열쇠』에 따르면 4단계의 소환주문에 의해 영혼들은 반드시 나타난다고 한다. 술자들은 계급이 낮은 영혼들이 보다 상급의 영혼들을 안내해가며, 도처에서 서둘러 찾아오는 모습을 보게 될 것이다.

그 영혼들의 특질은 다음과 같다. 제1집단의 영혼들은 병사인 듯 창 · 방패 · 갑주로 무장하고 있다. 그 뒤로 등장하는 제2집단의 영혼들은 남작, 군주, 공작, 대장, 장군이다. 세 번째, 즉 마지막으로 출현하는 것은 그들의 왕으로서, 악기를 든 많은 연주자들 및 아름다운 선율로 노래하는 합창대와 함께 나타난다.

영혼들이 나타나면 스승은 영혼들의 왕을 향해 가슴에 달고 있던 펜타클이나 메달을 보여주며 다음과 같이 말한다. '모든 이가 무릎 꿇는 위대하신 주 앞에서 너도 무릎 꿇도록 하라….' 그러면 영혼의 왕은 무릎을 꿇고 이렇게 말할 것이다. '너는 무엇을 바라느냐. 어찌하여 지옥 밑바닥에서 나를 불러냈느냐.'

이에 대해 스승은 분명하고 강한 어조로 영혼들에게 정숙하도록 명하고, 대량의 향을 화로에 지핀다. 이로써 영혼들은 두려워 떨게 된다. 그러면 스승은 펜타클을 왕에게 내민 채 바라는 것을 전부 명한다. 이것으로 모든 소망이 이루어질 것이다.

그렇게 모든 요구가 충족되고 나면 남은 것은 영혼들을 평화롭게 퇴거시켜 지옥으로 돌려보내는 일뿐이다. 그러기 위해 다음과 같이 말한다. '영원무궁토록 제일인자이신 아도나이의 이름으로. 모든 영혼이여, 처음 자리로 돌아가라. 그리고 다시 불릴 날까지 우리 사이를 평온케 하라.'

이렇게 하면 영혼들은 물러나므로 그 후 먼저 스승, 그리고 제자들의 순서로 한 사람씩 마법원에서 빠져나온다. 그리고 전원이 성수로 얼굴을 씻은 뒤 일상생활로 돌아온다. 이로써 의식은 종료된다.

출현하는 영혼들

4단계의 주문을 외는 사이 반드시 영혼들은 계급이 낮은 것부터 순서대로 도처에서 급히 찾아온다.

제1집단

창 · 방패 · 갑주로 무장한 병사인 듯한 영혼들.

제2집단

남작, 군주, 공작, 대장, 장군인 듯한 영혼들.

제3집단

악기 연주자 · 합창자 ③들에 이어 영혼들의 왕④이 마지막으로 출현한다.

영혼에 대한 명령

영혼이 나타나면 가슴에 달고 있던 펜타클을 영혼의 왕에게 들이대고 바라는 것을 전부 명하자. 그러면 소원이 이루어진다. 남은 것은 영혼들을 평화롭게 지옥으로 돌려보내는 일뿐이다.

영혼들이 소란스럽다면 잊지 말고 많은 향을 피워 침묵시키자.

No.034

특별한 마술 의식에 관하여

About extraordinary experiments and operations

『솔로몬 왕의 열쇠』에 따르면 도둑맞은 물건을 찾거나 보물을 발견하는 등의 목적에는 일반적인 마술과는 다른 특별한 마술 의식도 존재한다고 한다.

●8개의 특별한 의식에 관한 주의점

『솔로몬 왕의 열쇠』에서는 지금까지 소개한 일반적인 마술 의식 외에 특별한 마술 의식에 관해서도 서술하고 있다.

특별한 마술 의식으로서 설명하고 있는 것은 「도둑맞은 물건을 찾는 방법」, 「투명인간이 되는 방법」, 「운동 중의 사고사를 방지하는 방법」, 「여행해도 지치지 않는 양말대님 만드는 법」, 「영혼에게 지식을 얻기 위한 융단 짜는 법」, 「영혼이 소유한 보물을 얻는 방법」, 「남의 호감을 사고 사랑받는 방법」, 「사기를 성공시키는 방법」이다. 이들 마술이 특별한 이유는 명확하지 않으나 아무튼 일반적인 마술 의식과는 다른 내용으로서, 각 의식마다 실행하는 일시에 주의할 필요가 있다고 충고하고 있다.

예컨대 도둑맞은 물건을 찾는 의식은 달의 날과 시간에 행해야 한다고 정해져 있다. 그것도 달이 차오르는 시기의 낮 1시부터 8시 사이이다. 밤일 경우에는 5시나 3시에 시작하지만, 밤보다 낮이 더 좋다.

투명인간이 되는 의식은 달이 쌍어궁(雙魚宮, 물고기자리)에 있으며 차오르는 기간, 화성의 날의 낮 1시, 2시, 3시 가운데 하나에 시작한다. 밤일 경우 가능한 시간은 3시까지이다.

사랑과 호의를 구하는 의식은 달이 쌍자궁(雙子宮, 쌍둥이자리)에 있으며 차오르는 시기에 행한다. 이 의식은 태양의 날 1시부터 같은 날 8시 사이에 행해야 한다. 또는 금성의 날 1시부터 8시까지이다.

사기를 성공시키는 의식은 금성의 날 1시부터 8시 사이에 행해야 한다. 다만 밤이라면 3시와 7시이다. 또한 이 의식은 달이 사자궁(獅子宮, 사자자리)이나 백양궁(白羊宮, 양자리)에 있으며 차오르는 기간에 행한다.

날과 시간에 관련된 이러한 주의점은 마술의 달인이라면 그렇게까지 신경 쓰지 않아도 괜찮다. 그러나 초심자는 반드시 지켜야 한다고 한다.

특별한 마술 의식

『솔로몬 왕의 열쇠』에서는 아래와 같은 목적을 가진 마술의 경우에는 각각 특별한 전용 의식을 소개하고 있다. 이들 마술은 행하는 일시에도 주의가 필요하다.

도둑맞은 물건을 찾는 마술

달이 차오르는 시기의 달의 날과 시간에 행한다.

투명인간이 되는 마술

달이 쌍어궁에 있으며 차오르는 기간에 행한다.

운동 중의 사고사를 방지하는 마술

2월의 금요일에 마술을 행한다.

여행해도 지치지 않는 양말대님을 만드는 마술

6월 25일에 준비하여 마술을 행한다.

영혼에게 지식을 얻기 위한 융단을 짜는 마술

보름달이 마갈궁(磨羯宮, 염소자리)에 들어와 있는 기간에 마술을 행한다.

영혼이 소유한 보물을 얻는 마술

7월 10일부터 8월 20일 사이의 조건이 맞는 날에 행한다.

남의 호감을 사고 사랑받는 마술

달이 쌍자궁에 있으며 차오르는 시기에 행한다.

사기를 성공시키는 마술

금성의 날 1시부터 8시 사이에 행한다.

이러한 사항은 마술의 달인이라면 신경 쓰지 않아도 괜찮지만, 초심자는 반드시 지킬 필요가 있다.

No.035

도둑맞은 물건을 되찾는 방법

The experiment for things stolen

『솔로몬 왕의 열쇠』에서는 도둑맞은 물건을 되찾는 마술 가운데서도 특히 범인을 찾는 마술에 관련된 특별한 의식법을 설명하고 있다.

●통 속의 물에 떠오르는 범인의 얼굴

『솔로몬 왕의 열쇠』에 따르면 도둑맞은 물건을 되찾는 방법은 다음과 같다. 일반적인 의식의 흐름에 따라 모든 준비를 갖추고 마법원에 들어가 이렇게 기도한다. '전능하신 주여. 나를 불쌍히 여기소서. 주의 권능으로 이 영혼들에 명하여 도둑을 찾게 하소서. 그리고 도둑맞은 물건을 어디서 찾게 될지 알려주소서.' 그러면 영혼들이 나타날 텐데 그들에게 이렇게 명한다. '주의 이름으로 나타난 영혼들이여, 내가 찾는 물건이 어디에 있는지 가르쳐다오.' 이로써 영혼들은 도둑맞은 물건이 어디에 있는지 알려줄 것이다.

범인을 찾는 방법은 완전히 다르다. 우선 체를 준비한다. 찻숟가락 한 개 분량의 향을 피운 뒤, 남자를 교수형 시켰던 끈으로 그 체를 매단다. 체의 바깥 테두리 네 방향에는 피로 특별한 기호를 표기한다. 이어서 깨끗한 양철통을 준비하여 샘물을 채운다. 그리고 왼손으로 매달린 체를 회전시키는 동시에, 오른손으로는 월계수의 어린 가지를 이용해 통 속의 물을 그 반대 방향으로 젓는다. 물이 잠잠해지고 체가 회전을 멈추면 물의 표면을 가만히 바라본다. 그러면 거기에 훔쳐간 사람의 얼굴이 떠오를 것이다. 이때 마법의 검으로 그 얼굴의 특정 부분에 상처를 입히면 현실 속 도둑의 얼굴에도 상처가 생기므로 범인을 찾기 쉬워진다.

다음과 같은 방법도 소개되어 있다. 체의 바깥 테두리에 가위의 한쪽 날을 찌르고, 찌르지 않은 쪽 손잡이에 두 사람이 엄지손톱을 건다. 그리고 한 사람이 범죄 용의자로 거론되고 있는 사람의 이름을 하나씩 큰 소리로 부르며 '성 베드로와 성 바오로의 이름을 걸고 이 인물은 범인이 아니다'라고 세 번 말한다. 그러면 범인의 이름을 호명할 때만 체가 저절로 회전하기 시작할 것이다.

도둑질에 관한 마술

도난품을 되찾는 마술	마법원을 이용하는 통상적인 마술.
범인을 찾는 마술	체를 이용하는 특수한 마술.

범인을 찾는 마술

첫 번째

순서

① 왼손으로 체를 회전시킨다.

② 오른손으로 물을 반대 방향으로 회전시킨다.

③ 두 개의 회전이 멈추면 물의 표면을 본다.

④ 거기에 범인의 얼굴이 떠오른다.

두 번째

체에 가위의 한쪽 날을 찔러두자.
OOO(용의자의 이름을 말한다). 성 베드로와 성 바오로의 이름을 걸고 이 인물은 범인이 아니다.

순서

① 찌르지 않은 쪽 손잡이에 두 사람이 엄지손톱을 건다.

② 한 사람이 용의자의 이름을 부른 뒤, 큰 소리로 정해진 문구를 말한다.

③ 그러면 그것이 범인의 이름일 때만 체가 회전한다.

No.036

영혼이 지키는 보물을 손에 넣는 방법

How to get a treasure possessed by the Spirits

대지에 사는 놈이라는 영혼들은 매우 위험하지만, 그들과 친해지면 그들에게 명령하여 대지에 숨겨진 보물을 손에 넣을 수 있다.

●위험천만한 땅의 영혼 놈을 조종하다

『솔로몬 왕의 열쇠』에 따르면 대지에는 많은 영혼들이 살고 있다고 한다. 이들 영혼들은 놈이라 불리는데, 숨겨진 재보에 손을 대는 자가 있으면 때때로 그를 죽이기도 하는 위험한 존재이다. 하지만 만약 이들 영혼과 친해져서 특별한 방법으로 그들에게 명령하면 그들은 기꺼이 보물을 바칠 것이다. 그 방법은 아래와 같다.

7월 10일부터 8월 20일 사이의 기간 중, 달이 사자궁에 위치한 일요일 일출 전에 영혼들을 소환할 장소로 향한다. 그곳에서 마술용 검으로 충분한 크기의 마법원을 그린다. 이어서 그날에 어울리는 향을 피워 그 장소를 향으로 세 번 가득 채운다. 그 후 의식용 의복을 입고 램프를 매단다. 그 램프의 기름은 7월에 죽은 남자의 지방을 섞어서 만들며, 램프의 심지는 그 남자가 매장될 때 입고 있던 옷으로 만들어야 한다. 램프에 불을 붙이고 나면 재보를 파내는 작업자들을 염소 가죽으로 만든 허리띠로 보강한다. 그 허리띠에는 지방을 취한 남자의 피로 특별한 기호를 써넣는다. 작업자들에게는 어떤 요괴가 나타나도 멈추지 말고 용감하게 작업을 계속하도록 경고해둔다. 혹시 작업이 하루 안에 끝나지 않을 경우에는 반드시 파낸 구멍 입구를 목재로 막고 그 위에 흙을 덮는다. 그리고 다음 날 다시 작업을 계속한다. 이러는 동안 술자는 마술 의복을 입고 마법의 검을 몸에 지녀야 한다.

구멍을 충분히 팠다면 기도를 드린다. '아도나이, 엘로힘, 엘. 왕 중의 왕이시여. 나를 불쌍히 여기소서. 또한 은총을 내려주소서. 그리고 당신의 천사와 영혼들에 명하여 나의 일을 이루어주소서.'

그러면 작업자들이 판 구멍 속을 보물로 가득 채우게 되니, 마지막으로 '선한 영혼들이여, 너희의 도움에 감사한다. 이제 평안히 물러날지어다. 아멘'이라고 읊어 신속히 영혼들을 돌려보낸다.

놈이 지키는 재보

사람을 죽이기도 하니 조심해.
놈
보물

숨겨진 보물은 대지의 영혼 놈이 지키고 있다.

↓

놈과 친해져 특별한 방법으로 명령하면 보물을 얻는다.

보물을 얻는 방법

① 정해진 기간에 목표로 한 장소에 가서 마법원을 그린다.

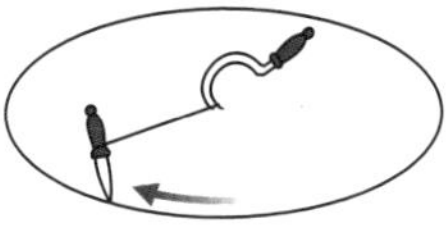

② 그 장소를 향으로 세 번 가득 채운다.

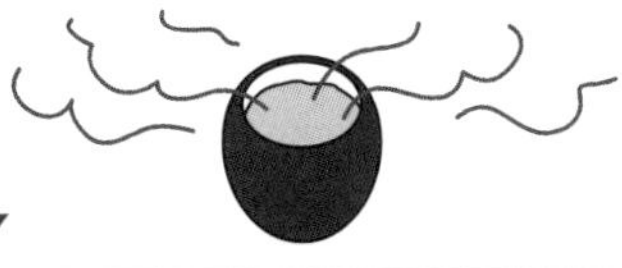

③ 특제 램프를 매단다.

④ 작업원을 염소 가죽 허리띠로 보강한다.

⑤ 겁내지 않고 계속 구멍을 판다.

⑥ 구멍을 충분히 파면 기도를 드린다.

⑦ 이제 구멍 속이 보물로 가득 차게 된다.

숨겨진 보물은 이렇게 손에 넣는다!

No.037

펜타클과 작성 방법

About the Pentacles

펜타클이란 특별한 인장이 그려진 메달 또는 휘장 같은 것으로서, 이를 보여주면 확실하고 안전하게 영혼들을 복종시킬 수 있다.

●펜타클은 금속은 물론 양피지로도 만들 수 있다

『솔로몬 왕의 열쇠』에 기재된 마술에서는 펜타클이 중요한 역할을 한다. 펜타클은 특별한 인장이 그려진 원형 메달 또는 휘장 같은 것으로, 그것을 보여줌으로써 술자는 확실하고 안전하게 영혼을 복종시킬 수 있다.

『솔로몬 왕의 열쇠』에 등장하는 펜타클에는 여러 종류가 있으며, 저마다 7행성(토성 · 목성 · 화성 · 태양 · 금성 · 수성 · 달) 중 하나에 바쳐진다. 펜타클의 종류는 전부 44가지이고 종류마다 내포된 힘이 다르다(이 책의 부록 참조).

펜타클은 금속은 물론 양피지로도 만들 수 있다.

금속제 펜타클은 메달이라고도 부르는데, 그것이 봉헌된 행성에 적합한 금속으로 만든다. 즉 토성은 납, 목성은 주석, 화성은 철, 태양은 금, 금성은 구리, 수성은 **합금**, 달은 은이다. 메달 표면에 새기는 인장 등의 색을 지킬 필요는 없으나, 제작 기간은 행성에 적합한 일시가 아니면 안 된다.

양피지의 경우 펜타클은 수성의 날과 시각이면서, 달이 **「바람」 또는 「흙」의 사인**에 들어가 서서히 차오르는 기간에 만들어야 한다. 날씨는 상쾌하고 온화한 날이 좋다. 방해받지 않는 펜타클 제작용의 특별한 방을 마련해두고 그곳에서 새 양피지에 인장을 그린다. 사용하는 잉크의 색은 각 행성에 적합한 것을 고른다. 즉 토성은 검은색, 목성은 하늘색, 화성은 빨간색, 태양은 금색이나 노란색이나 레몬색, 금성은 녹색, 수성은 혼합색, 달은 은색이다.

펜타클 제작 시에는 가능하면 (점성술적 의미로) 시작한 때와 같은 날과 시간에 완성하는 것이 좋다. 그렇지만 피치 못하게 중단할 수밖에 없다면, 다시 적절한 날과 시각을 기다렸다가 재개해도 괜찮다.

펜타클의 중요성

펜타클이란? → 확실 · 안전하게 영혼을 복종시키는 도구. / 『솔로몬 왕의 열쇠』의 중요 아이템.

펜타클을 보여주면 악마도 조종할 수 있다.
어떠냐
펜타클
네! 무슨 말이든 들을게요.
털썩

어떤 펜타클이 있는가?

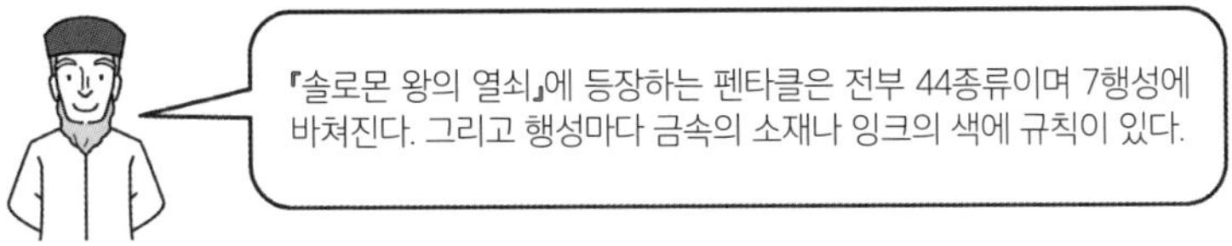

금속일 경우의 소재	토성용=납. 목성용=주석. 화성용=철. 태양용=금. 금성용=구리. 수성용=합금. 달용=은.
양피지일 경우의 색	토성용=검은색. 목성용=하늘색. 화성용=빨간색. 태양용=금색. 금성용=녹색. 수성용=혼합색. 달용=은색.

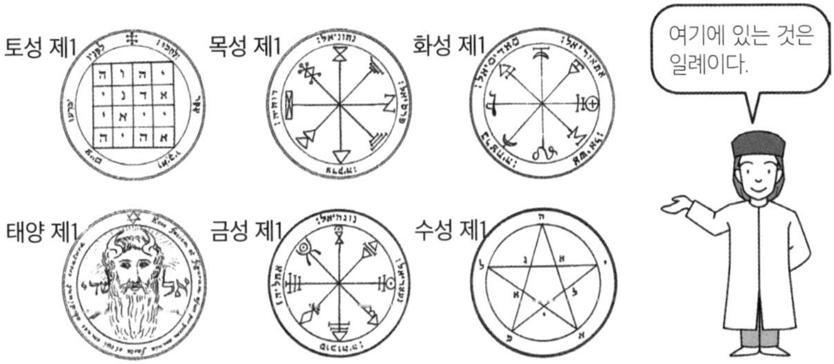

용어 해설

●합금→보통 수성은 수은이지만 순수한 수은은 액체이므로, 이것은 수은과 다른 금속의 합금일 것이다.
●「바람」 또는 「흙」의 사인→점성술의 12궁(사인)에는 각각 해당하는 4대 원소가 있는데, 「바람」은 쌍자궁 · 천칭궁(天秤宮, 천칭자리) · 보병궁(寶甁宮, 물병자리), 「흙」은 금우궁(金牛宮, 황소자리) · 처녀궁(處女宮, 처녀자리) · 마갈궁이다.

No.038

펜타클의 성별(聖別)

The consecration of Pentacles

작성한 펜타클을 마술적으로 유효한 것으로 만들기 위해서는 마법원을 그리고, 향을 태워 훈증하여 펜타클을 성별해야 한다.

●전용 마법원 안에서 펜타클을 훈증한다

정해진 방법으로 작성된 펜타클은 그 후 전용 마법원을 이용해 성별할 필요가 있다. 그렇게 할 때 그것은 비로소 유효한 것이 된다.

펜타클을 성별하려면 작업 전에 흙으로 만든 커다란 화로를 마련해두어야 한다. 그 속에는 숯을 채워둔다. 또한 훈향(燻香, 태워서 향기를 내는 향료-역주)으로서 유향, 매스틱(옻의 일종), 알로에가 필요하다.

덧붙여 술자 자신이 순결하고 청결한 상태여야 할 것은 당연하다.

이들 준비를 갖추어두고 펜타클을 제작했던 방 안에 마법원을 그리는데, 여기에는 원형 낫과 나이프가 필요하다. 그것을 이용해 첫 번째 원을 그리고, 이어서 그 안에 원을 하나 더 그린다. 그리고 그 두 원 사이에 신의 이름을 써넣는다.

그런 다음 원 안쪽에 준비해둔 화로를 놓고 숯에 불을 붙인 뒤 유향, 매스틱, 알로에를 훈향으로서 피운다. 이 연기로 펜타클을 훈증하는 것이다.

이때 술자는 얼굴을 동쪽으로 향한 채 펜타클에 연기를 쏘이면서 『시편』 8편 · 21편 · 27편 · 29편 · 32편 · 51편 · 72편 · 134편을 낭송한다. 그리고 기도문을 바친다. '가장 능력 있으신 아도나이여, 가장 강하신 엘이여, 가장 거룩하신 아글라여, 가장 옳으신 온이여, **시작과 끝이자 알레프와 타브**이신 주여. 우리는 겸손히 간청합니다. 당신의 거룩하신 위엄으로 이들 펜타클이 성별되어, 영혼에 대항하는 덕과 힘을 얻게 하소서.'

이렇게 해서 성별이 끝나면 펜타클을 미리 준비한 비단으로 감싸 보관한다. 그리고 필요할 때 사용하고, 사용한 뒤에는 다시 같은 식으로 보관한다.

펜타클은 성별해서 사용한다

펜타클의 성별 → 성별을 통해 펜타클은 유효해진다.

성별에는 이것들이 필요하다.
화로
숯
알로에
유향
매스틱
East
Vessel for Incense
펜타클 성별용 마법원 (가운데 그림은 화로의 위치)

펜타클을 성별하려면

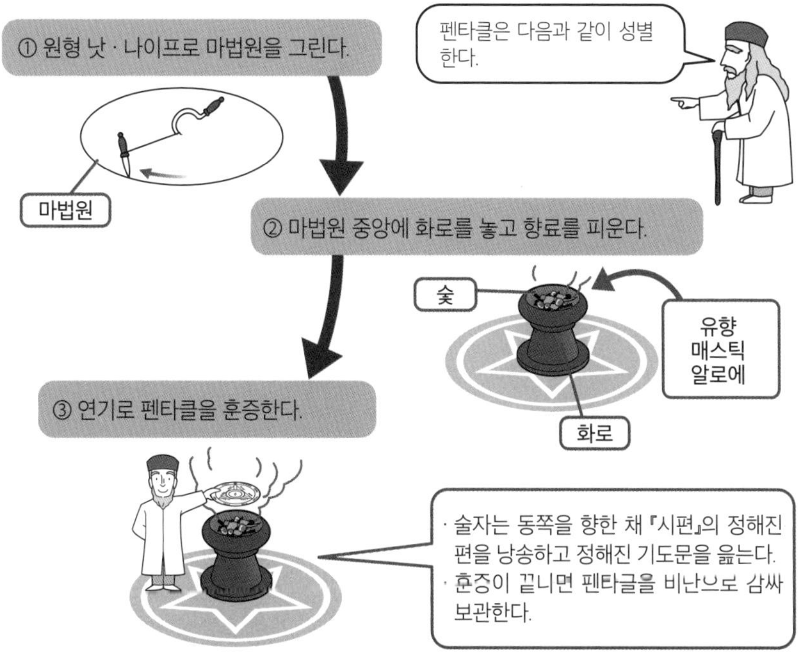

① 원형 낫 · 나이프로 마법원을 그린다.
펜타클은 다음과 같이 성별한다.
마법원
② 마법원 중앙에 화로를 놓고 향료를 피운다.
숯
유향
매스틱
알로에
화로
③ 연기로 펜타클을 훈증한다.
· 술자는 동쪽을 향한 채 『시편』의 정해진 편을 낭송하고 정해진 기도문을 읊는다.
· 훈증이 끝나면 펜타클을 비난으로 감싸 보관한다.

용어 해설

● 시작과 끝이자 알레프와 타브→그리스어 알파벳은 알파로 시작해 오메가로 끝나지만, 히브리어에서는 알레프로 시작해 타브로 끝난다.

No.039

마술사의 외투와 신발에 관하여

About the garments and shoes of the art

술사가 착용하는 외투는 리넨제, 가능하면 비단제가 좋으며, 신발도 외투와 마찬가지로 흰색에 특별한 자수를 놓을 필요가 있다.

●하얀 비단 외투와 하얀 가죽 신발

술사가 착용하는 외투와 신발에 관해서는 다음과 같이 정해져 있다.

마스터가 착용하는 외투는 그 속에 입는 의복과 마찬가지로 리넨(아마포)제가 일반적이지만 가능하면 비단이 좋다. 리넨일 경우에는 젊은 처녀가 자아낸 실로 만들지 않으면 안 된다. 또한 외투의 가슴 부분에는 붉은 비단실로 특별한 도안을 수놓아야 한다.

신발도 흰색이 아니면 안 된다. 그리고 외투처럼 자수를 놓을 필요가 있다. 신발 또는 부츠의 소재는 하얀 가죽이며 거기에 도안을 수놓게 된다.

이 신발은 단식과 절제 기간, 즉 의식 전 9일간의 준비 기간에 만들어야 한다. 그 밖의 필요한 도구도 이 기간에 준비하고 손질하여 광택을 내둔다.

또한 마술사는 새 양피지로 관(冠)을 만든 뒤, 그 관에 다음과 같은 네 개의 이름을 마술용 잉크와 펜으로 적어 넣어야 한다. 앞면에 「YOD, HE, VAU, HE」, 뒤에 「ADONAI」, 오른쪽에 「EL」, 왼쪽에 「ELOHIM」라고 적는다. 제자들도 동일하게 관을 만들고 전용의 신성한 기호를 진홍색으로 적어 넣는다.

이것들을 착용할 때는 다음 사항에 유의할 필요가 있다. 우선 『시편』 15편, 131편, 137편, 117편, 67편, 68편, 127편을 낭송한다. 그 후 향을 태워 의복에 쏘인다. 그리고 우슬초로 물을 뿌린다.

또한 마스터와 제자들이 의복을 입을 때 첫 번째 시편 낭송이 끝난 뒤 전용 주문을 왼다.

외투용 리넨 의복이 제사장의 것이고 성스러운 행사에 사용되었던 것이라면 더욱 좋다는 사실을 기억해두자.

술사의 외투와 신발과 모자

술사의 옷차림은?
로브 · 가죽신 · 관이 필요하다!
이런 느낌입니다.
관
로브
가죽신 · 부츠

외투 · 신발 · 모자의 규격

외투 · 신발 또는 부츠 · 관은 의식 전 9일간의 준비 기간 중에 아래의 지시를 따라 만들어야 한다.

① 로브

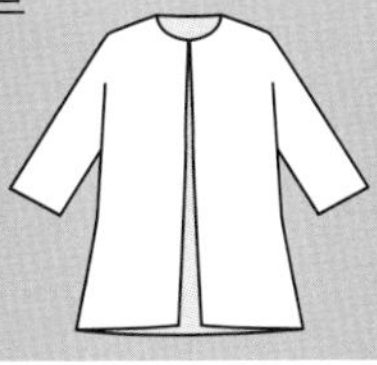

로브의 색은 흰색. 소재는 보통 리넨이지만 가능하면 비단이 좋다. 가슴에 붉은 비단실로 오른쪽과 같은 도안을 수놓는다.

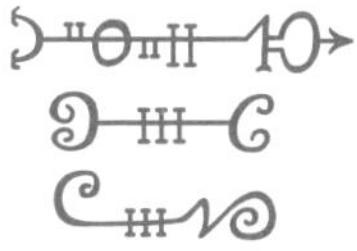

로브의 자수

② 가죽신 · 부츠

신발 또는 부츠의 색은 흰색. 소재는 가죽으로 만든다. 표면에 붉은 비단실로 오른쪽과 같은 도안을 수놓는다.

신발 · 부츠의 자수

③ 관

관의 형태나 색에는 특별한 규정이 없다. 소재는 양피지로 만든다. 그리고 스승과 제자의 것에 각각 다른 도안을 붉은 잉크로 적는다.

יהוה אדני אל אלהים

스승의 관의 기호

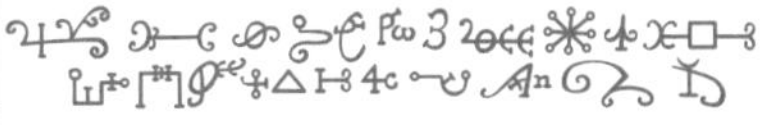

제자의 관의 기호

No.040

마술용 나이프 · 랜스 · 낫

About the knife, sword, lance, sickle, and other instruments

나이프에는 마법원 이외의 모든 도구를 만드는 데 사용하는 흰 자루 나이프와 마법원을 제작하는 데 사용하는 검은 자루 나이프가 있다.

●마도구 제작용 나이프류도 특제

마법원이나 인장 같은 마도구를 만드는 데도 다양한 도구가 필요하다. 그중 나이프류에 관해 여기에서 설명하도록 하겠다.

나이프류에는 흰 자루 나이프, 검은 자루 나이프, 짧은 랜스 등이 있다.

흰 자루 나이프는 수성의 날과 시각, 화성이 백양궁이나 천갈궁(天蠍宮, 전갈자리)에 있을 때 만든다. 그리고 보름달 밤이나 달빛이 강해지는 시기에 새끼 거위의 피와 뚜껑별꽃의 즙에 흰 자루를 포함한 나이프 전체를 담그고, 그 위에 특별한 문자를 새긴다. 그런 다음 마술용 향으로 훈증한다. 그리고 비단 천에 감싸 보관한다. 이 흰 나이프는 마법원 제작 이외의 모든 용도에 사용하게 된다. 다만 흰 자루 나이프는 다음과 같은 방법으로도 만들 수 있다. 먼저 같은 형태의 나이프를 만든 뒤 그것을 불에 넣어 빨갛게 달구기를 세 번 되풀이하면서, 그때마다 앞에서 말한 피와 즙에 담근다. 그리고 흰 자루를 단단히 고정하며, 그 위에 특별한 문자를 새긴다. 이후 훈증하고 성수를 뿌린 다음 비단 천에 감싸두는 것이다.

마법원 제작에는 검은 자루 나이프가 필요하다. 그 제작법은 기본적으로 흰 자루 나이프와 같지만, 검은 자루 나이프는 토성의 날과 시각에 만들며 검은 고양이의 피와 독미나리 즙에 담근다. 그리고 표면에 특별한 문자와 이름을 새기고 검은 비단에 감싸둔다.

신월도, 원형 낫(시클), 단검(대거), 비수(파냐드), 짧은 랜스는 같은 방법으로 만든다. 이것들은 수성의 날과 시각에 만들어 까치의 피와 허브머큐리의 즙에 담근다. 이것들에는 목제 자루를 다는데, 그것은 해가 떠오를 때 새 나이프나 적당한 도구를 이용해 하얀 회양목에서 단번에 잘라낸 가지로 만든다. 자루에는 특별한 기호를 새기고 성별을 위해 훈증하며, 다른 도구와 마찬가지로 비단 천에 감싸 보관한다.

마도구 제작에 필요한 나이프류

마도구의 제작 도구 → 흰 자루 나이프 / 검은 자루 나이프 / 신월도 / 원형 낫 / 단검 / 비수 / 짧은 랜스

→ **전부 세세한 규정이 있다.**

도구류는 올바른 일시에 각각 아래와 같이 만든다. 그리고 비단 천에 보관한다.

흰 자루 나이프

일시 수성의 날과 시각, 화성이 백양궁이나 천갈궁에 있을 때.

제작법 새끼 거위의 피와 뚜껑별꽃의 즙에 전체를 담근다. 그 위에 특별한 문자를 새긴다. 마술용 향으로 훈증한다.

검은 자루 나이프

일시 토성의 날과 시각.

제작법 검은 고양이의 피와 독미나리 즙에 담근다. 표면에 특별한 문자와 이름을 새기고 검은 비단에 감싸둔다.

신월도

원형 낫

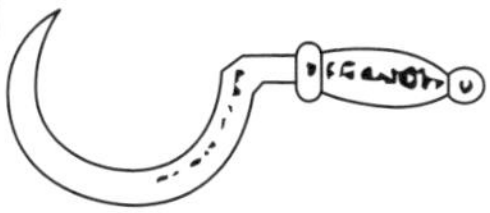

단검

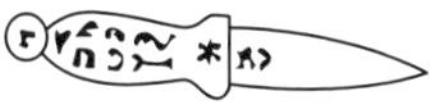

비수

쇼트 랜스

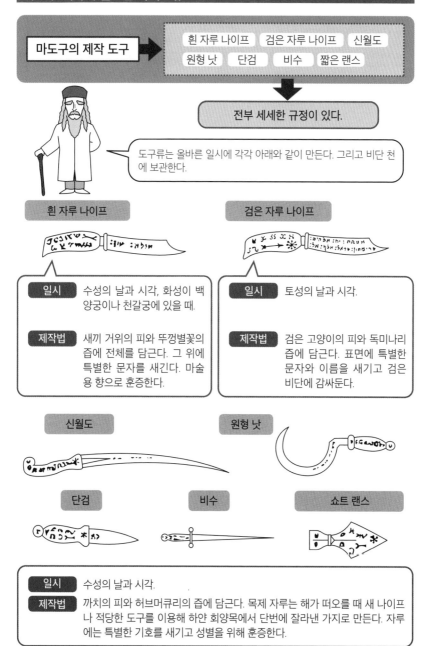

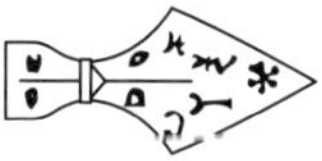

일시 수성의 날과 시각.

제작법 까치의 피와 허브머큐리의 즙에 담근다. 목제 자루는 해가 떠오를 때 새 나이프나 적당한 도구를 이용해 하얀 회양목에서 단번에 잘라낸 가지로 만든다. 자루에는 특별한 기호를 새기고 성별을 위해 훈증한다.

No.041

마법봉 · 지팡이 · 검에 관하여

About the sword, wand, staff

마법의 봉은 딱총나무, 등나무, 자단나무로, 마법의 지팡이는 개암나무 가지로 만들며, 마법의 검에는 신의 이름을 새기고 성수와 향 등으로 성별한다.

●엘더우드 마법봉, 헤이즐 마법지팡이

마술 의식에 자주 이용되는 마법의 봉, 지팡이, 검은 아래와 같이 만들도록 정해져 있다.

마법의 봉은 딱총나무, 등나무, 자단나무로, 마법의 지팡이는 개암나무 가지로 만드는데, 아직 한 번도 열매 맺지 않은 새 나무를 이용한다. 또한 그 가지는 수요일 일출 때 단번에 잘라내지 않으면 안 되며, 수성의 날과 시각에 필요한 기호를 새겨야 한다.

이 작업이 끝나면 다음과 같이 낭송한다. '거룩하신 아도나이여. 이 봉과 지팡이를 축복하고 성별해주소서. 당신의 힘으로 필요한 덕을 얻게 하소서.'

그리고 훈증을 마치면 청결한 장소에 보관한다.

마법의 검 제작법은 다음과 같이 정해져 있다.

새 검을 준비한 뒤 수성의 날 제1시 혹은 15시에 그 검을 꺼내 깨끗이 갈고 닦는다. 그 후 검의 한쪽 면에 신성한 신의 이름을 히브리어로 새긴다. 「YOD HE VAU HE, ADONAI, EHEIEH, YAYAI」, 그 반대쪽 면에는 「ELOHIM GIBOR」라고 새긴다.

그리고 검에 성수를 뿌리고 향을 피운 뒤 아래의 주문을 왼다.

'오, 검이여. 나는 그대를 소환한다. 아브라하크, 아브라크, 아브라카다브라, 야훼의 이름으로. 그대는 모든 마술 의식에서 나에게 힘을 부여하며, 눈에 보이거나 또한 보이지 않는 모든 적으로부터 나를 보호하라.'

이렇게 해서 적절한 정화와 성별이 끝나면 다른 도구와 마찬가지로 그 검을 비단 천에 감싸 보관한다.

또한 세 명의 제자들을 위해서 같은 방식으로 제자 전용 마법의 검도 세 자루 만들어두어야 한다.

마법봉 · 마법지팡이 · 마법검

봉
지팡이
검
마법의 봉 · 지팡이 · 검도 제작법이 세세하게 정해져 있다.

마법의 봉 · 지팡이 · 검 제작법

마법봉

마법지팡이

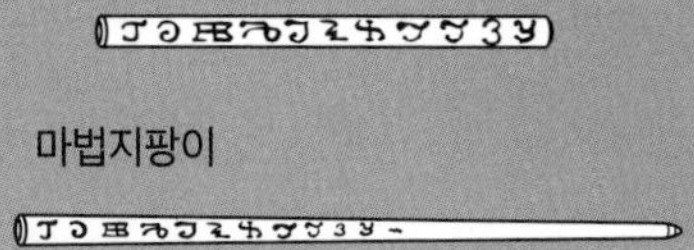

- **마법봉** 딱총나무 · 등나무 · 자단나무를 사용한다.
- **마법지팡이** 개암나무 가지를 사용한다.

↓

수요일 일출 때 단번에 잘라낸다.

수성의 날과 시각에 기호를 새긴다.

↓

주문을 왼다.

거룩하신 아도나이여. 이 봉과 지팡이를 축복하고 성별해주소서. 당신의 힘으로 필요한 덕을 얻게 하소서.

↓

마지막으로 훈증하고 보관한다.

마법검

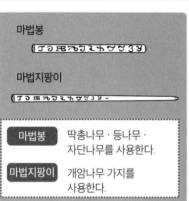

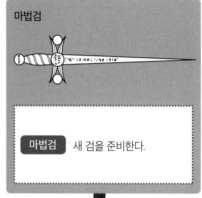

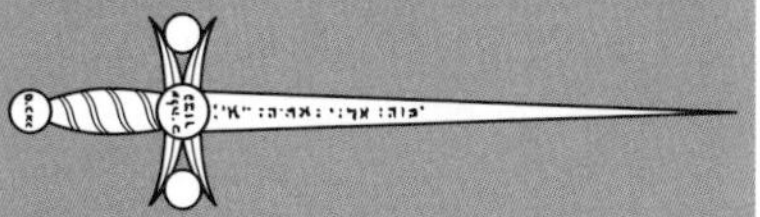

- **마법검** 새 검을 준비한다.

↓

수성의 날에 검을 갈고 닦는다.

칼날 양면에 정해진 문자를 새긴다.

↓

성수를 뿌리고 주문을 왼다.

오, 검이여. 나는 그대를 소환한다. 그대는 모든 마술 의식에서 나에게 힘을 부여하며, 나의 모든 적으로부터 나를 보호하라.

↓

비단 천에 감싸 보관한다.

No.042

향 · 향료 · 연기 등에 관하여

About incense, fumigation, perfumes, odours

마술 의식에서 사용하는 향, 냄새, 연기 등은 기본적으로, 좋은 냄새는 선한 영혼들에게, 불쾌한 냄새는 사악한 영혼들에게 바친다는 규칙이 있다.

●좋은 냄새는 선한 영혼을 끌어당긴다

마술 의식에서는 다양한 향, 냄새, 연기 등이 영혼들을 불러들이거나 쫓는 데 사용된다. 그 기본은 단순하여 좋은 냄새는 선한 영혼들에게, 불쾌한 냄새는 사악한 영혼들에게 바치는 것이다.

좋은 냄새를 위한 향료는 말린 알로에, 육두구, 안식향, 사향을 섞어 만든다. 그렇게 만들어진 향을 태울 때 감도는 좋은 향기가 선한 영혼들을 끌어들이고, 사악한 영혼들을 쫓아낸다.

이 종류의 향을 만들 때는 다음과 같이 읊는다.

'아브라함, 이삭, 야곱의 하느님. 이 향이 선한 영혼들을 끌어들이고, 악한 영혼들을 달아나게 하는 힘과 덕을 지니게 하소서. 불순한 영혼들이여. 나는 신의 이름으로 너희를 추방하노라. 이 향으로부터 떠나갈지어다. 성령의 은총으로 이 향을 사용하는 자에게 수호와 덕을 베푸소서. 그리고 사악한 영혼과 망령이 범접하지 못하게 하소서. 주여. 축복하고 성별해주소서. 이 거룩한 향이 사람의 혼과 육체의 건강에 유익하기를 바랍니다. 이 향의 연기와 냄새를 얻은 모든 자가 혼과 육체의 건강을 얻게 하소서.'

다 읊고 나면 여러 종류의 향신료에 성수를 뿌리고, 비단 천에 감싸 목적을 위해 필요할 때까지 보관한다. 그리고 사용하고 싶을 때는 향을 꺼내 화로에 넣고 불을 붙인다. 향이 타오르기 시작하면 향신료를 태우기 전에 다음과 같이 읊는다.

'불의 피조물이여. 그대를 성별한다. 온갖 거짓이 그대로부터 달아날지니. 해를 입거나 속지 않으리라. 전능하신 주여. 이 불로써 만들어진 것을 축복하소서. 그것을 사용하는 자에게 해로운 일이 없기를 바라나이다.'

이어서 여러 가지 향신료를 불에 태워 원하는 향기를 만든다.

냄새와 영혼들

향 · 연기 · 냄새 → 영혼을 부르거나 쫓는다.

좋은 냄새 → 선한 영혼에게 바친다.

나쁜 냄새 → 악한 영혼에게 바친다.

향의 제조법 · 사용법

좋은 냄새를 위한 향 제조법 및 사용법은 다음과 같다.

알로에, 육두구, 안식향, 사향을 섞는다.

↓

주문을 읊는다.

아브라함, 이삭, 야곱의 하느님. 이 향이 선한 영혼들을 끌어들이고, 악한 영혼들을 달아나게 하는 힘과 덕을 지니게 하소서.

↓

성수를 뿌리고 천에 감싸 보관한다.

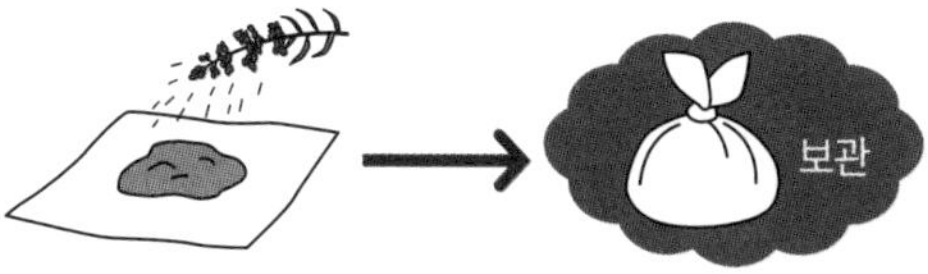

↓

태울 때는 주문을 읊는다.

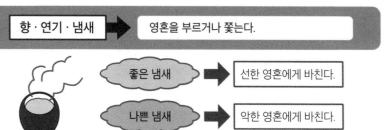

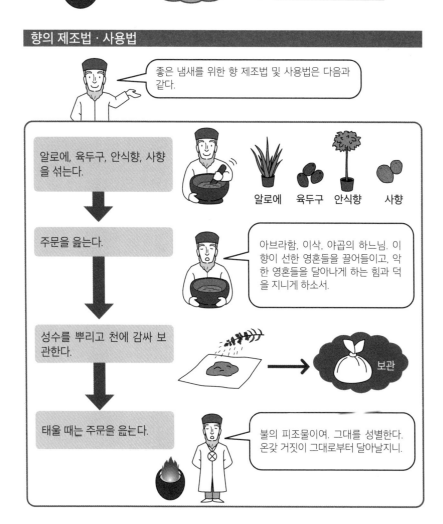

불의 피조물이여. 그대를 성별한다. 온갖 거짓이 그대로부터 달아날지니.

No.043

물과 우슬초에 관하여

About the water and the hyssop

마술 의식 동안에는 종종 성수를 뿌리는데, 거기에는 올바른 제작법이 있으며, 또한 성수를 뿌리는 성수채로서는 우슬초 가지가 흔히 이용된다.

●성수와 성수채 제작법

『솔로몬 왕의 열쇠』에 기재된 마술에서는 다양한 의식 도중에 마술의 물을 뿌리는 작업을 한다. 따라서 마술의 물과 성수채가 필요해지는데, 이것들은 다음과 같이 제작한다.

마술의 물을 만들려면 먼저 수성의 날과 시각에 훈향과 향로를 준비해야 한다. 그런 다음 놋쇠, 납, 흙 중 어느 한 가지 그릇을 준비하여 맑고 찬 샘물로 채운다. 이어서 소금을 집어 들고 이렇게 말한다. '체바오트, 메시아, 임마누엘, 엘로힘 기보르, 야훼. 진리와 생명을 창조하신 하느님, 이 소금을 축복하고 성별하소서. 또한 이제부터 행할 술법에 조력과 보호를 베푸소서.'

그리고 그릇의 물에 소금을 던져 넣고 『시편』 102편, 54편, 6편, 67편을 낭송한다. 이로써 마술에 필요한 마술의 물(성수)이 완성된다.

계속해서 성수채 제작에 착수한다.

여기서 성수채란 식물의 줄기 및 가지와 잎을 묶은 도구로서, 그것을 잠시 물에 담갔다가 흔들어 물을 뿌린다.

이 성수채의 재료로는 마편초, 회향풀, 라벤더, 세이지, 쥐오줌풀, 바질, 로즈메리, **우슬초** 등의 허브류를 이용한다. 수성의 날과 시각이면서 달이 차오르는 시기에 술자는 이들 허브 중 하나를 모아야 한다. 그리고 그 허브를 젊은 처녀가 자아낸 실로 한데 묶고 손잡이를 단다. 또한 손잡이 양쪽에는 특별한 기호를 새겨 넣는다.

이렇게 해서 성수와 성수채가 완성되면 술자는 언제든 필요한 때에 마술의 물을 뿌려 망령들을 몰아낼 수 있으므로, 그들에게 방해받거나 괴롭힘당하지 않게 된다. 그리고 이 마술의 물은 마술 준비 중의 어떠한 상황에서도 사용할 수 있다.

마술용 물과 성수채

망령을 몰아내고 장소와 물건을 정화하기 위해 필요하다.

마술의 물(성수) 제작법

① 수성의 날과 시각에 향을 피운다.

② 그릇에 맑고 찬 샘물을 채운다.

③ 주문을 읊고 그릇에 소금을 넣는다.

④『시편』을 낭송하면 완성.

성수채 제작법

① 수성의 날과 시각에 허브를 모은다.

우슬초, 마편초, 라벤더 등.

② 처녀가 자아낸 실로 허브를 한데 묶고 손잡이를 단다.

③ 손잡이 양쪽에 특별한 기호를 새겨 완성.

특별한 기호

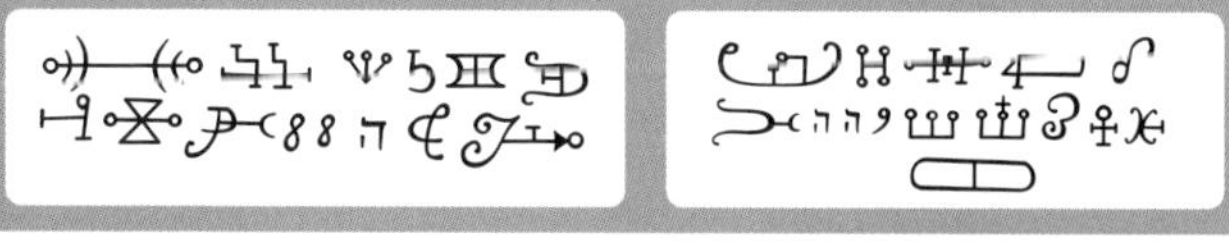

용어 해설

●우슬초→성수채의 재료로 특히 유효한 듯 『솔로몬 왕의 열쇠』에서는 성수채를 「우슬초」라고 부르기도 한다. 구약 성서 『출애굽기』에서는 모세가 이것을 사용한다.

No.044

펜과 잉크 등에 관하여

About the pen, ink, and colours

마술에서 사용하는 펜과 잉크 등의 필기 용구도 정해진 방법으로 만들지 않으면 안 되며, 또한 성별하고 바르게 보관해야 한다.

●거위, 제비, 까마귀 깃펜과 잉크

마도구 제작에는 펜과 잉크 등 필기 용구도 필요한데, 그 제작법은 아래와 같다.

펜을 만들려면 우선 수컷 새끼 거위를 준비하여, 오른쪽 날개의 세 번째 깃털을 잡아 뽑는다. 이때 '아드라이, 하흘리, 타마이, 틸로나스, 아타마스, 지아노르, 아도나이여. 이 펜에서 거짓과 그릇됨이 사라지게 하소서. 내가 원하는 것을 쓰는 데 필요한 덕과 효용을 갖게 하소서. 아멘'이라고 말한다. 깃털을 뽑고 나면 마술용 펜나이프로 끝을 뾰족하게 깎고 향수를 바르며 성수를 뿌린다. 그리고 비단 천에 보관한다.

다음으로 흙 또는 적당한 재료로 잉크스탠드를 만든다. 잉크스탠드에는 목성의 날과 시각에 조각도를 이용해 신성한 이름을 새겨야 한다. 그리고 잉크를 채우면서 주문을 윈다.

때로는 고귀한 색으로 써야 할 필요가 있는데, 그 잉크는 청결한 새 상자에 보관해두는 것이 좋다. 주된 색은 노란색, 금색, 빨간색, 하늘색 혹은 감청색, 녹색, 갈색이며 그 밖에도 필요에 따른 색이 사용된다. 이것들은 모두 일반적인 방법으로 구마 의식(엑소시즘), 향수 살포, 성수 살포를 해둘 필요가 있다.

제비와 까마귀의 깃펜을 만들 때는 깃털을 뽑기 전에 천사들에게 기도를 드린다. '대천사 미카엘, 또한 하늘의 군단장이자 지휘자이신 미다엘과 미라엘이여. 이제부터 집행할 의식을 도우소서. 앞으로 시작할 실험이 여러분의 능력으로 완성되기를 원합니다. 아멘.'

그 후 마술용 나이프로 끝을 뾰족하게 깎아 펜을 완성시킨다. 그리고 제비 깃펜, 까마귀 깃펜의 측면에 펜과 잉크로 특별한 문자 「ANAIRETON」을 쓴다. 이어서 『시편』 133편, 117편을 낭송하자. 이로써 제비와 까마귀의 깃펜은 완성된다.

마술용 필기 용구

마술의 필기 용구 → 깃펜 · 잉크 등. / 전부 특제를 사용한다.

깃펜 · 잉크 · 잉크스탠드의 규정

마술에서 사용하는 필기 용구에는 아래와 같은 규칙이 있다.

거위 깃펜

수컷 새끼 거위의 오른쪽 날개 세 번째 깃털로 만든다. 깃털을 뽑을 때 주문을 왼다.

잉크스탠드

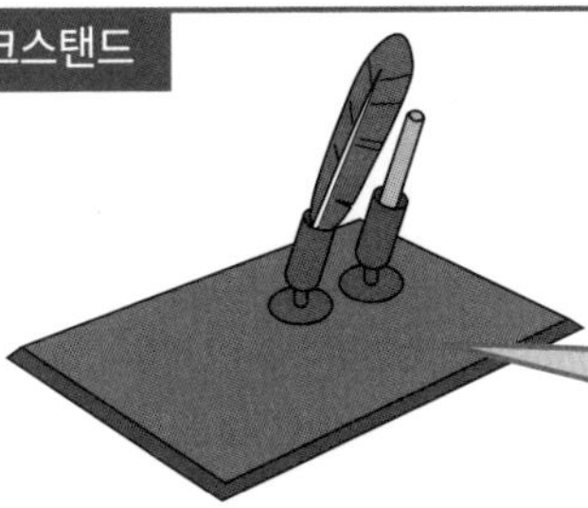

적당한 재료로 만든다. 목성의 날과 시각에 조각도를 이용해 아래와 같은 신성한 이름을 새긴다.

잉크스탠드에 새기는 신성한 이름

יהוה : מטטרון : יה יה יה : קדוש :
אלהים צבאות :

잉크

구마 의식, 향수 살포, 성수 살포를 한다.

제비 · 까마귀 깃펜

깃대에 아래와 같은 특별한 문사를 쓴다.

אנאירטון :

No.045

양피지에 관한 지식과 갈대 나이프

About virgin parchment and reed knives

마술에서 사용하는 양피지는 특별한 동물에게서 취한 것이어야 하며, 양피지를 만드는 데 필요한 갈대 나이프도 정해진 제작법이 있다.

●양피지 또는 피지(皮紙)에 관하여

마술 의식에서는 펜타클을 작성하거나 다양한 인장 및 신들의 이름을 기입할 때 특별한 양피지(또는 피지)를 사용한다.

마술에는 새롭고 청결하며 구마 의식을 치른, 아직 한 번도 사용되지 않은 처녀양피지만 사용할 수 있다.

또한 양피지로 사용 가능한 가죽은 사산된 새끼 양에게서 취한 것, 생식 연령에 이르지 못한 어린 동물에게서 취한 것, 출산 전 어미의 체내에서 꺼낸 동물에게서 취한 것뿐이다.

어떤 경우든 양피지는 수성의 날과 시각에 수컷 동물에게서 가죽을 얻어, 아무도 볼 수 없는 비밀 장소에서 제작해야 한다.

●갈대 나이프에 관하여

양피지를 제작하는 데는 갈대 나이프가 필요하므로, 사전에 만들어두어야 한다. 만드는 법은 이렇다. 늪지대의 갈대를 마술용 새 나이프로 단번에 잘라내 잎을 제거하고 갈대의 주문을 왼다. '나는 기도합니다. 만물의 창조자요, 천사의 왕이신 엘 샤다이의 이름으로. 이 갈대가 힘과 덕을 얻어 거룩한 신들의 이름을 적는 양피지를 만들게 하소서. 또한 양피지가 덕을 얻어 나의 과업이 효력을 거두게 하소서. 아멘.'

그리고 『시편』 72편을 낭송한 다음 마술용 나이프를 이용해 갈대를 나이프 형태로 가공하고, 그 위에 특별한 이름(AGLA, ADONAI, ELOHI)을 적은 뒤 주문을 왼다. '수많은 갈대로 뒤덮인 나일 강변에서 아직 어렸던 모세를 구해내신 하느님. 당신의 커다란 자비와 연민으로써 이 갈대가 나의 소망을 이루는 덕과 힘을 갖게 하소서.'

이렇게 해서 갈대 나이프가 완성되면 양피지 제작을 시작한다.

양피지(또는 피지)

양피지 또는 피지 → 펜타클 작성. 인장과 신의 이름을 기입하는 데 사용한다.

사용할 수 있는 양피지에는 조건이 있다.

조건 → 처녀양피지

사산된 새끼 양 · 생식 연령 전의 어린 동물 · 출산 전 어미의 체내에서 꺼낸 동물에게서 취한 것

갈대 나이프

갈대 나이프 → 양피지를 만드는 데 필요.

갈대 나이프는 사전에 준비해 두자.

제작법

늪지대의 갈대를 나이프로 단번에 잘라낸다.

↓

잎을 제거하고 갈대의 주문을 왼다.

↓

나이프 형태로 가공하고 특별한 이름을 적는다.

갈대 나이프에 적는 특별한 기호

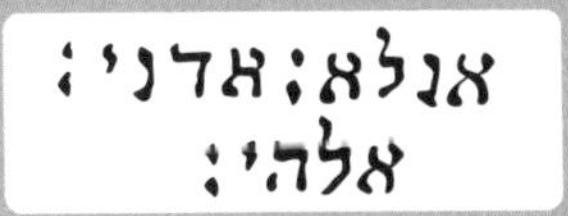

↓

완성

No.046

양피지 제작

How to prepare virgin parchment

양피지를 만들려면 주문을 외면서 갈대 나이프로 짐승의 가죽을 벗기고, 그것에 소금을 문질러 바르고 나서 석회에 담그는 등 복잡한 공정을 거칠 필요가 있다.

●갈대 나이프로 가죽을 벗겨 가공한다

마술용 양피지 만드는 법은 다음과 같다. 먼저 갈대 나이프를 이용해 주문을 외면서 짐승의 가죽을 벗긴다. '아도나이, 샤다이, 테트라그라마톤. 또한 하느님의 거룩한 천사들이여. 나타나시어 이 양피지에 힘과 덕을 부여하고 성별해주소서. 아멘.'

짐승의 가죽을 벗겼다면 소금을 집어 들고 이렇게 말한다. '신 중의 신이여, 이 소금을 축복하고 성별해주소서. 소금의 능력으로 양피지가 덕을 얻게 하소서. 아멘.'

짐승 가죽에 성별한 소금을 문질러 바르고 하루 종일 볕에 둔다. 그 후 안팎에 유약을 바른 토기를 준비하여 둘레에 특별한 문자를 써넣는다. 그런 다음 분말 석회를 그릇에 넣고 말한다. '오로이, 자론, 자이논…이여, 나타나시어 이 작업을 축복하소서. 소망이 이루어지기를 바라나이다. 아멘.'

성별된 물을 석회가 든 그릇에 붓고 거기에 짐승 가죽을 담근다. 3일 후에 꺼내 갈대 나이프로 가죽에 달라붙어 있는 석회와 살점을 떼어낸다.

개암나무 가지를 잘라내 마법원을 그리기에 적당한 길이의 지팡이로 삼는다. 그 후 처녀가 자아 만든 끈과 개울의 돌멩이를 쥐고 말한다.

'거룩하고 강하신 아도나이여. 이 돌멩이에 덕을 베푸소서. 양피지가 쭉 펴지기를 원합니다. 또한 부정이 털어지게 하소서.'

마법원 위에 양피지를 펼치고 끈과 돌멩이로 고정한 뒤 다음과 같이 말한다.

'아글라, 야훼, 야, 임마누엘이여, 이 양피지를 축복하고 보호하소서. 망령이 범접치 못하게 하소서.' 그리고 그대로 3일간 그늘에서 말린다. 그런 다음 마술용 나이프로 끈과 돌멩이를 치우며, 양피지를 마법원에서 들어 올리고 이렇게 말한다.

'안토르, 안코르, 투를로스여, 이 양피지를 수호하소서.'

마지막으로 양피지를 훈증하고 사용할 때까지 비단 천에 감싸둔다.

양피지 제작법

양피지 → 직접 짐승의 가죽을 벗겨 처음부터 새로 만든다.

양피지는 이렇게 만든다!

제작법

① 갈대 나이프로 짐승의 가죽을 벗긴다.

↓

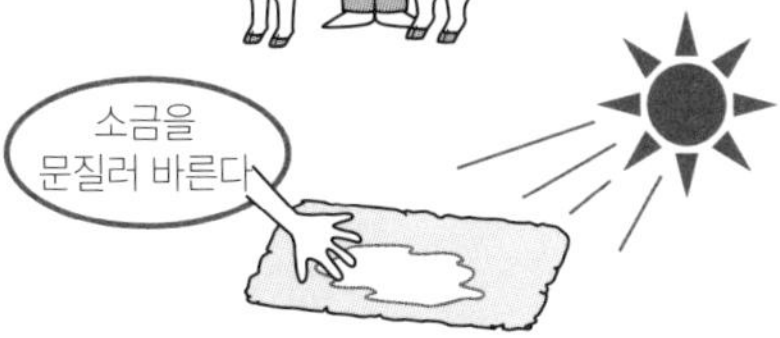
소금을
문질러 바른다

② 가죽에 성별한 소금을 문질러 바르고 하루 종일 볕에 둔다.

↓

석회
물

③ 흙으로 만든 그릇에 석회, 물을 넣고 가죽을 3일간 담가놓는다.

↓

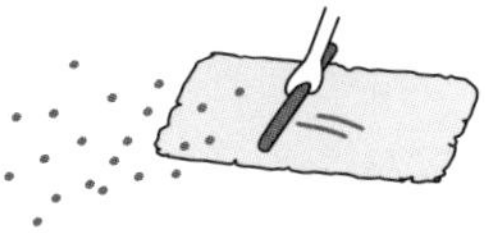

④ 가죽을 꺼내 달라붙은 석회를 떼어낸다.

↓

이 양피지를 축복하고
보호하소서.

⑤ 마법원을 그려 양피지를 축복한다.

↓

⑥ 3일간 그늘에서 말린 뒤 훈증하여 완성.

↓

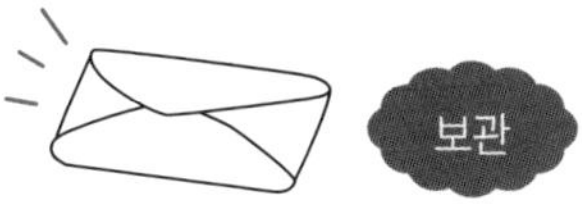
보관

⑦ 완성 후에는 비단 천에 감싸 보관한다.

No.047

의식에서 사용하는 마술서의 성별

About the consecration of the magical book

의식 시 마도서는 자신이 직접 필사한 사본을 이용하는 것이 가장 효과적이므로, 손수 양피지 마술서를 제작하여 성별 작업을 할 필요가 있다.

●의식에서 사용하는 마도서로는 자작 사본이 적합하다

마술 의식의 마도서로는 자신의 손으로 필사한 사본을 이용하는 것이 가장 효과적이다. 가령 인쇄본 마도서가 수중에 있는 경우라도 필요한 부분을 직접 베껴 쓴 다음, 그 사본을 이용하여 마술을 행하는 것이 좋다. 그래서 손수 사본을 제작하고 성별하여 의식에서 사용하는 마도서로 만드는 작업을 하는 것이다. 그 방법은 아래와 같다.

먼저 처녀양피지로 16쪽짜리 책을 만든다. 그리고 기도문, 신과 영혼의 이름, 인장과 기호를 전부 붉은 잉크로 기입한다.

마술서를 제작했다면 정해진 장소에 하얀 천을 씌운 작은 탁자를 설치한다. 그 위에 제작한 마술서를 올려두는데, 펜타클 페이지가 위로 오게 펼쳐놓는다. 그 펜타클은 책의 첫 페이지에 그려야 한다. 그리고 탁자 중앙 위에 매달린 램프에 불을 붙인다. 또한 탁자 주변을 하얀 커튼으로 둘러싼다.

이어서 마술서 성별 의식을 행한다. 술자는 마술용 의복을 입은 뒤, 마술서를 손에 든 채 무릎 꿇고 『솔로몬 왕의 열쇠』 제1권 16장에 기재된 다음 기도문을 낭송한다. '아도나이, 엘로힘. 존재자 중의 존재자시여. 자비를 베푸소서.' 그런 다음 행성과 날에 적합한 향을 피우고 책을 탁자에 돌려놓는다. 이상이 마술서 성별 의식의 1일분으로, 이 의식 동안에는 램프의 불을 계속 켜놓고 커튼은 닫은 채로 두어야 한다.

마술서를 완성하려면 이와 같은 의식을 토요일에 시작하여 7일간 계속한다. 그동안 낮이든 밤이든 램프의 불을 끄지 않는다. 이 작업이 끝나면 마술서를 덮어 특별히 만들어둔 탁자 밑 작은 서랍에 넣는다. 그리고 그것을 사용할 때는 그때마다 마술의 의복을 입고 무릎 꿇은 채 정해진 기도를 드린다.

의식용 마술서

의식에서 사용하는 마술서 → 자신이 직접 쓴 사본이 가장 효과적.

인쇄본

필사본

설사 인쇄본을 가지고 있다 해도 필요 한 부분을 필사하는 편이 좋다.

의식용 사본 제작법

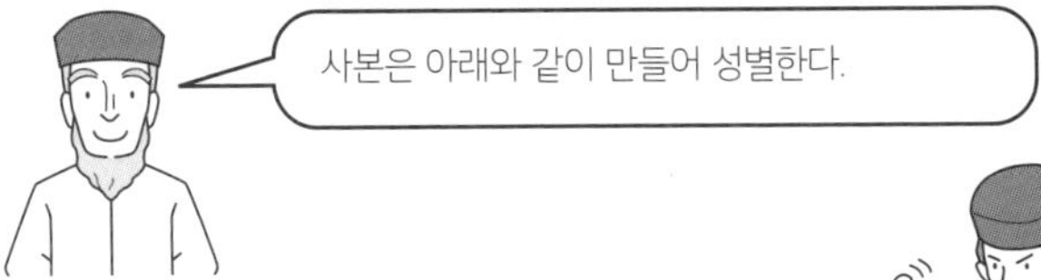

사본은 아래와 같이 만들어 성별한다.

처녀양피지로 16쪽짜리 책을 만든다.

↓

기도문, 신과 영혼의 이름, 인장과 기호를 전부 붉은 잉크로 기입한다.

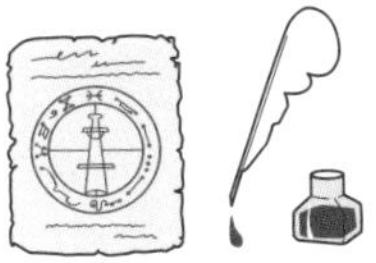

↓

하얀 천을 씌운 탁자에 펜타클 페이지가 위로 오게 놓는다.

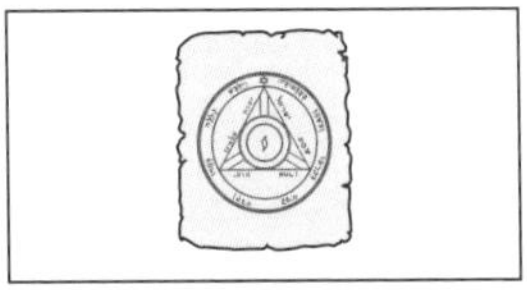

↓

토요일부터 시작해 7일간 연속으로 마술서 성별 의식을 행한다. 그리고 마술서를 보관한다.

No.048

제물과 그 준비에 관하여

About sacrifices to the spirits and how to make them

한 번도 교미한 적 없는 동물의 고기, 새나 네발짐승의 피, 선한 영혼에게는 흰 동물, 악한 영혼에게는 검은 동물이라는 식으로 제물에는 여러 가지 규칙이 있다.

●피 · 고기 · 불꽃 · 음식물 등 제물의 규칙

마술 의식에서 영혼들에게 제물을 제공할 필요가 있을 경우, 여기에 기재된 사항을 따르지 않으면 안 된다.

제물의 방법은 다양하여 선한 영혼에게는 흰 동물, 악한 영혼에게는 검은 동물을 바치는 경우도 있다. 피가 제물이 되기도 하고, 고기가 제물이 되기도 한다. 하지만 어떤 경우든 희생되는 것은 한 번도 교미한 적 없는 동물이어야 한다. 또한 피를 제물로 삼는 경우에는 네발짐승이나 새에게서 얻은 것이 아니면 안 된다. 그리고 바치기 전에는 다음과 같이 말한다. '지극히 고귀하고 고결한 분이여. 우리의 제물에 납득하고 기꺼이 순종하기를 바랍니다.' 그런 다음 제물을 훈증하고 물을 뿌린다.

때로는「불꽃」을 제물로 바치는 일도 있다. 이 경우에는 소환 대상이 되는 영혼에 어울리는 나무를 불태워야 한다. 토성의 영혼에게는 노간주나무 혹은 소나무, 목성의 영혼에게는 회양목 혹은 참나무, 화성의 영혼에게는 층층나무 혹은 히말라야삼나무, 태양의 영혼에게는 월계수, 금성의 영혼에게는 도금양, 수성의 영혼에게는 개암나무, 달의 영혼에게는 버드나무이다.

음식물을 제물로 바치는 경우에는 마법원에 들어가기 전에 모든 준비를 갖추어둘 필요가 있다. 고기는 깨끗하고 질 좋은 천에 싸서 청결한 흰색 천 위에 얹는데, 새 빵과 발포성 포도주를 곁들인다. 닭 · 오리 · 비둘기 등은 불로 굽는다. 특히 맑고 찬 샘물이 담긴 그릇을 반드시 준비해야 한다. 그리고 마법원에 들어가기 전에 영혼들 또는 그 우두머리들을 적절한 이름으로 부르며 다음과 같이 말을 건다. '이 향연에 초대받은 영혼들이여, 지금 어디에 있든 이리 와 우리의 제물을 받으라.'

그런 다음 향을 피워 방을 연기로 가득 채우고 제물에 물을 뿌린 뒤, 영혼들이 올 때까지 주문을 읊는다.

여러 가지 제물

영혼에 대한 제물 → 동물 · 피 · 고기 · 불 · 음식물 등 여러 가지 방법이 있다.

제물의 규칙

영혼에게 바치는 제물에는 세세한 규정이 있으므로 주의가 필요하다.

고기

한 번도 교미한 적 없는 동물에게서 취해야 한다.

피

네발짐승이나 새에게서 얻은 것이어야 한다.

불꽃

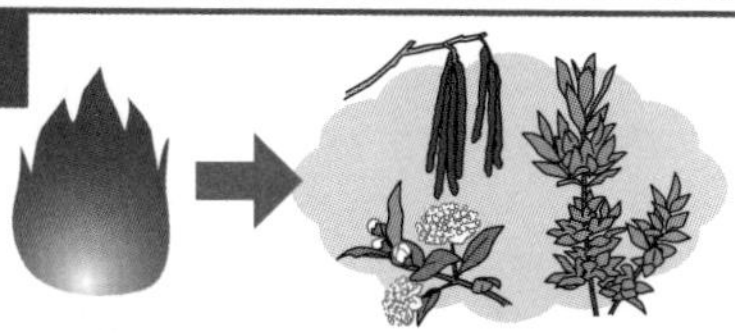

영혼에 어울리는 나무를 불태워야 한다.

토성의 영혼	노간주나무 혹은 소나무	금성의 영혼	도금양
목성의 영혼	회양목 혹은 참나무	수성의 영혼	개암나무
화성의 영혼	층층나무 혹은 히말라야삼나무	달의 영혼	버드나무
태양의 영혼	월계수		

음식물

고기는 깨끗하고 질 좋은 천에 싸서 청결한 흰색 천 위에 얹는데, 새 빵과 발포성 포도주를 곁들인다…등등.

백과 흑, 또는 고등과 저속

오늘날 마술을 구별하는 데 「백마술과 흑마술」이라든가 「고등마술과 저속마술」이라는 단어를 쓸 때가 있다. 그것은 각각 무엇을 의미할까?

「백마술과 흑마술」이란 「좋은 마술」과 「나쁜 마술」이라는 정도의 의미이다. 「좋은 마술」은 바람직한 목적을 가진 마술, 자신에게 긍정적인 결과를 가져오는 마술, 선한 영혼(천사 등)을 다루는 마술이다. 그리고 그와 반대되는 나쁜 마술이 흑마술이다.

이처럼 마술을 좋은 마술과 나쁜 마술로 구별하는 습관은 중세 유럽에 이미 존재했던 것으로 보인다. 왜냐하면 중세 유럽에서는 신이 창조한 자연의 신비를 연구하기 위한 마술은 자연마술이라 부르며 그리스도 교회도 금지하지 않았으나, 악마적 존재 혹은 죽은 자의 영혼을 불러내는 강령술(네크로맨시)은 사악한 마술로 여겼기 때문이다. 바로 그것이 중세 유럽의 백마술과 흑마술이었다. 다만 엄밀하게 보면 백마술과 흑마술의 구별은 의미가 없다는 견해도 존재한다. 양쪽 모두 영혼을 다루는 마술로서, 사고방식의 기본은 동일하기 때문이다.

「고등마술과 저속마술」이라는 대략적인 구별도 비슷하다. 고등마술은 영어로 「high magic」, 「transcendental magic」 등이라고 하며 전체적으로 신비주의적인 마술을 가리킨다. 신비주의란 다양한 수행 등을 통해 자기 자신의 존재를 높여 신과의 일체화를 꾀하는 것으로, 영지주의나 헤르메스주의에서 나타나는 사상이다. 동양의 요가도 그와 비슷하다. 저속마술은 영어로 「low magic」, 「earth magic」 등이라고 하며 재보를 얻거나 여성의 사랑을 얻는 등의 지상적 목적을 가진 마술이다.

이렇게 보면 이 책에서 소개한 마도서의 마술은 저속한 마술이라 할 만하지만, 그렇게 단정 짓기도 어렵다. 왜냐하면 마도서를 어디에 쓰느냐는 결국 그것을 사용하는 마술사에게 달렸기 때문이다. 이를테면 유명한 『솔로몬 왕의 열쇠』에도 재보를 얻는 방법이 적혀 있어 그런 의미에서는 저속마술서라고 할 수 있으나, 거기에 실린 마술은 다른 목적에도 이용 가능하다. 근대의 대표적 마술사 엘리파스 레비가 『솔로몬 왕의 열쇠』를 고등마술서로 판단한 것도 그 때문이라 하겠다. 그런 의미에서 마술은 연금술의 현자의 돌과 같다. 현자의 돌은 단순히 부자가 되기 위해 사용할 수도 있지만, 자기 자신이 신과 같은 존재가 되기 위해서도 사용할 수 있다. 즉 마술과 현자의 돌은 모두 사용자에 따라 고등은 물론 저속도 되는 것이다.

「백마술과 흑마술」, 「고등마술과 저속마술」은 마술을 구별하는 데 매우 편리한 단어이나, 양쪽 다 그리 엄밀한 의미를 가진 말은 아니다.

제3장
유명한 마도서

No.049

마도서의 전성기

The Great Age of Grimoires

르네상스 시대 들어 고대의 마술 사상이 융성하면서 민간의 의식마술도 크게 활성화하여 수많은 마도서가 집필되고 또한 읽혔다.

●르네상스에 자극받은 마도서의 융성

14~16세기 르네상스 시대, 유럽에서는 신플라톤주의라는 고대의 마술 사상이 유행하였다. 그 사상에서는 하늘에 정령들이 살고 있으며 우주는 생명 있는 유기적 통일체로서, 모든 곳에 오컬트적 영향 관계가 미치고 있다고 여겼다. 그래서 이 시대에는 온갖 마술적 활동을 진실처럼 받아들였고, 영혼을 불러내는 민간의 의식마술마저 커다란 가능성을 지녔다고 판단했다. 그리하여 잇따라 마도서가 만들어지게 되었다.

가령 오컬트 학자 아그리파는 3권으로 이루어진 『오컬트 철학』이라는 르네상스 마술에 관한 책을 썼는데, 그 아그리파가 죽고 머지않아 『오컬트 철학 제4권』이라는 마도서가 만들어진다. 7행성에 사는 천사와 악마의 이름, 그 특징, 나아가 소환 방법 등에 관하여 쓰인 마도서인데 저자명으로 아그리파의 이름이 붙어 있어 크게 주목받았다. 비슷한 시기에 제작된 올림피아의 7영혼을 다룬 『마술의 아르바텔』, 아바노의 피에트로가 썼다고 알려진 『헵타메론』 등도 『오컬트 철학』에 편승한 마도서였다.

본래 인기 있던 『솔로몬 왕의 열쇠』를 전제로 한 마도서도 많이 만들어졌다. 그중에서도 유명한 것이 『레메게톤』 혹은 『솔로몬 왕의 작은 열쇠』일 것이다. 여기에는 주요한 72악령의 이름, 모습, 계급, 능력 등의 리스트와 그것을 소환하고 복종시키기 위한 주문이 실려 있다. 또한 잔혹한 제물 의식이 게재된 탓에 매우 불길한 책으로 여겨졌던 『호노리우스 교황의 마도서』, 일반 대중에게 다대한 영향을 끼친 『그랑 그리무아르』 등도 『솔로몬 왕의 열쇠』 계열의 마도서로서 유명하다.

이런 식으로 르네상스 이후 다종다양한 마도서가 제작되어, 현재 알려져 있는 유명한 마도서가 모두 등장하게 된 것이다.

르네상스와 마도서

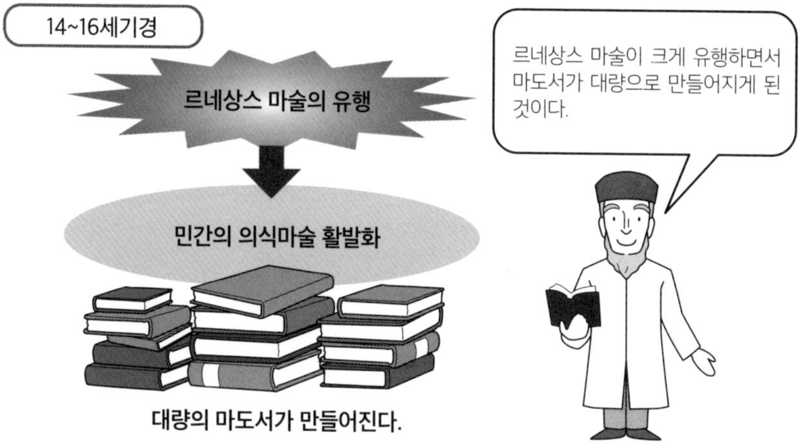
14~16세기경
르네상스 마술의 유행
민간의 의식마술 활발화
대량의 마도서가 만들어진다.
르네상스 마술이 크게 유행하면서 마도서가 대량으로 만들어지게 된 것이다.

유명한 마도서들

제목	개요
오컬트 철학 제4권	『오컬트 철학』의 속편이라는 명목을 내세운 마도서.
헵타메론	아바노의 피에트로 작으로 알려진 마도서.
마술의 아르바텔	올림피아의 영혼에 관하여 쓰인 마도서.
솔로몬 왕의 열쇠	가장 유명하고 인기 높았던 마도서.
프티 알베르	영광의 손 만드는 법이 실린 마도서.
호노리우스 교황의 마도서	13세기 로마 교황의 이름이 붙은 마도서.
그랑 그리무아르	일반 대중에 대한 영향이 컸던 마도서.
검은 암탉	트레저 헌터에게 인기 있던 마도서.
그리모리움 베룸	이집트인 알리베크가 썼다는 흑마술서.
성 키프리아누스의 마도서	북유럽의 트레저 헌터에게 인기 있던 마도서.
모세 제6, 7경	영웅 모세가 썼다고 하며 독일에서 인기 있던 마도서.
지옥의 위압	전설의 파우스트 박사가 썼다는 마도서.

No.050

레메게톤(솔로몬 왕의 작은 열쇠)

Lemegeton, or The Lesser Key of Solomon the King

솔로몬 왕의 72악마를 소환하는 책으로 유명하지만 전체는 5부 구성으로서, 하늘의 영혼과 황도 12궁의 천사들을 조종하는 방법도 쓰여 있는 마도서이다.

●솔로몬 왕에서 유래한 다섯 책을 통합한 마도서

『레메게톤』은 『솔로몬 왕의 작은 열쇠』라는 별명을 가진 마도서이다. 이 책은 마도서 중에서도 특히 유명한데, 그것은 지옥의 왕국에서 상급 직위를 가진 일흔두 영혼, 즉 유명한 솔로몬 왕의 72악마에 관하여 그 지위와 능력, 소환 방법 등을 자세히 설명하고 있기 때문이다.

하지만 이 책은 결코 솔로몬 왕의 72악마만을 해설한 책이 아니다. 『레메게톤』은 전체가 다음의 5부로 구성되어 있다.

제1부는 「고에티아」. 이것이 유명한 솔로몬 왕의 72악마를 조종하기 위한 마술서이다.

제2부는 「아르스 테우르기아 고에티아」. 선이기도 하고 악이기도 한 하늘의 31정령을 조종하는 마술에 관한 책이다.

제3부는 「아르스 파울리나」. 시간과 황도 12궁을 지배하는 천사들을 조종하기 위한 마술서이다.

제4부는 「아르스 알마델」. 알마델의 태블릿을 이용해 하늘의 동서남북 방위를 관장하는 천사들을 조종하기 위한 마술서이다.

제5부는 「아르스 노토리아」. 솔로몬 왕이 신에게 받았다는 다양한 기도문과 주문을 모아 놓은 책이다.

이들 5부는 본래 독립된 책으로 『레메게톤』이 만들어지기 전부터 존재했다고 알려져 있다. 이를테면 「아르스 노토리아」는 14세기에 이미 존재하고 있었고, 지옥의 악마군단을 다룬 「고에티아」도 유사한 책이 16세기 시점에는 존재하였다.

이와 같이 저마다 독립한 형태로 존재하던 솔로몬 왕 유래의 다섯 책을 한 권으로 통합하여, 17세기 프랑스에서 『레메게톤』이라는 마도서가 만들어진 것이다.

『레메게톤』이란

레메게톤 → 솔로몬 왕의 72악마가 실려 있어 특히 유명한 마도서.

별명 = 솔로몬 왕의 작은 열쇠

『레메게톤』의 구성

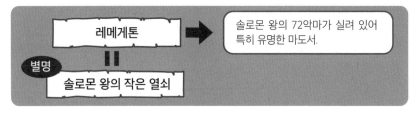

『레메게톤』은 전부 5부로 구성된 마도서이다. 솔로몬 왕의 72악마만을 다룬 책이 아니다.

제1부 고에티아

솔로몬 왕의 72악마가 가진 지위 · 직무 · 능력에 관한 자세한 설명 외에, 소환을 위한 마법원 작성법, 각 악마를 사역하는 데 필요한 각각의 시질, 주문 등이 쓰여 있다.

제2부 아르스 테우르기아 고에티아

기본 방위의 영혼 및 지옥의 영혼이라는 선이기도 하고 악이기도 한 영혼들을 조종하는 마술에 관한 책.

제3부 아르스 파울리나(성 바오로의 술)

낮과 밤의 시간의 천사 및 황도 12궁의 천사들 등을 조종하는 마술에 관한 책.

제4부 아르스 알마델(알마델의 술)

각종 부적 제작법과 하늘의 높은 자리 네 곳에 있는 영혼 등을 조종하는 마술에 관한 책.

제5부 아르스 노토리아(고명한 술)

솔로몬 왕이 실제로 사용했다는 기도문을 모아놓은 책이다.

No.051

고에티아

Ars Goetia

지옥의 왕국에서 상급 직위를 가진 솔로몬 왕의 72악마에 관하여 그 지위와 능력, 소환 방법 등이 자세히 쓰여 있는 것으로 특히 유명한 마도서.

●솔로몬 왕의 72악마를 소환하는 마도서

『레메게톤』(『솔로몬 왕의 작은 열쇠』) 제1부에 해당하는 「고에티아」는 마도서 중에서도 가장 유명한 한 권이다. 「고에티아」는 솔로몬 왕의 72악마를 소환하는 방법을 해설한 책으로, 악마 소환에 필요한 마법원, 펜타그램과 헥사그램, 주문 등이 게재되어 있다. 또한 지옥 왕국에 군림하는 일흔두 상급 악마의 지위, 인장, 신체적 특징 등도 자세히 소개하고 있다.

솔로몬 왕이 악마를 사역했다는 것은 유명한 이야기인데, 「고에티아」에 따르면 솔로몬 왕은 마지막에 72악마와 그 휘하의 악마군단 전부를 놋쇠 항아리에 가둬 봉인하고 깊은 호수에 가라앉혔다고 한다. 그런데 오랜 시간이 흐른 뒤 바빌로니아 사람이 그것을 발견하고는 보물이 들어 있을 것이라 생각해 그만 뚜껑을 열어버린다. 당연히 72악마와 악마군단들은 자유의 몸이 되어 원래 있던 장소로 돌아가고 만다. 그렇게 지옥으로 되돌아간 악마들을 소환하여 자신의 소망을 이루기 위해 이용하는 마술이 「고에티아」에 쓰여 있는 것이다.

지옥에 있는 악마 왕국의 조직을 자세히 소개하는 「고에티아」와 비슷한 책은 16세기 시점에 이미 존재하고 있었다. 예를 들어 르네상스 시대의 네덜란드인 의사 요한 바이어(1515~1588년)가 쓴 『악마의 거짓 왕국』(1577년)에서는 여러 군단을 휘하에 둔 중요한 69악마를 해설하고 있으며, 그 내용은 「고에티아」와 매우 유사하다. 게다가 바이어는 어떤 자료를 보고 이를 썼다고 말했으므로, 그것이 「고에티아」였을 가능성도 있다. 따라서 16세기에 이미 잘 알려져 있던 「고에티아」를 중심으로 그 외 별개의 마도서를 더해, 17세기 들어 『레메게톤』이 만들어진 것이라 할 수 있겠다.

『고에티아』와 솔로몬 왕의 72악마

『레메게톤』 제1부 고에티아	→	솔로몬 왕의 72악마의 외양 · 직위와 소환 방법이 자세히 쓰여 있다.

●솔로몬 왕의 72악마의 이름과 직위

1	바엘	왕	37	페넥스	후작
2	아가레스	공작	38	할파스	백작
3	바사고	왕자	39	말파스	장관
4	사미기나	후작	40	라움	백작
5	마르바스	장관	41	포칼로르	공작
6	발레포르	공작	42	베파르	공작
7	아몬	후작	43	사브노크	후작
8	바르바토스	공작	44	샤스	후작
9	파이몬	왕	45	비네	왕/백작
10	부에르	장관	46	비프론스	백작
11	구시온	공작	47	우발	공작
12	시트리	왕자	48	하겐티	장관
13	벨레트	왕	49	크로켈	공작
14	레라예	후작	50	푸르카스	기사
15	엘리고스	공작	51	발람	왕
16	제파르	공작	52	알로케스	공작
17	보티스	백작/장관	53	카미오	장관
18	바틴	공작	54	무르무르	공작/백작
19	살로스	공작	55	오로바스	왕자
20	푸르손	왕	56	그레모리	공작
21	마락스	백작/장관	57	오세	장관
22	이포스	백작/왕자	58	아미	장관
23	아임	공작	59	오리악스	후작
24	나베리우스	후작	60	바풀라	공작
25	글라시아 라볼라스	백작/장관	61	자간	왕/장관
26	부네	공작	62	볼라크	장관
27	로노베	후작/백작	63	안드라스	후작
28	베리트	공작	64	하우레스	공작
29	아스타로트	공작	65	안드레알푸스	후작
30	포르네우스	후작	66	키메예스	후작
31	포라스	장관	67	임두시아스	공작
32	아스모다이	왕	68	벨리알	왕
33	가프	왕자/장관	69	데카라비아	후작
34	푸르푸르	백작	70	세에레	왕자
35	마르코시아스	후작	71	단탈리온	공작
36	스톨라스	왕자	72	안드로말리우스	백작

No.052

솔로몬 왕의 마법원

The magical circle and triangle of Solomon

솔로몬 왕의 마법원은 술자를 악마로부터 보호하는 지름 9피트의 원과 그 안에 악마를 출현시켜 가두는 정삼각형으로 구성되어 있다.

●악마를 소환하는 가장 유명한 마법원

마법원에는 여러 가지 종류가 있지만, 『레메게톤』 제1부 「고에티아」에 수록된 솔로몬 왕의 마법원은 수많은 마법원 가운데서도 가장 유명한 것 중 하나이다.

「고에티아」에 따르면 이 마법원은 솔로몬 왕이 사악한 영혼으로부터 몸을 보호하기 위해 만들었다고 한다.

마법원은 지름이 9피트이며 주위에는 신성한 신의 이름이 적혀 있다. 그리고 바깥 원과 안쪽 원 사이에는 똬리를 튼 뱀이 그려져 있다. 뱀의 몸은 진한 노란색이고 히브리어 문자가 쓰여 있다. 또한 마법원 외부의 네 군데에는 문자가 새겨진 펜타그램(오망성), 내부의 네 군데에는 헥사그램(육망성)이 그려져 있다. 원 중앙에는 붉은 사각형이 있는데, 이곳에 술자가 서서 악마를 소환한다.

마법원에는 마법의 삼각형이 부속되어 있다. 마법의 삼각형은 높이 3피트의 정삼각형으로, 마법원에서 2피트 거리에 그린다. 이 삼각형 안에 악마가 출현하게 된다.

이 마법원과 삼각형은 각 부분마다 색과 문자 등도 세세하게 정해져 있으며, 위가 동쪽을 향하게 배치한다.

이 밖에 「고에티아」에서는 마도구로서 유명한 솔로몬 왕의 펜타그램과 헥사그램에 관해서도 설명하고 있다. 그에 따르면 솔로몬 왕의 헥사그램은 송아지 가죽으로 만드는데, 옷자락에 달아둠으로써 출현한 악마를 인간의 모습으로 만들고 복종시킬 수 있다고 한다. 한편 펜타그램은 금이나 은으로 만들며, 가슴에 달아둠으로써 위험을 회피하는 동시에 영혼에게 명령을 내릴 수 있다. 양쪽 모두 도형 안에는 아도나이와 테트라그라마톤 등 신비적 문자가 새겨진다.

『고에티아』에 게재된 마법원과 마법의 삼각형

『고에티아』의 마법원 → 여러 마법원 중에서 가장 유명.

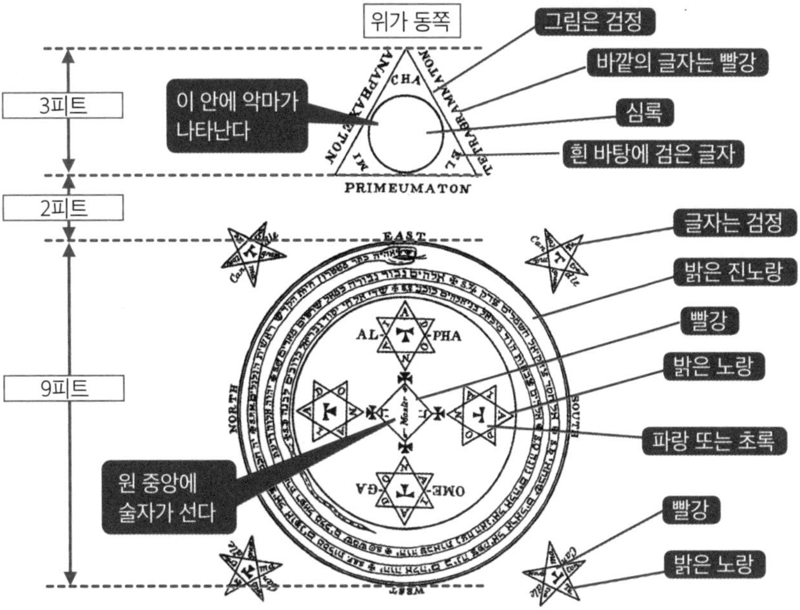

『고에티아』(레메게톤)에 게재되어 있는 마법원. 술자가 들어가는 원과 악마가 나타나는 삼각형이 있다. 도형, 문자, 색 등을 규정대로 만들고 위가 동쪽을 향하게 배치한다.

펜타그램과 헥사그램 사용법

솔로몬 왕의 펜타그램. 금이나 은으로 만들며 가슴에 달아 악마의 위험을 회피한다.

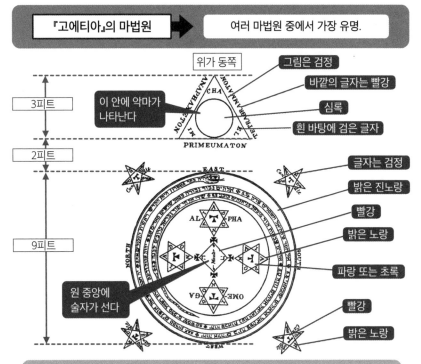

솔로몬 왕의 헥사그램. 송아지 가죽으로 만들며 옷자락에 달아 악마를 복종시킨다.

No.053

아르스 테우르기아 고에티아

Ars Theurgia Goetia

솔로몬 왕이 소환하고 봉인했다는 하늘의 31정령을 다루며 그 이름, 성질, 인장, 방어법, 소환 주문 등을 설명한 마도서.

●하늘의 정령을 통해 소망을 실현하는 마술

『아르스 테우르기아 고에티아』는 『레메게톤(솔로몬 왕의 작은 열쇠)』 제2부에 해당하는 마도서이다. 「테우르기아」란 신플라톤파의 신비적 주술을 말하는데, 그 어원은 그리스어 the(신) + urgy(기술)로 「신을 움직인다」는 의미가 있다.

이 책은 솔로몬 왕이 소환하고 봉인했다는 하늘의 31정령을 다루고 있다. 그리고 그 이름, 성질, 인장, 방어법, 소환 주문 등을 설명한다. 31정령은 모두 하늘을 관장하는 지위에 있으며 저마다 황제, 왕, 왕자 등의 칭호를 가졌다. 다만 이들 정령은 천사가 아니라 선이기도 하고 악이기도 한 데몬적 존재이다. 따라서 그중에 천사와 유사한 이름이 있어도, 그것은 천사를 가리키는 것이 아니다. 그리고 하늘을 관장하는 이들 정령들 밑에는 각각에 종속된 많은 정령이 존재한다.

31정령의 직무는 모두 같아 한 정령에게 가능한 일은 다른 정령도 할 수 있다고 여겨진다. 그것은 숨겨진 물건을 찾아내는 일, 사람의 비밀을 파헤치는 일, 무엇이든 명령한 것을 손에 넣는 일이다. 다만 이들 정령은 모두 지수화풍의 4대 원소 중 하나에 속해 있다.

각 정령에게는 정해진 거처가 있는데, 그것은 나침반이 가리키는 방위와 관련되어 있다. 따라서 특정한 정령에게 기도하려면 특정한 방위를 향해야 한다. 주문은 몇 가지가 있어 정령에 따라 적절한 것을 사용한다. 또한 정령을 소환할 때는 그 인장을 라멘(펜던트)으로서 가슴에 달아둘 필요가 있다. 그렇게 하지 않으면 정령은 명령을 듣지 않는다.

참고로 이 책과 제3부 「아르스 파울리나」에 나오는 영혼들은 **트리테미우스**의 『비밀서법(스테가노그라피아)』에 게재된 것들과 대응 관계이다.

하늘의 31영혼을 다루는 마도서

『레메게톤』 제2부
아르스 테우르기아 고에티아

→ 솔로몬 왕이 봉인했다는 하늘의 31영혼에 관한 책.

아르스 테우르기아 고에티아에 게재된 하늘의 31영혼

1	카르네시엘	동쪽 황제	17	라이시엘	제13왕 북쪽 황제 휘하
2	카스피엘	남쪽 황제	18	시미엘	제14왕 북쪽 황제 휘하
3	아메나디엘	서쪽 황제	19	아르마디엘	제15왕 북쪽 황제 휘하
4	데모리엘	북쪽 황제	20	바루카스	제16왕 북쪽 황제 휘하
5	파메르시엘	제1왕 동쪽 황제 휘하	21	게라디엘	제1 방랑 왕자
6	파디엘	제2왕 동쪽 황제 휘하	22	부리엘	제2 방랑 왕자
7	카무엘	제3왕 동쪽 황제 휘하	23	히드리엘	제3 방랑 왕자
8	아셀리엘	제4왕 동쪽 황제 휘하	24	피리키엘	제4 방랑 왕자
9	바르미엘	제5왕 남쪽 황제 휘하	25	에모니엘	제5 방랑 왕자
10	게디엘	제6왕 남쪽 황제 휘하	26	이코시엘	제6 방랑 왕자
11	아시리엘	제7왕 남쪽 황제 휘하	27	솔레비엘	제7 방랑 왕자
12	마세리엘	제8왕 남쪽 황제 휘하	28	메나디엘	제8 방랑 왕자
13	말가라스	제9왕 서쪽 황제 휘하	29	마카리엘	제9 방랑 왕자
14	도로키엘	제10왕 서쪽 황제 휘하	30	우리엘	제10 방랑 왕자
15	우시엘	제11왕 서쪽 황제 휘하	31	비디엘	제11 방랑 왕자
16	카바리엘	제12왕 서쪽 황제 휘하			

용어 해설

●트리테미우스→1462~1516년. 르네상스기의 수도원장이자 오컬트주의자. 암호법을 집대성한 『비밀서법(스테가노그라피아)』을 저술하여 근대 암호의 아버지라 일컬어진다.

No.054

아르스 파울리나(성 바오로의 술)

Ars Paulina(Pauline Art)

성 바오로가 발견했다고도 전해지는 이 마도서는 시간 및 황도 12궁을 지배하는 선한 영혼을 소환하여 소망을 이루는 것을 목적으로 하고 있다.

●천계의 천사들을 부르는 책

『아르스 파울리나』는 지금은 『레메게톤(솔로몬 왕의 작은 열쇠)』 제3부로 취급되는 마도서지만, 독립적인 책으로서 중세 시대부터 알려져 있었다. 여기에서는 솔로몬 왕의 저작이라 되어 있으나, 그와 별도로 성 바오로에 의해 발견되었다는 전설도 존재한다.

이 책의 목적은 시간과 황도 12궁을 지배하는 선한 영혼들을 소환하는 것으로, 그를 위해 필요한 마법원, 각 천사의 인장, 주문, 그들을 소환하는 데 적합한 점성술적 시간 등을 차례대로 소개하고 있다.

내용은 천사의 분류에 따라 두 장으로 나누어진다.

제1장에서는 낮과 밤, 합계 24시간을 지배하는 날의 천사를 대상으로 삼고 있다. 각 시간마다 1명의 지배천사가 있으며, 그 아래에 8명의 직속 공작(公爵)천사가 있다. 그 아래에는 다시 다수의 천사들이 종속된다. 이를테면 낮 제1시간의 지배천사는 사마엘이고, 8명의 공작천사는 아메니엘, 카르폰, 다로시엘, 모나시엘, 브루미엘, 네스토리엘, 크레마스, 메레신이며, 그 밑에 444명의 천사가 종속되어 있다. 이들 24시간의 천사들은 7행성에 속하는 일들을 지배하고 있어, 그 행성이 관계하는 것이라면 무엇이든 실현 가능하다.

제2장은 황도 12궁을 지배하는 12명의 천사들을 대상으로 삼고 있다. 그 밖에 황도 12궁은 각각이 1도 간격으로 30분할되어 있어 전부 360도분의 천사가 존재한다. 그리고 천사들은 모두 지수화풍의 4대 원소 중 하나와 맺어져 있다. 인간은 모두 태어난 일시에 따라 황도 12궁과 연관되어 있으므로, 그 관계를 통해 이들 천사의 지배를 받는 것이다. 인간은 그 천사에게 기도함으로써 모든 기술과 전문 지식을 얻을 수 있다고 한다.

천계의 천사들의 마도서

『레메게톤』 제3부
아르스 파울리나

24시간의 천사, 황도 12궁의 천사를 소환하기 위한 마도서.

하루 24시간의 천사들

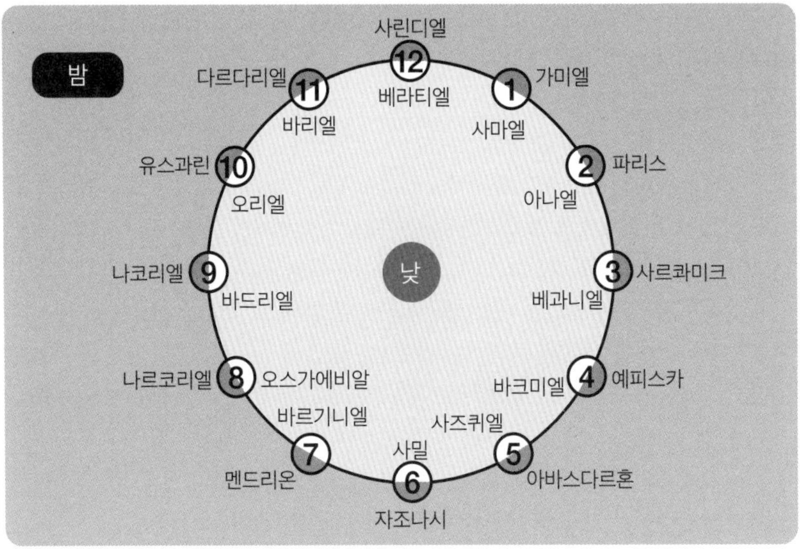

황도 12궁의 천사들

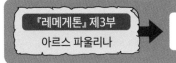

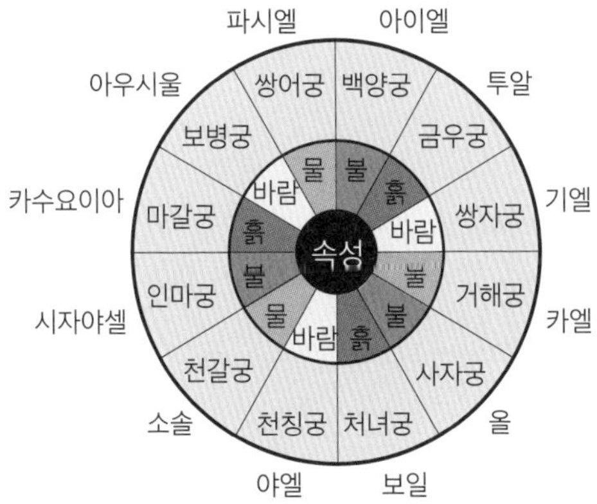

No.055

아르스 알마델

Ars Almadel(The Art of the Almadel)

마도구 알마델의 태블릿을 이용해, 하늘 높은 곳의 동서남북 사극(四極)을 관장하는 20명의 천사들을 소환하여 소망을 이루는 마도서.

●알마델의 태블릿으로 천사를 부른다

『아르스 알마델』은 『레메게톤(솔로몬 왕의 작은 열쇠)』 제4부로 취급되는 마도서이다.

이 책의 테마는 하늘 높은 곳의 동서남북 사극을 관장하는 20명의 천사를 소환하여 소망을 성취하는 것이다. 하늘의 360도 전방위는 12궁으로 나뉘어 있으며, 3개 궁씩 짝을 지어 동서남북 네 방향을 형성한다. 20명의 지배천사는 각 방위에 저마다 5명씩 배치되어 있다. 제1극인 동쪽은 알리미엘, 가브리엘, 바라키엘, 레베스, 헬리손이다. 제2극인 남쪽은 아피리자, 게논, 게론, 아르몬, 게레이몬이다. 제3극인 서쪽은 엘리파니아사이, 겔로미로스, 게도보나이, 타라나바, 엘로미나이다. 제4극인 북쪽은 바카이엘, **게도이엘, 게도이엘**, 델리엘, 카피티엘이다.

이들 천사를 소환하려면 우선 알마델의 태블릿(명판)을 만들 필요가 있다. 이 태블릿은 순수한 백랍으로 만들며, 그 위에 정해진 문자와 펜타클 등 기호를 새긴다. 또한 같은 백랍으로 양초 4개를 만들어 태블릿의 네 모퉁이에 세운다.

다음으로 문장을 만든다. 이것은 순은도 좋지만 가능하면 순금으로 만들고, 그 위에 3개의 이름 HELL, HELION, ADONAIJ를 새긴다.

이렇게 준비를 마치고 나면 초에 불을 붙이고 목적한 방위의 천사들에게 기도하며 주문을 왼다. 그러면 천사가 나타난다고 한다.

다만 목적한 천사에 맞춰 의식을 행하기에 적합한 일시를 고를 필요가 있다. 하늘의 사극은 각각 황도 12궁상에 어울리는 시간대를 가지고 있기 때문이다. 또한 하늘의 사극에 따라 색 등에도 주의해야 한다. 이런 사항들도 『아르스 알마델』 안에 간단히 해설되어 있다.

방위의 천사의 마도서

『레메게톤』 제4부
아르스 알마델

→ 하늘의 동서남북 사극을 관장하는 20명의 천사를 소환하기 위한 마도서.

20명의 지배천사는 아래와 같다.

동	남	서	북
알리미엘	아피리자	엘리파니아사이	바카이엘
가브리엘	게논	겔로미로스	게도이엘
바라키엘	게론	게도보나이	게도이엘
레베스	아르몬	타라나바	델리엘
헬리손	게레이몬	엘로미나	카피티엘

알마델의 태블릿

각 방위의 지배천사를 소환하려면 아래와 같은 알마델의 태블릿이 필요하다.

알마델의 태블릿

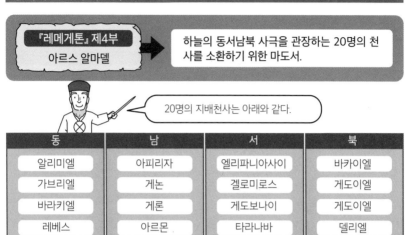

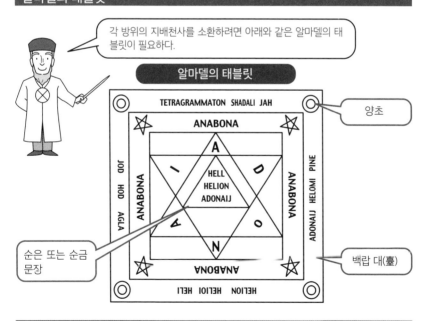

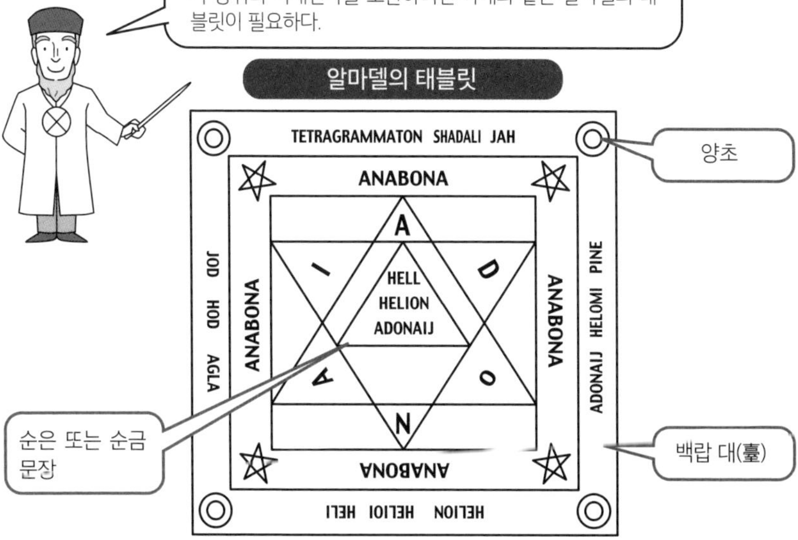

용어 해설

●게도이엘→같은 이름이 2개 있는데, 다른 천사인지는 불명.

No.056

아르스 노토리아

Ars Notoria(The Notable Art)

천사를 소환하여 자유칠과(自由七科, Seven Liberal Arts)의 전문 지식이나 그 밖의 기술, 웅변력이나 신비적 체험을 얻는 것을 목적으로 아주 오래 전부터 존재하던 고급 마도서.

●전문 지식과 기술을 얻기 위한 고상한 마술서

『아르스 노토리아』는 솔로몬 왕과 관련된, 아주 오래 전부터 존재하는 마도서이다. 이 책은 현재 『레메게톤(솔로몬 왕의 작은 열쇠)』 제5부로서 알려져 있지만, 중세에는 독립한 마도서로 취급되어 1300~1600년 사이 50권 이상의 사본이 유통되었다고 한다.

구약 성서 『역대하』에 솔로몬과 신의 다음과 같은 대화가 나온다.

《"이제 지혜와 지식을 나에게 주셔서 이 백성을 인도하게 하여 주십시오. 이렇게 많은 주님의 백성을 누가 다스릴 수 있겠습니까?"

하느님께서 솔로몬에게 말씀하셨다. "너의 소원이 그것이구나. 부와 재물과 영화를 달라고 하지 않고, 너를 미워하는 자들의 목숨을 달라고 하지도 않고, 오래 살도록 해달라고 하지도 않고, 오직 내가 너를 왕으로 삼아 맡긴 내 백성을 다스릴 지혜와 지식을 달라고 하니, 내가 지혜와 지식을 너에게 줄 뿐만 아니라 부와 재물과 영화도 주겠다. 이런 왕은 네 앞에도 없었고, 네 뒤에도 다시 없을 것이다."》

『아르스 노토리아』는 이 이야기를 전제로 만들어진 책으로서, 신이 보낸 천사를 통해 솔로몬 왕이 받았다고 전해진다.

이 책은 재물을 찾아내거나 정적을 실각시키거나 이성의 사랑을 손에 넣는 것을 목적으로 한 다수의 여타 마도서와는 크게 다르다는 특징이 있다. 이 책의 목적은 천사를 소환하여 자유칠과(문법, 논리학, 수사학, 산수, 기하학, 천문학, 음악)의 전문 지식이나 그 밖의 기술, 웅변력이나 신비적 체험을 얻는 것이다. 그래서 그를 위해 필요한 기도문과 신비적 도형 및 부호, 정화 의식 등을 설명하고 있다. 기도문에는 히브리어, 그리스어 등도 섞여 있다. 다만 17세기경부터 등장한 라틴어판에는 부호와 도형이 수록되지 않았다.

유서 깊은 마도서

『레메게톤』 제5부
아르스 노토리아
→ 중세에는 독립한 마도서였다. 14~16세기경 다수의 사본이 존재했다.

『아르스 노토리아』의 목적

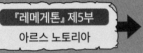

『아르스 노토리아』의 목적은 천사를 소환하여 특별한 지식을 손에 넣는 것이다. 다른 마도서처럼 재물을 얻거나 정적을 실각시키거나 연인을 손에 넣는 것이 아니다.
자유칠과(문법, 논리학, 수사학, 산수, 기하학, 천문학, 음악)의 전문 지식. 그 밖의 기술. 웅변력과 신비적 체험.
주여.
재물을 손에 넣는다.
정적을 실각시킨다.
이성의 사랑을 손에 넣는다.

No.057

모세 제6, 7경

The Sixth and Seventh Books of Moses

고대 유대의 영웅 모세가 썼다고 전해지며 독일에서 유행한 이 마도서는 이민자들의 손에 의해 신대륙에도 건너가 엄청난 악명을 떨쳤다.

●살인 사건을 부르는 불길한 마도서

『모세 제6, 7경』은 고대 유대의 영웅 모세(38쪽 참조)가 썼다고 전해지는 마도서이다. 실제 성립 시기는 불명이지만, 적어도 18세기 시점에는 필사본 및 인쇄된 소책자 형태로 독일과 그 주변 지역에 유통되고 있었다. 1849년에는 슈투트가르트의 출판업자 요한 샤이벨에 의해 최초로 완전판이 인쇄되어 인기를 얻는다. 그 인기는 독일 본국에만 머무르지 않았다. 미국의 펜실베이니아 주에는 독일계 이민자가 많이 이주해 있었는데, 그 지역에서도 『모세 제6, 7경』은 인기가 있었다. 그들 중에는 마법에 걸린 사람들을 치유하거나 적 마법사와 싸우는 헥스 닥터라 불리는 주술의가 있어, 『모세 제6, 7경』이 필수품으로 취급받았다. 그것은 이 책이 특별한 수호의 힘을 지녔다고 믿었기 때문이다. 또한 여타 마도서와 마찬가지로 보물찾기에도 크게 도움이 된다고 생각했다. 하지만 『모세 제6, 7경』의 가장 큰 특징은 실제로 살인 사건을 일으킨다고 여겨질 정도로 불길한 그 평판이었다.

예를 들어 1916년에 펜실베이니아 주의 제철공 피터 리스가 친구인 농부 아브라함 픽을 죽이고 도끼로 목을 베는 사건이 일어난다. 이 사건 직전 리스는 한 숯장이를 찾아갔는데, 『모세 제7경』을 가지고 있던 그 남자는 「픽에게 살해당할 것」이라며 리스를 겁줬다고 한다. 결과적으로 사람들은 『모세 제7경』 탓에 리스가 실성하여 살인 사건을 일으켰다고 생각했다.

1924년에는 독일 베스트팔렌에 사는 프리츠 앙게르슈타인이라는 남자가 가족 8명을 살해하는 사건이 벌어졌는데, 그의 자택에 『모세 제6, 7경』이 있었다고 보도된다. 그리하여 사람들은 범인이 이 마도서를 읽고 그 말에 따라 살인 사건을 일으켰다고 믿었다.

영웅 모세가 쓴 마도서?

모세 제6, 7경 → 18세기 독일의 그리무아르. / 구약 성서의 영웅 모세의 저작?!

↓

1849년에 샤이벨이 첫 완전판을 출판한다.

↓

미국에서도 대인기!

너무나 불길한 마도서

『모세 제6, 7경』은 살인 사건을 일으키는 불길한 책이라고 많은 사람들이 믿었다.

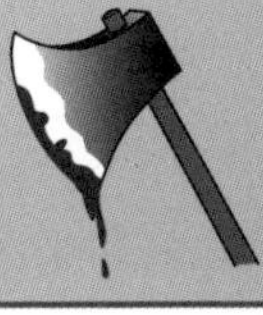

1916년, 펜실베이니아 주의 제철공 피터 리스는 『모세 제7경』 탓에 친구인 농부 아브라함 픽의 목을 도끼로 베었다고 한다.

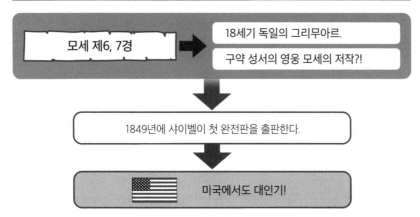

1924년, 독일 베스트팔렌에 사는 프리츠 앙게르슈타인이라는 남자가 가족 8명을 살해. 자택에 『모세 제6, 7경』이 있었다고 보도되었다.

No.058

누구나 할 수 있는 간단한 모세의 마술

Easy available magic of moses

간단한 부적과 몇 마디 주문만으로, 보물을 발견하거나 행운을 불러올 뿐 아니라 성서 안에서 영웅 모세가 행한 마술까지 실현한다.

●간단한 부적과 말로 가능한 모세의 마술

성서에 따르면 모세는 이집트의 마술사와 싸울 때, 지팡이를 뱀으로 바꾸거나 메뚜기를 대량 발생시키거나 물을 피로 바꾸는 등 다양한 기적을 일으켜 승리했다고 한다. 그때 모세가 행한 마술을 정리한 책이 『모세 제6, 7경』이라고 일컬어진다. 1849년 샤이벨이 출판한 『모세 제6, 7경』 완전판에는 예로부터 존재하던 몇 가지 타입의 『모세 제6, 7경』이 수록되어 있다.

가장 처음 나오는 것이 최신판 『모세 제6, 7경』이다. 이 판의 『모세 제6경』에서는 각종 천사를 지배하는 인장, 4대 및 7행성의 정령을 지배하는 인장 등 7개의 인장과 주문을 소개한다. 또한 『모세 제7경』에는 4대 영혼 및 행성의 영혼을 지배하기 위한 12개의 도표와 주문이 수록되어 있다. 여기 담긴 모든 마술이 보물을 발견하거나 행운을 불러오거나 불행으로부터 몸을 보호하는 데 도움이 된다.

다음으로 게재된 다른 타입의 『모세 제6, 7경』은 원본을 계승한 카발라적 마술에 속해 있다. 여기에서 소개하는 것은 성서 이야기 속 여러 장면에서 모세가 사용한 마술을 재현하기 위한 인장과 주문이다. 예를 들어 지팡이를 뱀으로 바꾸고 대량의 메뚜기를 발생시키며 물을 피로 바꾸는 것 등이다.

또한 『모세 제6, 7경』에서는 부록으로서 타천사의 동료라 일컬어지는 7명의 위대한 왕자를 소환하는 마법원 등도 소개하고 있다.

이러한 마술들의 특징은 아무튼 간단하다는 것이다. 『모세 제6, 7경』의 마술에 필요한 것은 대부분의 경우 간단한 부적과 몇 마디 주문뿐이다. 이 책이 뿌리 깊은 인기를 누린 것도 그 같은 마술의 간단함 덕분인지도 모른다.

『모세 제6, 7경』의 마술

모세 제6, 7경 → 성서 안에서 모세가 행한 마술이 정리되어 있다.

성서에는 모세가 이런 기적을 일으켰다고 나와 있다.

- 지팡이를 뱀으로 바꿨다.
- 메뚜기를 대량 발생시켰다.
- 물을 피로 바꿨다.
- 이와 등에를 대발생시켰다.

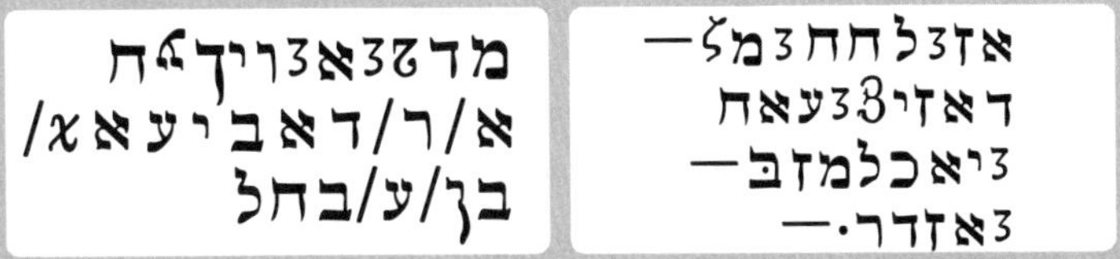

『모세 제6, 7경』에 따르면 왼쪽이 지팡이를 뱀으로 바꾸는 인장, 오른쪽이 메뚜기를 발생시켜 주위를 어둡게 만드는 인장이다.

땅의 보물을 얻는 부적과 주문

『모세 제6, 7경』에서는 땅의 보물을 얻는 것도 간단한 부적과 주문이면 된다.

부적

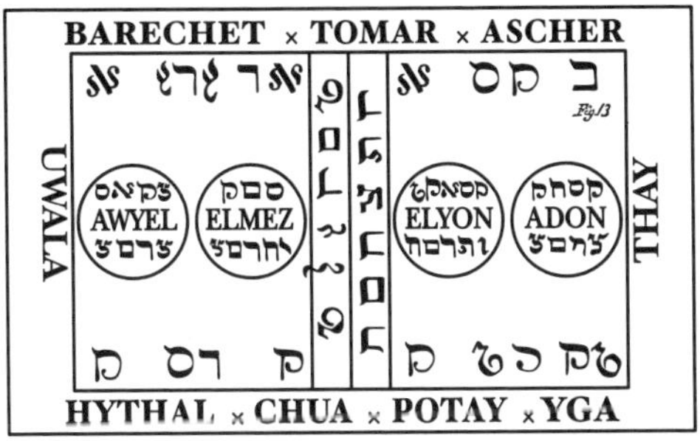

주문

나는 그대에게 명한다. 아비엘이여. 오테오스, 엘메즈, 아기오스의 이름으로. 나는 그대에게 명한다. 아헤나토스 엘리욘이여. 그리고 아돈이여. 제바오트의 이름으로.

No.059

호노리우스 교황의 마도서

The Grimoire of Pope Honorius(Grimoire du Pape Honorius)

13세기 초두의 로마 교황이 썼다는 이 마도서는 검은 암탉을 제물로 바치는 참혹한 의식을 필요로 하여 특히 사악한 책으로 취급받았다.

●파리에서 『솔로몬 왕의 열쇠』에 버금가는 인기를 얻은 마도서

『호노리우스 교황의 마도서』는 1700년경 파리에서 『솔로몬 왕의 열쇠』에 버금가는 인기를 얻은 마도서이다. 인기 있던 이유는 그 안에 보물을 찾아내는 마술이 담겨 있었기 때문이다. 그 무렵 파리에는 세간에 감춰진 마술계가 존재하였는데, 그런 사람들 사이에서는 『솔로몬 왕의 열쇠』나 『호노리우스 교황의 마도서』 사본을 소유한 것이 일종의 지위를 나타냈다고 한다. 이 마도서의 저자는 13세기 초두의 로마 교황이자, 마술사였다는 전설도 있는 호노리우스 3세로 되어 있다. 그러나 실제로는 17세기 후반에 로마에서 출판된 것이다.

그 내용은 특정한 마법원을 이용하여, 동서남북 및 각 요일에 배속된 타천사들을 불러낸 다음 명령을 실행시키는 것이다. 게다가 마술의 전 단계로서 검은 암탉을 제물로 바친다는 잔혹한 의식이 존재한다. 그 때문에 이 마도서는 한층 더 꺼려지며 사악한 책으로 취급받았다.

『호노리우스 교황의 마도서』라는 제목은 그보다 오래된 『호노리우스의 서약서』라는 책에서 따온 것으로 추정된다. 이 책은 13세기 초두에는 이미 존재하고 있었다는 기록이 있다. 성립 연대는 알 수 없으나, 전설에 따르면 811년에 나폴리, 아테네, 톨레도, 테베 등에 살던 마술의 달인들이 모여 마술 회의를 개최했다고 한다. 그때 테베의 호노리우스라는 인물이 책임자가 되어 마술 지식을 책으로 엮게 된다. 이렇게 해서 완성된 것이 『호노리우스의 서약서』라고 전해진다.

여기에 등장한 테베의 호노리우스는 로마 교황과는 관계없는 인물이다. 하지만 이윽고 테베의 호노리우스의 전설은 잊혀져, 마술사라고도 일컬어진 로마 교황 호노리우스 3세와 혼동되고 만다. 그러한 결과 『호노리우스 교황의 마도서』가 만들어지게 된 것이다.

인기 있던 마도서

호노리우스 교황의 마도서

17세기에 성립하여 『솔로몬 왕의 열쇠』에 버금가는 인기를 얻었다.

13세기의 로마 교황 호노리우스 3세가 썼다고 전해진다?!

유혈이 낭자하는 잔혹한 의식으로 유명.

악마 소환서.

『호노리우스 교황의 마도서』 표지에 그려진 불가사의한 그림.

『서약서』에서 『마도서』로

『호노리우스 교황의 마도서』라는 제목은 오랜 옛날의 『호노리우스의 서약서』에서 따온 것으로 보인다.

나폴리, 아테네, 톨레도, 테베 등에서 마술의 달인이 결집.

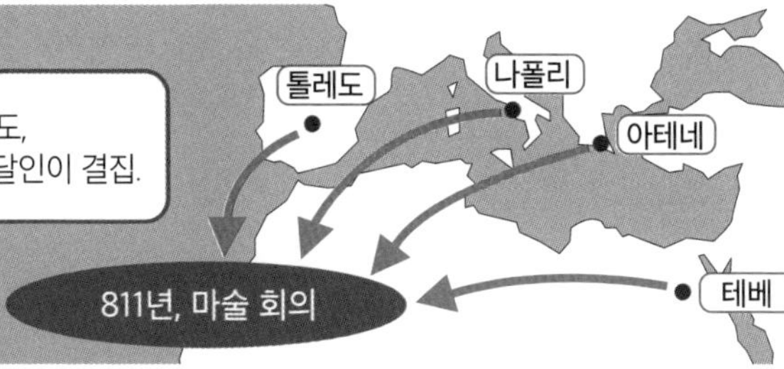

테베의 호노리우스라는 인물이 마술 지식을 정리한다.

↓

『호노리우스의 서약서』가 완성된다.

↓

17세기에 제목의 일부를 빌려온 『호노리우스 교황의 마도서』가 완성되어 인기를 얻는다.

No.060

호노리우스 교황의 마술

Contents of "The Grimoire of Pope Honorius"

동서남북의 왕과 각 요일의 타천사들을 소환하여 소망을 이루려면 검은 암탉의 눈알을 도려내는 등의 잔혹한 제물 의식을 치를 필요가 있었다.

●동서남북의 왕과 각 요일의 악마를 소환한다

『호노리우스 교황의 마도서』는 갖가지 영혼과 타천사를 불러내 명령을 실행시키기 위한 마도서이다.

악서(惡書)로서의 가장 큰 특징은 악마 소환 전에 잔혹한 의식이 필요했다는 점이다. 그 의식이란 검은 암탉을 죽여 두 눈을 도려내고 혀와 심장을 꺼내며, 그것을 햇볕에 말려 가루 낸 다음 마법원 등을 그릴 양피지 위에 뿌리는 것이다. 또한 양피지를 만드는 데도 새끼 양을 죽이는 의식이 필요하다. 이러한 의식과 기도, 3일간의 단식 후 마침내 타천사들을 불러내게 된다.

여기에서 소환할 수 있는 것은 동서남북의 왕과 한 주 각 요일의 타천사이다.

마도서에 따르면 동서남북의 왕은 동쪽이 마고아, 남쪽이 에김, 서쪽이 바이몬, 북쪽이 아마이몬이다. 또한 각 요일의 악마는 월요일이 루시퍼, 화요일이 프리모스트, 수요일이 아스타로트, 목요일이 실카르데, 금요일이 베카르드, 토요일이 굴란드, 일요일이 수르가트라고 한다.

이들 영혼 가운데 어떤 것은 특정한 소망을 실현하기 위해 불러낸다. 가령 화요일의 프리모스트는 명예와 위엄을 손에 넣기 위해, 수요일의 아스타로트는 왕을 비롯한 사람들의 호의를 얻기 위해, 목요일의 실카르데는 행복과 재물을 얻기 위해, 일요일의 수르가트는 보물의 발견과 이동을 위해서이다. 이 이외의 영혼들은 일단 어떤 소원도 들어준다고 한다. 하지만 혹시 재물을 얻고 싶다면 역시 실카르데나 수르가트를 소환하는 편이 좋을 것이다.

이들 영혼을 소환하려면 저마다 특정한 마법원과 펜타클, 기도가 필요하다. 예컨대 동서남북의 왕을 소환하는 데는 솔로몬 왕의 마법원과 펜타클이 필요하다고 한다. 또한 각 요일의 영혼을 소환하는 데는 각각의 전용 마법원이 필요하다.

잔혹한 의식으로 유명

유명한 잔혹 의식 → 검은 암탉을 죽여 두 눈을 도려내고 혀와 심장을 꺼내며, 그것을 햇볕에 말려 가루 낸 다음……

으~앙
난 도저히 못 하겠어~.
꼬꼬
꼬꼬댁
톡톡톡

소환하는 악마들

『호노리우스 교황의 마도서』로는 이런 악마들을 복종시킬 수 있다.

Spiritus
Locus
C. D P

각 방위의 왕	
동	마고아
남	에김
서	바이몬
북	아마이몬

→ 각 방위의 왕을 소환하는 데는 오른쪽 마법원을 사용한다.

각 요일의 악마	
월	루시퍼
화	프리모스트
수	아스타로트
목	실카르데
금	베카르드
토	굴란드
일	수르가트

→ 각 요일의 악마를 소환하는 데는 각각이 전용 마법원이 필요. 오른쪽은 프리모스트용이다.

Frimost obey me

No.061

그랑 그리무아르(대마도서)

Grand grimoire

지옥의 재상 루키푸게 로포칼레를 소환하여 보물을 손에 넣는 마도서는 매우 알기 쉬운 내용으로 일반 대중에게 최대급 영향을 주었다.

●프랑스의 일반 대중에게 가장 큰 영향을 준 마도서

『그랑 그리무아르』는 내용이 잘 갖추어져 있고 이해하기 쉬워 사람들에게 악영향을 미치기 쉽다는 의미에서 악명 높은 흑마술서이다. 18~19세기 프랑스에는 수많은 그리무아르가 유통되었는데, 그중에서도 일반 대중에게 가장 큰 영향을 주었다고 할 수 있는 것이 『그랑 그리무아르』였다. 이 책 자체에는 1522년에 만들어졌다고 적혀 있으나, 실제로는 1750년경 이탈리아에서 제작되었으며 대량 판매용 염가본으로 인쇄되어 크게 유행하였다.

일반적인 그리무아르에서는 악마와 계약하는 등 위험을 무릅쓰는 행위를 하지 않지만, 이 책은 악마와 계약을 맺는다는 특징이 있다. 즉 『그랑 그리무아르』는 지옥의 악마재상 루키푸게 로포칼레를 소환한 다음, 숨겨진 보물이 있는 곳을 알아내기 위해 계약을 맺는다는 위험한 내용의 책이다. 게다가 『그랑 그리무아르』는 그저 단순히 악마와 계약하는 수단이 쓰인 그리무아르가 아니라, 「이 책을 소유하는 것이 악마와의 계약의 일부」라고조차 여겨졌다. 또한 이 책에 따르면 루키푸게는 지상의 보물 관리자였기 때문에, 이 시대 프랑스에서는 루키푸게 로포칼레야말로 보물찾기에 가장 필요한 정령이라고 믿었다.

다만 악마와 계약한다고 해도 『그랑 그리무아르』의 경우에는 솔로몬 왕의 대주문과 마법지팡이의 위력을 통해 강제로 술자에게 유리한 계약을 맺는 것이지, 결코 목숨을 빼앗길 만한 위험한 계약을 하는 것이 아니다. 그런 의미에서 본질은 여타 그리무아르와 다르지 않다고 할 수 있겠다.

19세기 초두에 『그랑 그리무아르』는 『붉은 용(Dragon rouge)』이라는 다른 제목으로 출판되어 『프티 알베르』에 필적할 만큼 높은 악명을 떨쳤다. 19세기 프랑스에서는 일반 대중 대부분이 『붉은 용』을 가지고 싶어 했으며, 마술사들은 성서 대신 『붉은 용』을 들고 다녔다.

『그랑 그리무아르』의 특징

그랑 그리무아르

- 18세기 이탈리아에서 제작된 흑마술서.
- 악마와 계약하는 희귀한 그리무아르.
- 재상 루키푸게 로포칼레를 소환하여 큰돈을 손에 넣는 방법이 기술되어 있다.

↓

19세기에는 『붉은 용』이라는 제목으로 출판되어 일반 대중의 지지를 받았다.

악마재상 루키푸게 로포칼레란?

악마 루키푸게 로포칼레

↓

- 지상의 보물 관리자
- 보물찾기에 가장 필요한 정령

프랑스에서 루키푸게 로포칼레는 보물찾기의 신 같은 존재였다.

루키푸게 로포칼레

No.062

『그랑 그리무아르』의 목적

The purposes of "Grand grimoire"

『그랑 그리무아르』를 사용하면 악마 재상 루키푸게를 포함해 전부 6명 존재하는 지옥의 차석 상급악마 중 하나를 소환하여 그에 따른 목적을 달성할 수 있다.

●차석상급 6악마를 자유롭게 조종한다

『그랑 그리무아르』라고 하면 악마재상 루키푸게 로포칼레를 불러내 보물을 손에 넣는 마도서로 유명하다. 하지만 이 마도서의 목적은 결코 그것만이 아니다.

『그랑 그리무아르』에 따르면 악마계에는 무수히 많은 악마가 존재하며, 상위에는 3대 지배악마, 차석상급 6악마, 18속관이라는 서열이 있다고 한다.

3대 지배악마는 황제 루시퍼, 왕자 베엘제붑, 대공 아스타로트이다. 그 밑에 차석상급악마 6명이 있는데, 그들은 루시퍼에게 저마다 특별한 권력을 부여받았다. 이들 6명의 이름과 그 권한은 다음과 같다. 재상 루키푸게 로포칼레. 그는 황제 루시퍼에게 세상의 부와 재물을 지배하는 권한을 받았다. 대장군 사타나키아. 모든 여성을 종속시키는 능력을 가졌다. 장군 아갈리아렙트. 국가 기밀을 파헤치는 능력을 가졌다. 중장 플레우레티. 야간 업무를 담당하며, 우박을 내리게 하는 능력을 가졌다. 준장 사르가타나스. 사람의 투명화 · 전송 · 투시술 · 사령술 등을 관장한다. 원수 네비로스. 악행을 수행하는 권한이 있으며, 박물적 지식을 부여하는 능력을 가졌다.

차석상급 6악마 각각에게는 속관으로서 3악마가 배치되어, 전부 18속관이 존재한다. 그리고 그 휘하에 무수히 많은 악마가 종속되어 있다.

이 가운데 실제로 소환하여 사역하는 것은 차석상급 6악마이다. 어디까지나 황제 루시퍼에게 기도하여 허가를 얻은 뒤 목적에 따라 이들 악마를 가려 사용하는 것이다. 따라서 『그랑 그리무아르』의 마술을 이용하여 재상 루키푸게 로포칼레 이외의 차석상급악마를 소환하면 보물을 손에 넣는 것과는 다른 목적도 달성할 수 있다.

그 구체적인 일례로서 『그랑 그리무아르』에서는 루키푸게 로포칼레를 소환하여 보물을 손에 넣는 방법을 자세히 설명하고 있다.

『그랑 그리무아르』의 내용

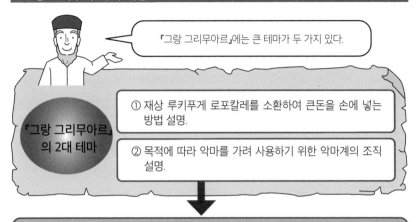

『그랑 그리무아르』에는 큰 테마가 두 가지 있다.

『그랑 그리무아르』의 2대 테마

① 재상 루키푸게 로포칼레를 소환하여 큰돈을 손에 넣는 방법 설명.

② 목적에 따라 악마를 가려 사용하기 위한 악마계의 조직 설명.

악마계의 상급 조직

3대 지배악마

황제 루시퍼 / 왕자 베엘제붑 / 대공 아스타로트

차석상급 6악마

재상 루키푸게 로포칼레	부와 재물을 지배한다.
대장군 사타나키아	모든 여성을 종속시킨다.
장군 아갈리아렙트	국가 기밀에 정통하다.
중장 플레우레티	야간 업무를 담당하며, 우박을 내리게 한다.
준장 사르가타나스	사람의 투명화 · 전송 · 투시술 · 사령술.
원수 네비로스	악행 수행과 박물적 지식.

18속관	차석상급 6악마 각각에게 3명씩 종속되어 있다.

위와 같은 악마계의 조직과 악마의 역할을 학습하고, 목적에 맞춰 차석상급 6악마 중 하나를 소환한다.

No.063

악마재상 루키푸게 소환 준비

Preparations to conjure up Lucifuge Rofocale

악마재상 루키푸게를 소환하려면 1주간은 여자를 멀리하여 몸을 맑게 하고, 개암나무 가지로 마법지팡이를 만드는 등 필요한 준비를 갖추어야 한다.

●루키푸게 소환을 위한 마법원을 만든다

『그랑 그리무아르』에 따르면 악마재상 루키푸게 로포칼레를 소환하는 데는 다음과 같은 준비가 필요하다고 한다. 우선 악마를 불러내기 직전 1주간은 여자와 관계를 끊어 몸을 맑게 한다. 식사는 하루 두 끼를 먹으며 식사 전에는 신에게 기도를 드린다. 악마 소환은 1명 또는 3명이서 실행하는 것이 좋으니, 필요하다면 2명의 조수를 찾아둔다. 그리고 소환 작업을 행할 장소로서 폐허나 고성처럼 고요하고 적막한 곳을 물색해둔다. 또한 보석인 혈석(블러드스톤) 및 처녀가 만든 새 양초 2개, 신품 화로, 브랜디, 장뇌, 석탄을 준비한다. 그 다음 새끼 염소를 죽이고 가죽을 벗겨 가늘고 긴 끈을 만든다. 아이의 시체가 담긴 관에서 뽑은 못 4개도 없어서는 안 된다. 악마를 소환하다가 악마가 마법원에 너무 가까이 왔을 때 그것을 쫓기 위한 금화나 은화를 종이에 싸두는 것도 좋다.

결행일 전날 밤에는 한 번도 열매가 맺힌 적 없는 야생 개암나무 가운데 마법지팡이로 삼기에 적당한 가지를 가진 것을 찾아놓는다. 그리고 이른 아침, 태양이 지평선에서 떠오르는 순간에 한 번도 사용한 적 없는 새 주머니칼로 그 가지 하나를 잘라 길이 19인치 반짜리 마법지팡이를 만든다.

모든 준비가 갖추어지면 작업할 장소로 가서 마침내 악마 소환에 들어간다. 맨 처음 하는 일은 바닥에 마법원을 그리는 것이다. 원은 새끼 염소 가죽으로 된 끈으로 만들며 사방에 못을 박아 고정한다. 준비한 혈석을 꺼내 원 안에 삼각형을 그리고 두 변에 양초를 세운다. 이 그림의 경우 동쪽이 위이며, 삼각형은 위 꼭짓점부터 그리기 시작한다. 또한 마법원 바깥에 위부터 반시계 방향으로 큰 A와 작은 E, A, J를 적는다. 아랫변에는 JHS(예수 그리스도를 뜻한다)라는 신성한 문자를 적고, 양 끝에 십자를 그린다. 이를 통해 악마가 배후에서 습격하는 것을 막을 수 있다.

준비 작업

악마 소환 준비

① 단호한 결의.

② 어느 악마를 소환할지 결정한다.

③ 몸을 정화한다.

식사는 하루 두 끼 · 여성과의 관계를 끊는 등.

④ 필요한 물건을 갖춘다.

화로 · 양초 · 염소 가죽끈 · 못 · 혈석 · 브랜디 · 장뇌 · 석탄 · 마법지팡이 등.

루키푸게 소환 마법원

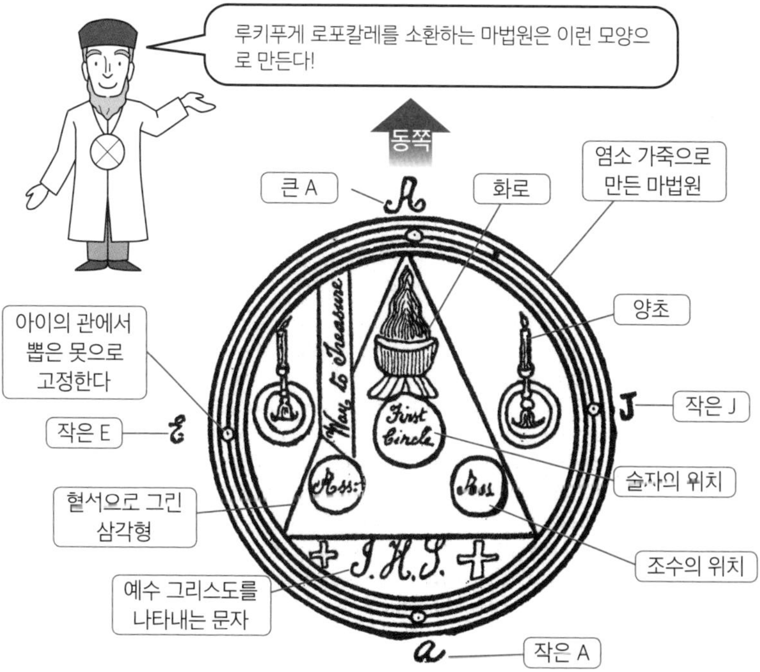

No.064

악마재상 루키푸게에게 명령하기

How to order Lucifuge Rofocale

악마 루키푸게가 혼과 육체를 요구해도 단호히 거부하고, 마법지팡이를 내밀어 위협하며 솔로몬 왕의 열쇠의 대주문을 반복하여 복종시킨다.

●위험한 악마와는 계약을 맺으면 안 된다

『그랑 그리무아르』에서는 마법원 완성 후 악마재상 루키푸게를 소환하는 절차는 다음과 같다고 설명한다. 우선 화로에 석탄을 넣고 브랜디, 장뇌를 뿌린 다음 불을 붙인다. 마법지팡이, 주문과 요구를 적은 종이를 들고 삼각형 안에 선다. 그리고 희망과 확신을 품고 악령을 불러낸다.

'위대한 루시퍼 황제여, 주의 이름으로 명한다. 악마대신 루키푸게를 파견하라.' 이때 루시퍼 황제의 이름과 함께 베엘제붑 왕자, 아스타로트 대공의 이름을 추가해도 괜찮다. 이것으로 악마가 나타나면 좋지만, 그렇게 되지 않는 경우도 많다. 그럴 경우에는 솔로몬 왕의 열쇠의 대주문을 반복해 왼다. 그러면 악마대신 루키푸게가 나타날 텐데, '요구에 응하지 않으면 주문을 외워 영원히 고통받게 해주겠다'고 위협한다. 그리고 루키푸게가 무엇을 원하는지 물으면 요구를 말한다. '내가 원하는 것은 그대가 최대한 신속히 나에게 부를 제공한다는 계약을 맺는 것이다.'

그러나 루키푸게는 과연 악마답게 다음과 같이 말할 것이다.

'20년 후 너의 혼과 육체를 나에게 바친다는 계약이라면 좋다.'

물론 이런 계약은 맺어서는 안 된다. 곧바로 루키푸게에게 마법지팡이를 내밀고 '명령에 따르지 않는다면 너와 너의 동료에게 영원한 고통을 주겠다'고 협박하며 솔로몬 왕의 열쇠의 대주문을 반복한다. 그러면 루키푸게는 마지못해 보물이 있는 장소로 안내하기 시작할 것이다. 술자는 정해진 루트로 마법원에서 나와 따라간다. 그 장소에 도착하면 보물 위에 계약서를 놓은 다음, 가져갈 수 있는 만큼의 보물을 들고 뒷걸음질하며 마법의 삼각형까지 돌아온다. 마지막으로 루키푸게에게 작별을 고한다. '위대한 루키푸게여, 나는 만족하였다. 이제 그대와는 작별이다. 원하는 곳으로 떠나도록 하라.' 이로써 큰돈을 손에 넣게 된다.

악마 소환과 보물 획득

악마 소환 → 마법지팡이 등 필수품을 들고 악마를 불러낸다.

솔로몬 왕의 대주문

영혼이여! 나는 위대한 힘을 지닌 아래의 이름으로 너에게 명한다. 신속히 나타나라. 아도나이의 이름으로, 엘로힘, 아리엘, 예호밤, 아글라, 타글라, 마톤, 오아리오스, 알모아진, 아리오스, 멤브로트, 바리오스, 피토나, 마요드스, 술페, 가보츠, 살라만드레, 타보츠, 깅과, 얀나, 에티트나무스, 자리아트나트믹스의 이름으로.
(이하 반복)

악마가 좀처럼 나타나지 않을 경우, 위와 같은 솔로몬 왕의 대주문을 읊는다. 이것을 두 번 읊으면 악마는 반드시 출현하니, 아래와 같은 순서로 보물을 손에 넣으면 된다.

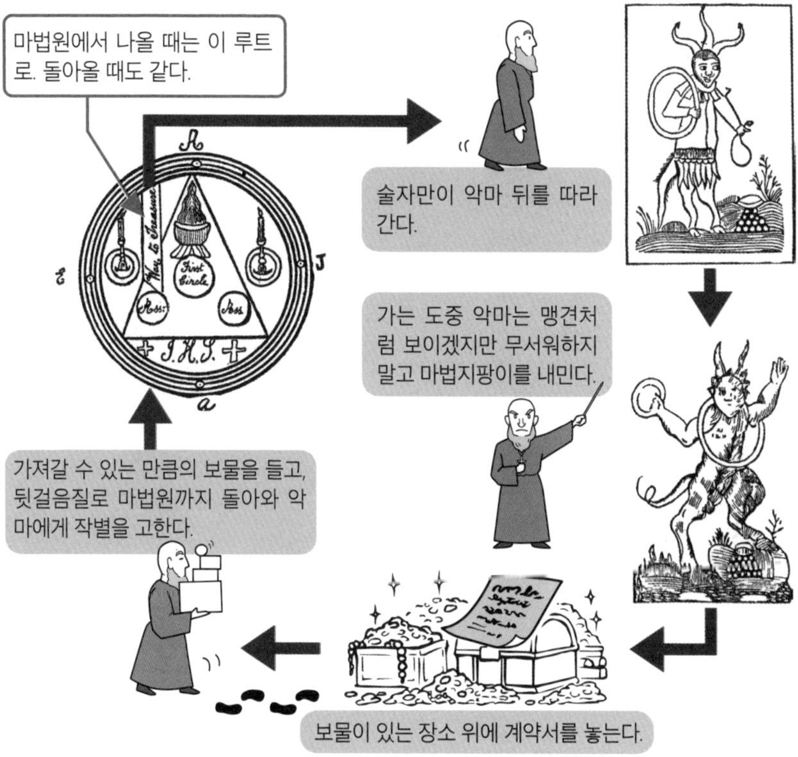

마법원에서 나올 때는 이 루트로. 돌아올 때도 같다.
First Circle
I.H.S.
술자만이 악마 뒤를 따라간다.
가는 도중 악마는 맹견처럼 보이겠지만 무서워하지 말고 마법지팡이를 내민다.
보물이 있는 장소 위에 계약서를 놓는다.
가져갈 수 있는 만큼의 보물을 들고, 뒷걸음질로 마법원까지 돌아와 악마에게 작별을 고한다.

No.065

프티 알베르

PETIT ALBERT

극악한 「영광의 손」 제작법이 수록된 이 마도서는 행상인에 의해 프랑스의 작은 시골 마을에까지 보급되어 악서로서 이름을 떨쳤다.

●「영광의 손」 제작법이 쓰여 있는 마도서

『프티 알베르』는 극악한 「영광의 손」(142쪽 참조) 제작법이 실려 있어 금기시되던 마도서이다. 「영광의 손」이란 교수형에 처해진 시체의 손으로 만드는 무시무시한 촛대로서, 도둑의 몸을 지켜주는 부적이었다.

『프티 알베르』는 1668년 프랑스에서 출판되었으며, 18세기 초에는 염가판이 제작되어 행상인에 의해 프랑스 시골의 작은 마을들에까지 보급되면서 악서로서 유명해진다. 1745년에는 『프티 알베르』를 판매용으로 여러 권 가지고 있던 행상인이 체포되는 사건도 일어났다. 한때는 알베르투스 마그누스의 저작이라고 일컬어지던 『그랑 알베르』를 의식한 책이지만, 『프티 알베르』의 저자는 알베르투스 파르부스 루키우스로 되어 있다.

「영광의 손」 제작법 외에 와인과 알코올 제조법, 복통 치료법, 여성의 바람기를 재는 방법, 여성을 알몸으로 만들어 조종하는 방법까지 해설되어 있으며 부적, 마법진, 마법의 향수 조합법 등도 쓰여 있다.

「영광의 손」 마술은 17세기에 이미 널리 실천되고 있었으나, 『프티 알베르』에서 다루어지면서 19세기 들어 그 무시무시한 마술이 다시 유행하게 된다.

20세기 초에는 그 악영향이 바다 건너 카리브 해까지 미쳤다. 1904년에 있었던 일인데, 카리브 해의 바베이도스 섬에서 소년이 잔혹한 방식으로 살해당하고 양 손목을 잘리는 사건이 벌어진다. 머지않아 범인 3인조가 체포되었는데, 재판 과정에서 그들이 은행 강도를 계획했으며 『프티 알베르』를 가지고 있다는 사실이 드러났다. 즉 그들은 「영광의 손」을 만들어 누구의 방해도 받지 않고 안전하게 은행을 털기 위해 소년을 살해하였던 것이다.

『프티 알베르』의 특징

프티 알베르 →
- 1668년 프랑스에서 출판.
- 알베르투스 파르부스 루키우스 작.
- 「영광의 손」 제작법으로 유명.

내용은? → 「영광의 손」 제작법 / 와인과 알코올 제조법 / 복통 치료법 / 여성의 바람기를 재는 방법 / 여성을 알몸으로 만들어 조종하는 방법. 그 밖에 부적, 마법진, 마법의 향수 조합법 등.

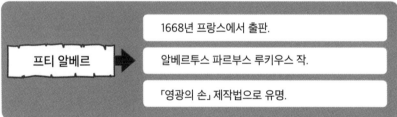

『프티 알베르』가 일으킨 사건

1904년, 『프티 알베르』가 원인이 되어 바베이도스 섬에서 일어난 잔혹한 소년 살해 사건은 다음과 같은 것이었다. 바베이도스 섬의 브리지타운에 12세 소년 루퍼트 맵이 살고 있었다. 그곳에 에드몬드 몽투트라는 남자가 찾아와 일을 해보지 않겠느냐고 말했다. 그것은 심부름 같은 간단한 일이었기 때문에 맵은 바로 계약했다. 맵은 몽투트를 따라 세인트 루체 레온이라는 남자의 집으로 갔다. 9월 29일 밤, 거기에 에드거 세인트 힐이라는 남자도 합류한다. 그때까지 맵은 설마 자신이 살해당하리라고는 생각지도 못했다. 하지만 그날 밤 맵은 맥없이 교살당하고 만다. 게다가 남자들은 맵의 심장을 도려내고 양손을 손목부터 잘랐다. 그리고 시체를 묻은 뒤 암염을 깨 심장과 손목을 보존 처리했다. 도대체 왜 이런 짓을 벌였을까. 사실 남자들은 「영광의 손」을 만들어 은행을 털려 하고 있었다. 주범 격인 몽투트가 『프티 알베르』를 읽고, 이 아이디어를 떠올린 것이다.

No.066

영광의 손

The Hand of Glory

「영광의 손」은 교수형에 처해진 남자의 손으로 만드는 섬뜩한 촛대로서, 민간전승으로도 전해지던 강도와 도둑을 위한 유명한 부적이었다.

●교수형에 처해진 범죄자의 손으로 만들어진 촛대

「영광의 손」은 유럽의 민간전승에 등장하여 일반적으로도 잘 알려진 마술 도구이다. 그것은 도둑을 위한 도구로서, 교수형에 처해진 남자의 손으로 만드는 아주 섬뜩한 물건이었다.

18세기 초에 출판된 마도서 『프티 알베르』(프티 알베르의 자연적이며 카발라적인 마술에 대한 놀라운 비의)에 그 제작법이 쓰여 있다.

먼저 교수형에 처해진 범죄자의 손을 아직 교수대에 매달려 있는 동안 잘라낸다. 그것을 반드시 매장포(埋葬布) 한 장에 싸서 피를 잘 짜낸다. 그리고 흙으로 만든 그릇에 담아 초석, 소금, 후추 등을 빻은 가루에 15일간 절인다. 그런 다음 꺼내서 시리우스가 태양과 함께 떠오르는 한창 더운 시기에 바싹 건조될 때까지 햇볕에 말린다. 햇빛이 부족할 경우에는 풀고사리와 마편초로 달군 화덕에 넣고 건조시켜도 괜찮다. 이 과정에서 나오는 기름은 새 밀랍 및 라플란드산 참깨와 섞어 몇 개의 양초를 만든다. 이렇게 해서 완성되는 것이 「영광의 손」이다. 이것은 일종의 촛대로서, 「영광의 손」의 손가락 사이에 양초를 세워 불을 밝힌다. 그러면 이를 본 사람은 몸을 전혀 움직일 수 없게 되므로 마술사는 그 사이에 마음껏 행동할 수 있다. 따라서 남의 집에 침입하기 전에 「영광의 손」에 불을 붙이면 무엇이든 자유롭게 훔칠 수 있는 것이다.

다만 집의 문지방 등 침입 가능한 장소에 검은 고양이의 담즙, 흰 닭의 지방, 올빼미의 피로 만든 연고를 발라두면 「영광의 손」의 효과를 없앨 수 있다고 한다. 「영광의 손」에 켜진 불은 물이나 맥주로는 끌 수 없으며 우유를 뿌려야 꺼진다는 견해도 있다. 실제로 어느 집의 하녀가 그런 방식으로 불을 끄고 도둑을 잡았다고 마녀사냥 시대의 악마학자 델 리오(1551~1608년)가 보고한 바 있다.

「영광의 손」의 효능

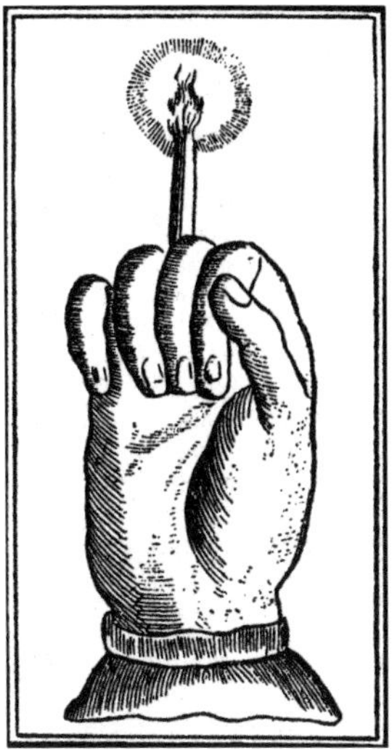

영광의 손

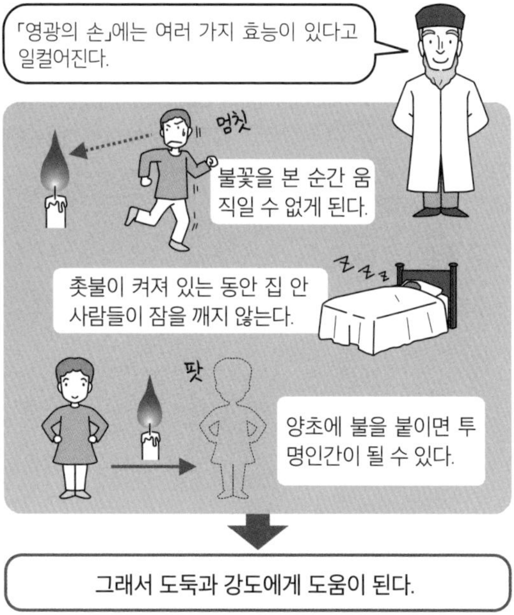

「영광의 손」에는 여러 가지 효능이 있다고 일컬어진다.
멈칫
불꽃을 본 순간 움직일 수 없게 된다.
촛불이 켜져 있는 동안 집 안 사람들이 잠을 깨지 않는다.
팟
양초에 불을 붙이면 투명인간이 될 수 있다.
그래서 도둑과 강도에게 도움이 된다.

「영광의 손」 제작법

「영광의 손」 제작법은 아래와 같다.

① 교수형에 처해진 범죄자의 손을 잘라 피를 짜낸다.

↓

② 초석, 소금, 후추 등에 15일간 절인다.

↓

③ 한창 더운 시기에 바싹 건조될 때까지 햇볕에 말린다.

↓

완성

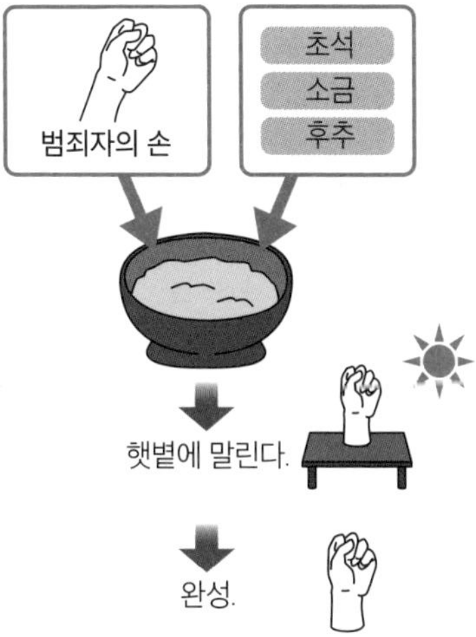

No.067

검은 암탉

The Black Pullet(La poule noire)

잇따라 보물을 발견해주는 검은 암탉 얻는 법이 기재된 이 마도서는 트레저 헌터들에게 더할 나위 없이 귀중한 책이었다.

●검은 암탉을 제물로 삼는 보물찾기에 관한 책

『검은 암탉』은 1820년 프랑스에서 출판되어 트레저 헌터들의 인기를 모은 마도서이다.

머리말에 따르면 나폴레옹의 이집트 원정에 따라갔던 지휘관이 쓴 것이라 한다. 그의 군은 아랍인 군대에 급습당해 전멸하고 그 혼자만이 살아남았다. 도망치던 중 피라미드에서 나타난 마술사에게 마술을 배웠는데, 그때 배운 것이 이 책에 담겨 있다고 한다.

『검은 암탉』의 내용은 전반과 후반의 둘로 나누어진다.

전반은 다양한 마술적 효과를 지닌 부적과 반지에 대한 소개이다. 4대 원소의 영혼 불러내기, 안전하게 세계 어디로든 이동하기, 투명인간 되기, 누구에게나 사랑받기, 중요한 비밀 알아내기, 온갖 보물 발견하기, 어떤 열쇠도 열 수 있게 되기, 적의 음모 쳐부수기, 모든 광물과 채소에 관한 지식 얻기 등 가지각색의 능력을 지닌 부적을 소개하고 있다. 이러한 부적과 반지를 가지고 적절한 주문을 외면 그 효과가 발휘된다.

트레저 헌터들이 특히 마음에 들어 한 것은 후반으로, 여기에 검은 암탉 얻는 법(146쪽 참조)이 나와 있다. 검은 암탉은 특별한 방식으로 얻게 되는데, 세상의 숨겨진 보물을 잇따라 발견해준다고 하여 트레저 헌터들 사이에서는 더할 나위 없이 귀중하게 여겨졌다.

검은 암탉 의식은 실제로 널리 시행되었다고 한다. 1775년에는 이런 재판이 있었다. 와인업자 장 길러리가 공범자와 함께 '검은 암탉을 손에 넣을 수 있다'고 속여 한 인물에게서 큰돈을 가로챈 사건이었다. 범인들이 속임수를 써서 한 번은 실제로 검은 암탉을 출현시켰기 때문에, 감쪽같이 속은 피해자는 더욱 많은 돈을 쏟아붓고 말았다. 재판 결과 범인들은 채찍질당하고 낙인이 찍혀 국외로 추방된다.

『검은 암탉』의 특징

검은 암탉 →
- 1820년 프랑스에서 출판
- 트레저 헌터에게 인기 있던 마도서

내용은?
- **전반**: 마술적 효과를 지닌 부적과 반지 소개.
- **후반**: 보물을 발견하는 「검은 암탉」 얻는 법.

『검은 암탉』에 수록된 부적

『검은 암탉』에는 이러한 부적과 반지가 잔뜩 소개되어 있다.
이 문자는 반지 바깥쪽에 새겨 사용한다.

모든 여성의 사랑과 친절을 획득하는 부적과 반지.

들키지 않고 어디든 숨어들어 비밀을 획득할 수 있는 부적과 반지.

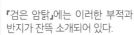

우박, 천둥, 지진 등 천재지변을 일으켜 무엇이든 파괴하는 부적과 반지.

No.068

황금을 찾아내는 검은 암탉

The gold-finding black hen

조로아스터의 아버지 오로마시스도 소유했다는 검은 암탉은 아무런 흠집도 없는 달걀을 검은색으로 세뇌시켜 태어나게 하는 것이었다.

●검은색으로 세뇌된 달걀에서 검은 암탉이 태어난다

본능적으로 황금과 재물을 발견하는 능력을 가진 검은 암탉을 길러내는 마술은 간단히 큰 부자가 될 수 있는 마술의 하나로서 마도서 『검은 암탉』(144쪽 참조)에서 다루어지고 있다.

그에 따르면 조로아스터(조로아스터교의 창시자)의 아버지 **오로마시스**는 이러한 닭을 소유한 최초의 인물이었다. 검은 암탉 얻는 법은 두 가지가 있었다. 하나는 불가능할 정도로 어려운 것, 다른 하나는 보다 일반적인 것이다. 여기에서는 보다 일반적인 방법을 소개하겠다.

술자는 달걀 하나를 손에 들고 정오의 햇빛에 비춰, 그 달걀에 사소한 더러움도 없음을 확인한다. 이어서 되도록 검은 암탉을 고른다. 다른 색 깃털이 섞여 있으면 그것을 뽑아낸다. 암탉의 머리에 검은 두건을 씌워 아무것도 보이지 않게 한다. 이때 부리는 자유롭게 내버려두어도 괜찮다. 그리고 안쪽에 검은 소재를 댄 충분한 크기의 상자에 암탉을 넣는다. 상자를 빛이 들어오지 않는 방에 둔 다음 잊지 말고 밤에만 모이를 준다. 이 모든 가르침을 실행했다면 암탉이 알을 품게 한다. 잡음이 들려 암탉이 놀라지 않도록 주의한다. 모든 것은 이 암탉의 색에 달려 있다. 이로써 달걀은 완전히 검게 세뇌되어 새까만 암평아리가 부화할 것이다. 이 병아리가 일반적인 크기의 검은 암탉으로 자라면 본능에 따라 숨겨진 재물과 황금을 척척 찾아내게 된다.

다만 이 마술을 실천하는 사람은 현명함과 덕에 있어, 이 신성한 신비에 참가하기에 걸맞은 인물이어야 한다는 조건이 있다. 우리들 인간은 타인의 마음을 읽을 수 없지만, 악마는 다르다. 악마는 술자의 마음속을 완벽히 읽어낸다. 그리고 숨겨진 의도를 꿰뚫어본다. 결과적으로 그에 따라 인간에게 호의를 나타내기도 하고, 반대로 인간을 거부하기도 하는 것이다.

마술의 검은 암탉이란 무엇인가?

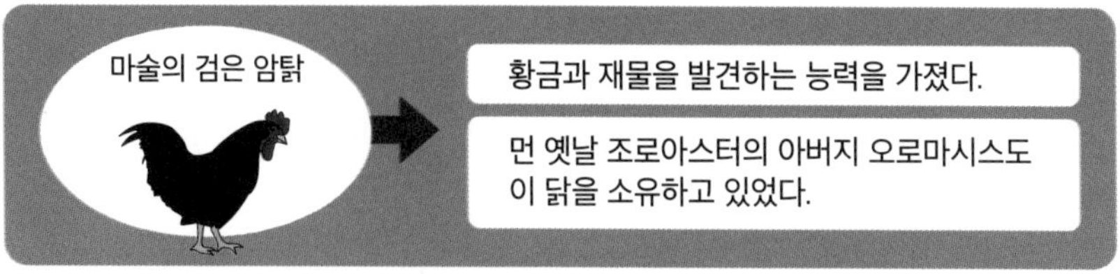

마술의 검은 암탉
황금과 재물을 발견하는 능력을 가졌다.
먼 옛날 조로아스터의 아버지 오로마시스도 이 닭을 소유하고 있었다.

검은 암탉 얻는 법

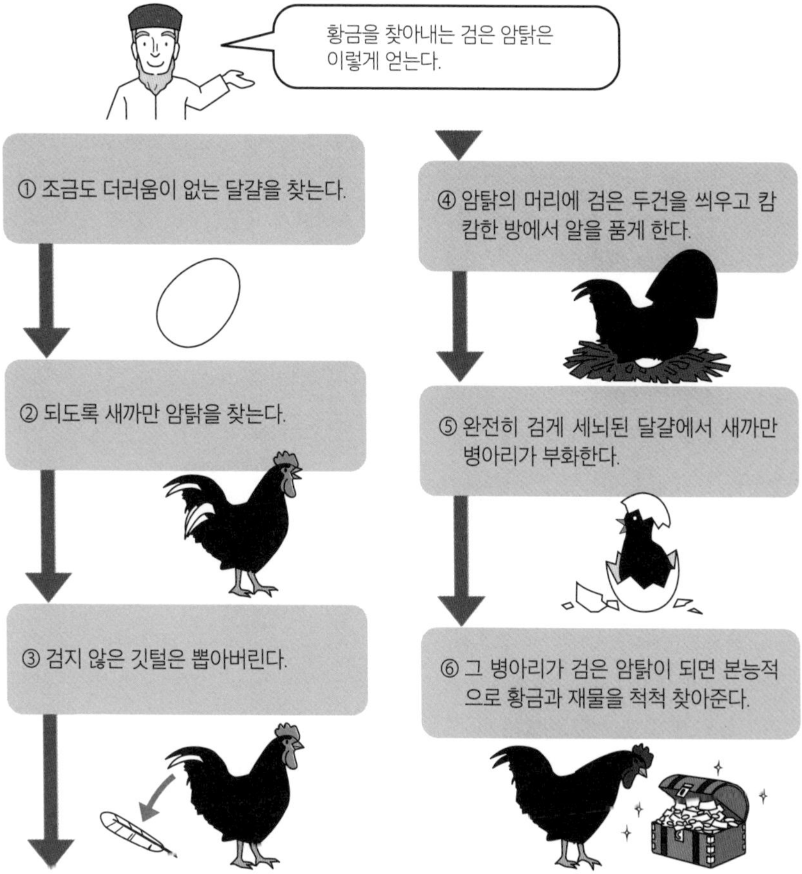

황금을 찾아내는 검은 암탉은 이렇게 얻는다.
① 조금도 더러움이 없는 달걀을 찾는다.
② 되도록 새까만 암탉을 찾는다.
③ 검지 않은 깃털은 뽑아버린다.
④ 암탉의 머리에 검은 두건을 씌우고 캄캄한 방에서 알을 품게 한다.
⑤ 완전히 검게 세뇌된 달걀에서 새까만 병아리가 부화한다.
⑥ 그 병아리가 검은 암탉이 되면 본능적으로 황금과 재물을 척척 찾아준다.

용어 해설

●오로마시스→전설 속 조로아스터의 아버지. 본래는 고대 페르시아의 불의 정령으로, 최고의 샐러맨더라고 일컬어진다. 실제 조로아스터의 아버지가 아니다.

No.069

엘로힘, 엣사임

Elohim Essaim

한밤중의 사거리에 마법원을 그린 다음, 검은 암탉을 잡아 찢고 이 주문을 외우면 악마가 나타나 큰 부자로 만들어준다고 한다.

●「검은 암탉」을 이용해 악마를 소환한다

이 주문은 일반적으로 「검은 암탉」이라 불리는 마술의 변형판에 쓰인다. 「검은 암탉」 마술에 관해서는 마도서 『검은 암탉』에 자세한 해설이 실려 있으나(144쪽 참조), 그것은 황금과 재물을 발견하는 특별한 본능을 가진 검은 암탉을 얻는 마술이다. 반면에 변형판은 검은 암탉을 이용해 악마를 소환한 뒤, 그 악마의 힘으로 황금과 재물을 손에 넣는 것으로서 특별한 판본의 『그랑 그리무아르』에 그에 대한 설명이 수록되어 있다. 다음과 같은 방법이다.

먼저 아직 수탉과 교미한 적이 없고 알도 낳아보지 않은 검은 암탉을 손에 넣는다. 다만 암탉을 잡다가 닭이 울면 안 되므로, 자고 있는 사이 목을 붙잡도록 한다. 술자는 암탉을 들고 넓은 큰길로 나가, 그 길이 다른 길과 교차하는 사거리까지 간다. 자정 무렵에 사이프러스 나뭇가지로 마법원을 그린 다음, 그 한가운데에 서서 암탉을 둘로 잡아 찢는다. 그리고 세 번 반복해서 말한다. '엘로힘, 엣사임. 나는 구하고 호소하노라.'

이어서 동쪽을 향해 무릎을 꿇고 주문을 외우며 위대한 이름으로 그것을 마친다. 이것만으로 악마가 출현할 것이다. 그 악마는 주홍색 겉옷과 노란색 조끼를 걸치고, 담녹색 승마용 반바지를 입고 있다. 머리는 개를 닮았고 귀는 당나귀 같으며 두 개의 뿔이 있다. 다리는 송아지처럼 생겼다. 악마가 술자의 소원을 물을 텐데, 무엇이든 바라는 것을 말하면 된다. 악마는 그에 따를 수밖에 없기 때문에, 술자는 그 자리에서 큰 부자가 되어 최고의 행복을 손에 넣을 것이다.

다만 이 마술이 성공하려면 조건이 필요한데, 술자의 혼이 명상적이고 헌신적이어야 하며, 동시에 의식도 맑지 않으면 안 된다. 그렇지 않을 경우에는 술자가 악마에게 명령하는 대신 오히려 악마가 술자에게 명령하게 된다.

엘로힘, 엣사임이란?

엘로힘, 엣사임 → 「검은 암탉」 마술에서 악마를 소환하여 재물을 얻는 주문.

엘로힘, 엣사임 주문 사용법

이 주문을 이용하는 「검은 암탉」 마술은 아래와 같이 행한다. 그러면 그림처럼 악마가 나타나 보물이 어디 있는지 알려줄 것이다.

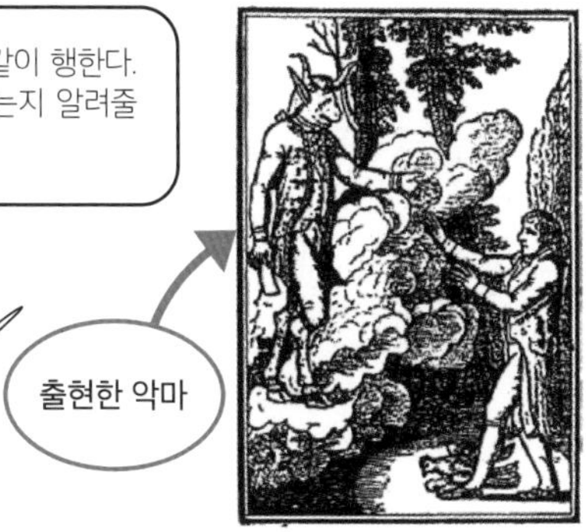
출현한 악마

① 수탉과 교미한 적이 없고 알도 낳아보지 않은 검은 암탉을 찾는다.

↓

② 암탉을 들고 큰길로 나아간다. 처음으로 다른 길과 교차하는 사거리까지 간다.

↓

③ 사거리에 마법원을 그린 다음, 암탉을 잡아 씻고 주문을 왼다. '엘로힘, 엣사임. 나는 구하고 호소하노라.' 이로써 악마가 출현할 것이다.

엘로힘, 엣사임. 나는 구하고 호소하노라.

No.070

오컬트 철학

Da occulta philosophia

『오컬트 철학』은 르네상스 시대를 대표하는 자연마술 서적으로, 일반적인 마도서와는 종류가 다르지만 마도서의 마술에도 다대한 영향을 주었다.

●자연마술과 흑마술의 경계에 있는 마술서

『오컬트 철학』은 르네상스 시대의 가장 중요한 마술사 하인리히 코르넬리우스 아그리파 폰 네테스하임(1486~1535년), 통칭 아그리파가 저술한 자연마술 서적이다. 자연마술이란 이 세상을 창조한 신의 힘이 어떠한 형태로 인간 세상에 영향을 주고 있는가를 고찰하는 일종의 학문이다. 따라서 자연마술은 결코 사악한 마술이 아니라, 중세 그리스도 교회도 인정하는 마술이었다.

그래서 『오컬트 철학』은 현재 마도서의 분류에는 포함하지 않는 것이 일반적이다. 그러나 이 책은 마도서의 마술, 즉 악마를 조종하는 흑마술과 원리적으로 구별할 수 없는 부분이 있으며 그 후의 마도서에도 커다란 영향을 주었다. 또한 저자 아그리파 자신이 이 책을 씀으로써 오해를 사, 악마와 계약한 흑마술사라고 여겨졌다. 아그리파는 검은 개를 기르며 어디든 데리고 다녔는데, 그 검은 개야말로 악마가 모습을 바꾼 사역마라고 모두가 믿었던 것이다. 그런 의미에서 『오컬트 철학』은 거의 마도서의 동료적 위치에 있는 책이라 할 수 있다.

서술되어 있는 것은 『피카트릭스』(16쪽 참조)와 비슷한 성신마술(星辰魔術)적 내용이다. 즉 천계에는 무수히 많은 천사와 악한 영혼이 존재하여, 신의 힘은 그들 영혼을 통해 물질계에 영향을 미친다는 것이다. 또한 카발라와 수비학(數祕學)도 이용하고 있다. 그리고 천사와의 대화 의식 및 카발라적 의식에 의해 신의 은총을 받을 수 있다고 한다.

아그리파에 따르면 이 책의 목적은 선한 영혼을 불러내 악한 영혼에게 승리하는 것이라고 한다. 하지만 그것은 표면적인 말이고, 책 속에서는 참된 종교와 사악한 마술을 완전히 같은 원리를 가진 것으로서 논하고 있다. 이 책이 사악한 책으로 취급받은 것은 그러한 성질 때문이라고 할 수 있겠다.

『오컬트 철학』의 특징

오컬트 철학 →
- 아그리파의 대표작.
- 자연마술 서적이지만 마도서에도 다대한 영향을 주었다.

내용은?
- **제1장** 행성의 영향력 및 물질과 천사의 관계 등 자연계의 마술적 힘에 관하여.
- **제2장** 세상의 근원인 수학의 힘(수비학)에 관하여.
- **제3장** 카발라적 힘을 도입한 의식마술에 관하여.

『오컬트 철학』의 원리

예지계(叡智界)의 신의 힘은 우주의 정기를 매체 삼아 성신계의 천사와 별들에게 전해지고, 나아가 물질계에 전해진다. 따라서 성신계의 존재와 친화적인 물질을 바르게 조작하면 상위의 힘을 끌어들일 수 있다.

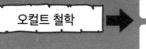

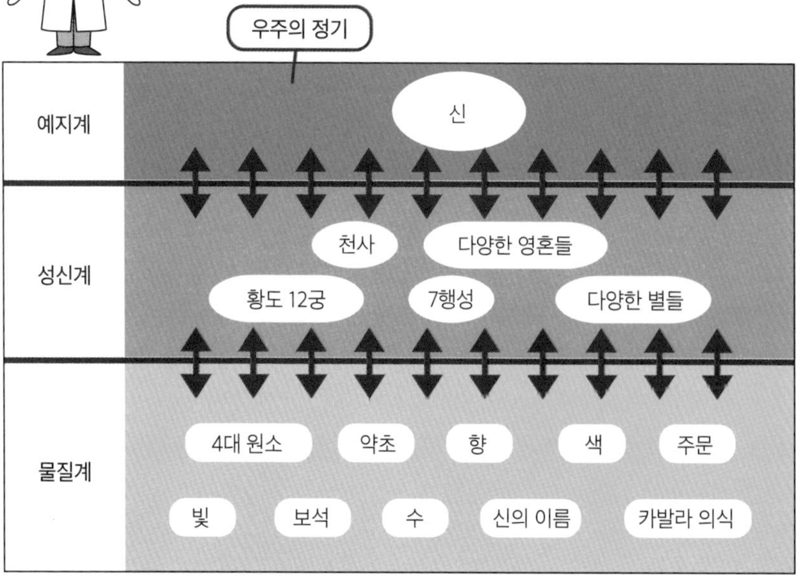

No.071

오컬트 철학 제4권

The Fourth Book of Occult Philosophy

『오컬트 철학』의 속편으로서 르네상스 시대 최대의 마술사 아그리파의 이름으로 발표된 이 마도서에는 구체적인 의식마술의 방법이 서술되어 있다.

●르네상스기 오컬트계의 거장 아그리파의 저작인가?

『오컬트 철학 제4권』(1559년)은 그 저자로서 아그리파의 이름이 붙어 있다는 점에서 특히 주목받은 마도서이다.

하인리히 코르넬리우스 아그리파(1486~1535년)라고 하면 3권으로 이루어진 『오컬트 철학』을 저술하여 그 후의 유럽 오컬트론에 다대한 영향을 준 것으로 유명한, 르네상스기를 대표하는 오컬트론자이다. 그 아그리파가 『오컬트 철학』에서는 논하지 않았던 구체적인 의식마술에 관하여 마도서로 정리한 것이니 『오컬트 철학 제4권』이 주목받지 않을 리가 없었다.

다만 이 책이 정말 아그리파의 저작인지에 관해서는 일반적으로 의심을 사고 있다. 아그리파의 제자이자 『악마의 거짓 왕국』의 저자이기도 한 요한 바이어가 이 책을 위서라고 비난했기 때문이다. 발표된 것이 1559년으로, 아그리파가 죽은 지 30년이나 지난 뒤라는 점도 의심받는 이유이다. 그러나 마술사 **웨이트**는 이 책 자체에는 아그리파의 저작임을 부정할 만한 이유가 없다고 주장했다.

『오컬트 철학 제4권』은 크기가 작고 설명도 간략하지만, 아래와 같이 의식마술의 기본에 관하여 폭넓게 다루고 있다.

그것은——7행성에 속하는 천사와 악마의 이름을 얻는 방법. 천사와 악마의 기호를 얻는 방법. 행성에 속하는 천사와 악마의 외견적 특징(154쪽 참조). 펜타클과 시질 제작법, 사용법, 효능. 도구와 장소의 성별 방법. 천사와 악마의 소환 방법. 장소 및 제반 사항 준비 방식. 제단과 라멘(마술용 펜던트) 제작법. 영혼들을 소환하는 보다 간략한 방법. 영혼들이 행하는 꿈의 계시에 관하여. 영혼들을 물러가게 하는 방법. 그 밖의 영혼에 대처하는 방법. 네크로맨시(사령술) 방법——등이다.

가짜 아그리파의 마도서

오컬트 철학 제4권

- 거장 아그리파의 이름으로 발표된, 작자 미상 의혹이 있는 마도서.
- 『오컬트 철학』 본편에서는 다루지 않았던 보다 구체적인 의식마술에 관하여 논하고 있다.

『오컬트 철학 제4권』의 내용

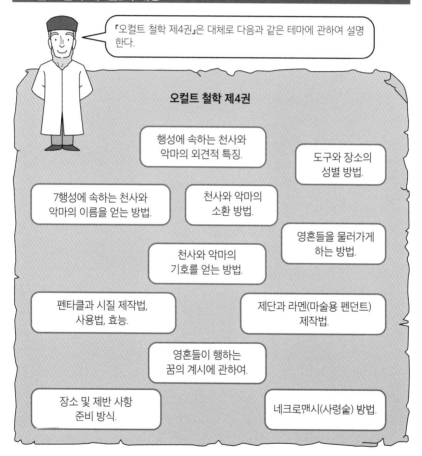

『오컬트 철학 제4권』은 대체로 다음과 같은 테마에 관하여 설명한다.

오컬트 철학 제4권

- 행성에 속하는 천사와 악마의 외견적 특징.
- 도구와 장소의 성별 방법.
- 7행성에 속하는 천사와 악마의 이름을 얻는 방법.
- 천사와 악마의 소환 방법.
- 영혼들을 물러가게 하는 방법.
- 천사와 악마의 기호를 얻는 방법.
- 펜타클과 시질 제작법, 사용법, 효능.
- 제단과 라멘(마술용 펜던트) 제작법.
- 영혼들이 행하는 꿈의 계시에 관하여.
- 장소 및 제반 사항 준비 방식.
- 네크로맨시(사령술) 방법.

용어 해설

●웨이트→아서 에드워드 웨이트(1857~1942년). 근대 서양 의식마술 비밀결사 황금여명회의 마술사로, 오컬트론을 다수 집필하였다.

No.072

행성의 영혼

The Spirits of the planets

『오컬트 철학 제4권』에 따르면 토성의 영혼은 용에 올라탄 왕의 모습, 목성의 영혼은 검을 뽑아든 왕의 모습으로 나타난다고 한다.

●솔로몬 왕의 72악마와 같은 행성의 영혼의 모습

7행성에 깃든 영혼은 어떤 모습으로 나타날까? 가짜 아그리파의 저작 『오컬트 철학 제4권』(152쪽 참조)에 다음과 같은 설명이 있다.

토성의 영혼들은 용에 올라탄 수염을 기른 왕, 종자에게 몸을 기댄 노파, 돼지, 용, 올빼미 등의 모습으로 나타난다. 그 대부분은 키가 큰 데다 탄탄하고 호리호리한 몸매를 가졌으며, 표정은 화가 난 상태에 얼굴이 4개 있다.

목성의 영혼들은 검을 뽑아들고 수사슴에 올라탄 왕, 꽃이 달린 월계관을 쓴 여성, 수사슴, 수소, 공작 등의 모습으로 나타난다. 그들은 자신감 넘치는 체격으로 키는 보통이고, 그 움직임이 무섭게 느껴진다. 하지만 표정은 부드러우며 말투도 정중하다.

화성의 영혼들은 무장한 늑대를 탄 왕, 둥근 방패를 끌어안은 여성, 숫염소, 말, 수사슴, 양모 등의 모습으로 나타난다. 그들은 키가 크고 성마르며 용모가 추레하다. 또한 사슴의 뿔, 그리핀의 발톱을 가졌다.

태양의 영혼들은 홀을 들고 사자를 탄 왕, 홀을 든 여왕, 사자, 수탉, 새, 홀 등의 모습으로 나타난다. 그들은 대부분 몸집이 큰 데다 자신감 넘치며, 금빛에 혈색이 좋고 동작은 마치 번개와 같다. 금성의 영혼들은 홀을 들고 낙타를 탄 왕, 치장한 여성, 벌거벗은 여성, 암염소, 낙타, 비둘기 등의 모습으로 나타난다. 그들은 아름다운 외모에 키는 보통이며 우호적이고 즐거운 표정을 짓는데, 보통 흰색이나 녹색을 띠지만 상반신은 금빛이다.

수성의 영혼들은 곰에 올라탄 왕, 아름다운 젊은이, 실패를 든 여성, 개, 암곰, 까치 등의 모습으로 나타난다. 대부분 보통 키에 붙임성 있게 이야기한다.

달의 영혼들은 궁수 차림으로 암사슴을 탄 왕, 소년, 활과 화살을 든 여자 사냥꾼, 암소, 암사슴, 집오리 등의 모습으로 나타난다. 그들은 대부분이 훌륭한 체격에, 얼굴은 붓고 머리는 벗겨졌으며 눈이 붉고 치아는 멧돼지 같다.

행성의 영혼의 모습

행성의 영혼 → 7행성의 영혼은 저마다 특징적인 모습을 가졌다.

『오컬트 철학 제4권』에 따르면 7행성의 영혼은 아래와 같은 모습으로 나타난다고 한다.

토성 → 용에 올라탄 수염을 기른 왕, 종자에게 몸을 기댄 노파, 돼지, 용, 올빼미 등의 모습.

목성 → 검을 뽑아들고 수사슴에 올라탄 왕, 꽃이 달린 월계관을 쓴 여성, 수사슴, 수소, 공작 등의 모습.

화성 → 무장한 늑대를 탄 왕, 둥근 방패를 끌어안은 여성, 숫염소, 말, 수사슴, 양모 등의 모습.

태양 → 홀을 들고 사자를 탄 왕, 홀을 든 여왕, 사자, 수탉, 새, 홀 등의 모습.

금성 → 홀을 들고 낙타를 탄 왕, 치장한 여성, 벌거벗은 여성, 암염소, 낙타, 비둘기 등의 모습.

수성 → 곰에 올라탄 왕, 아름다운 젊은이, 실패를 든 여성, 개, 암곰, 까치 등의 모습.

달 → 궁수 차림으로 암사슴을 탄 왕, 소년, 활과 화살을 든 여자 사냥꾼, 암소, 암사슴, 집오리 등의 모습.

No.073

헵타메론

Heptameron or Magical Elements

중세 이탈리아의 철학자 아바노의 피에트로가 저술했다는 『헵타메론』은 한 주 일곱 요일의 천사를 조종하기 위한 방법이 담긴 마도서이다.

●일곱 요일의 천사를 조종하는 마술의 입문서

『헵타메론』은 16세기 후반 『오컬트 철학 제4권』(152쪽 참조)이 인쇄되었을 때, 그 책의 부록으로 첨부되면서 일반에 알려진 작고 얇은 마도서이다. 사칭이기는 하지만, 저자로서 **아바노의 피에트로**의 이름이 붙어 있다.

이 책의 머리말을 요약하면 대략 다음과 같다. '『오컬트 철학 제4권』은 친절하고 정중하게 쓰여 있으나, 그 내용은 일반적이고 구체성이 결여되어 마술에 정통한 달인을 대상으로 한 듯 보인다. 따라서 이 『헵타메론』을 부록으로 첨부한다. 이 책은 마술의 입문서에 가까워, 기재된 지시에 따르면 초심자라도 의식을 행하여 영혼을 불러낼 수 있기 때문이다.'

즉 『헵타메론』은 『오컬트 철학 제4권』보다도 구체적이어서, 그저 쓰여 있는 내용을 따르기만 하면 영혼을 소환할 수 있는 초심자 대상의 마도서라는 말이다. 제목인 「헵타메론」은 「7일」이라는 의미인데, 그 말 그대로 한 주 일곱 요일의 천사를 조종하기 위한 마도서이다.

내용은 두 부분으로 나누어진다. 제1부에서는 천사의 조력을 얻어 악마에 속하는 공기의 영혼들을 소환하는 마술 의식에 관하여 설명한다. 의식에 필요한 마법원 작성법, 펜타클과 옷차림에 관한 사항, 의식 전의 준비, 천사의 조력을 얻기 위한 주문, 악마 소환 방법 등이 구체적으로 기술되어 있다. 제2부에서는 각 요일의 천사를 소환하는 마술을 설명한다. 각 요일에 따라 필요한 천사의 인장, 소환 주문, 향 등이 기술되어 있다. 또한 각 요일 각 시각의 천사명 일람표도 수록되었다. 다만 천사를 소환한다고 해도 그 목적은 황금과 보석을 손에 넣는 것, 타인의 원한을 없애는 것, 전쟁이나 죽음이나 질병을 초래하는 것, 전쟁에서 승리하는 것, 가난한 사람을 출세시키는 것, 여성의 사랑을 얻는 것 등으로 일반적인 마도서와 크게 다르지 않다.

『헵타메론』의 특징

헵타메론 →

- 요일의 천사를 조종하는 초심자 대상 마도서.
- 아바노의 피에트로 작으로 알려진 책.
- 16세기 후반에 출판.

『헵타메론』의 내용

『헵타메론』은 아래와 같은 2부 구성으로 되어 있다.

제1부

천사의 조력을 얻어 공기의 영혼(악마)을 소환하는 마술 의식 설명.

마법원 작성법, 펜타클 및 옷차림에 관한 사항. 준비. 주문. 소환법 등.

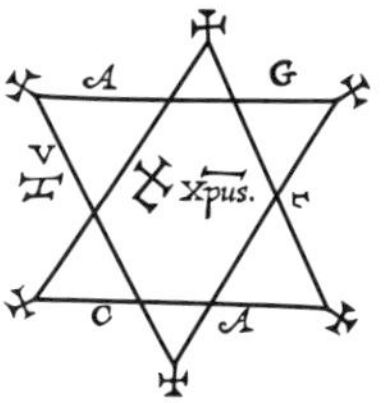

펜타클

마법원

제2부

각 요일의 천사를 소환하는 마술 설명.

천사의 인장, 소환 주문, 향에 관하여. 각 요일 각 시각의 천사명 일람표 등.

일요일의 천사 미카엘의 인장

월요일의 천사 가브리엘의 인장

용어 해설

●아바노의 피에트로→1250~1316년. 이탈리아 출신 철학자, 점성술사. 파리에서 공부하여 의사로서 성공하지만, 그를 질투한 동료에게 이단으로 고발당해 처형 예정일 전날 밤 사망한다. 고발자는 그가 사역마 7마리를 병 속에 기르고 있다는 등 주장했다.

No.074

마술의 아르바텔

The Arbatel Of the Magic

올림피아 7영혼의 이름과 기호에 관하여 자세한 설명이 실린 것으로 유명한 『마술의 아르바텔』은 유대 · 그리스도교의 전통과는 단절된 마도서였다.

●올림피아의 영혼을 조종하는 마도서

『마술의 아르바텔』은 올림피아의 영혼(160쪽 참조)에 관한 기술이 실린 것으로 유명한 마도서이다. 1575년 스위스 바젤에서 라틴어판이 출판되었으나 저자는 불명이다.

안타깝게도 이 책은 일부분밖에 남아 있지 않다. 혹은 처음부터 그 부분밖에 집필되지 않았을 가능성이 있다. 하지만 그 일부분이 전체의 예고편 같은 성격을 띠어, 매력적인 책의 전체상을 상상할 수 있다.

잔존하는 것은 제1권으로 「이사고게」 또는 「마술 교칙본」이라는 제목이 붙어 있다. 이 제1권에는 책 전체를 소개하는 머리말 외에, 1장당 7개의 격언으로 이루어진 총 7장의 격언집이 수록되었다. 그리고 이 책에 따르면 이 격언집의 내용이야말로 「가장 일반적인 마술의 교훈」이라고 한다.

머리말에 의하면 이 책은 전 9권으로서, 2권부터는 「소우주 마술」, 「올림피아 마술」, 「헤시오도스 및 호메로스 마술」, 「시빌 마술」, 「피타고라스 마술」, 「아폴로니우스 마술」, 「헤르메스 마술」, 「예언 마술」을 다룰 예정이었다고 한다. 이러한 예고 뒤에 7장의 격언집이 있어, 각각의 마술 내용에 관한 개요를 해설한다. 그중 가장 많이 언급되는 것이 올림피아 마술을 다룬 격언집 제3장으로, 여기에 올림피아의 영혼에 관한 기술이 나온다. 그것은 결코 긴 글이 아니지만, 올림피아 7영혼의 이름과 기호, 능력 등에 관한 풍부한 내용을 담고 있다.

황금여명회의 마술사 아서 에드워드 웨이트는 이 책이 대단히 초월적인 논문으로서 위험한 흑마술과는 거리가 멀다고 하였다. 또한 각 장의 제목을 통해서도 알 수 있듯이 이것은 『솔로몬 왕의 열쇠』 계열에 포함되지 않는 마도서로, 유대 · 그리스도교의 전통과도 단절된 특징이 있다고 지적하고 있다.

『마술의 아르바텔』의 특징

마술의 아르바텔 →

- 올림피아의 7영혼으로 유명한 마도서.
- 유대 · 그리스도교적이지 않은 내용.

『마술의 아르바텔』의 내용

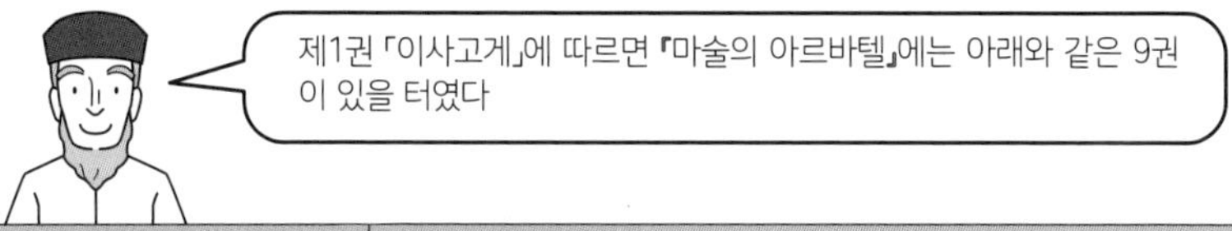
제1권 「이사고게」에 따르면 『마술의 아르바텔』에는 아래와 같은 9권이 있을 터였다

각 권 테마	내용 해설
이사고게 (마술 교본)	49개의 격언을 통해 마술 전체에 관한 가장 일반적인 교훈을 해설.
소우주 마술	영혼과 수호령으로 가득 찬 소우주(미크로코스모스)의 영지(靈智)라고도 할 수 있는 마술적 영향력에 관하여.
올림피아 마술	인간은 어떠한 방법으로 올림피아의 영혼들을 불러 그 은혜를 입어야 하는가를 설명.
헤시오도스 및 호메로스 마술	인간과 적대하지 않는, 카코다이몬이라 불리는 영혼들을 통한 의식에 관한 가르침.
로마니 혹은 시빌 마술	지구 전체를 담당하는 지도령들과 행하는 대단히 가치 있는 마술이다. 드루이드의 교의에서도 이에 관하여 논하고 있다.
피타고라스 마술	물리, 약학, 수학, 연금술 등의 기술을 지닌 영혼들하고만 달성할 수 있는 마술이다.
아폴로니우스 마술	로마니 및 소우주 마술과 유사한 마술이다. 특이한 것은 대상이 되는 영혼들이 인간에게 적대하고 있다는 점이다.
헤르메스 마술	이집트 마술로, 신성 마술과 별반 다르지 않다.
예언 마술	오직 주의 말씀에만 의지하는 지혜가 곧 예언 마술이다.

No.075

올림피아의 영혼

Seven Olympic Spirits

올림피아의 7영혼은 창공의 별들에 살며 군주로서 많은 부하와 군단을 거느리고 7개 행성과 전 우주를 저마다 분담해서 통치한다고 한다.

●지배 행성의 힘을 행사하는 창공의 7영혼

올림피아의 영혼은 7개 행성을 지배하는 일곱 영혼 또는 천사이다. 마도서 『마술의 아르바텔』(158쪽 참조)이 그들에 관하여 자세히 언급하고 있다.

그에 따르면 올림피아의 영혼은 창공의 별들에 살며 군주로서 많은 부하와 군단을 거느리고 신의 허가를 받아 우주 전체를 지배한다고 한다. 그들의 역할은 운명을 포고하는 것으로, 신의 허가를 얻어 결정적인 마력을 구사한다. 그들의 지배력은 행성을 통해 전 우주에 미친다. 그 결과 전 우주는 7개의 통치 영역으로 나누어지고, 그것은 다시 196개의 올림피아 관구로 나뉜다. 7영혼의 이름은 올림피아어로 아라트론, 베토르, 팔레그, 오크, 하기트, 오피엘, 풀이다.

그들의 지배력과 영향력은 다음과 같다.

아라트론은 토성과 49관구, 베토르는 목성과 42관구, 팔레그는 화성과 35관구, 오크는 태양과 28관구, 하기트는 금성과 21관구, 오피엘은 수성과 14관구, 풀은 달과 7관구를 각각 지배한다. 그들이 구사하는 마력은 그들이 지배하는 행성의 힘으로서, 이는 점성술에서 보는 각 행성의 힘과 같다.

신심이 있으면 올림피아의 영혼을 소환하기란 간단하다. 그들은 자신이 지배하는 행성의 날과 시각에 출현한다. 아라트론의 경우 토요일 제1시각이다. 그때 신이 그들에게 부여한 이름과 직위와 기호를 제시하고 주문을 외면 그들을 불러낼 수 있다. 또한 전체의 지배권, 즉 최고군주의 권한은 올림피아 7영혼 사이에서 490년 주기로 교대된다. 최근으로 따지면 그리스도 탄생 전 60년부터 서기 430년까지는 베토르가 통치하였다. 그 후 920년까지는 팔레그, 1410년까지는 오크의 통치기이다. 이렇게 앞서 이름을 언급한 순서대로 지배권이 교대되는 것이다.

창공에 사는 7영혼

올림피아의 영혼 → 군주로서 창공에 사는 일곱 영혼. / 분담해서 전 우주를 지배하고 있다.

올림피아 7영혼의 지배 영역은 아래와 같이 분담되어 있다. 원 안은 영혼의 기호이다.

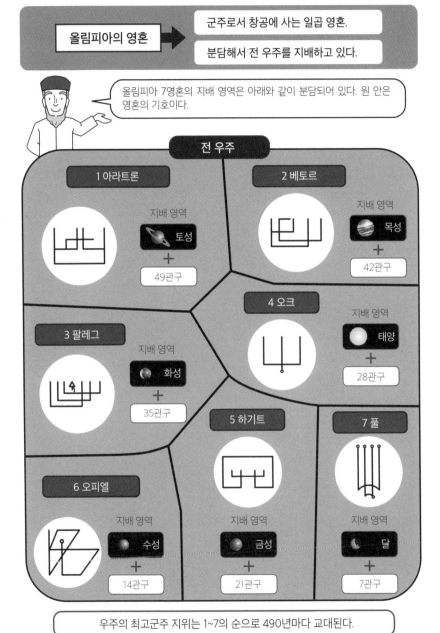

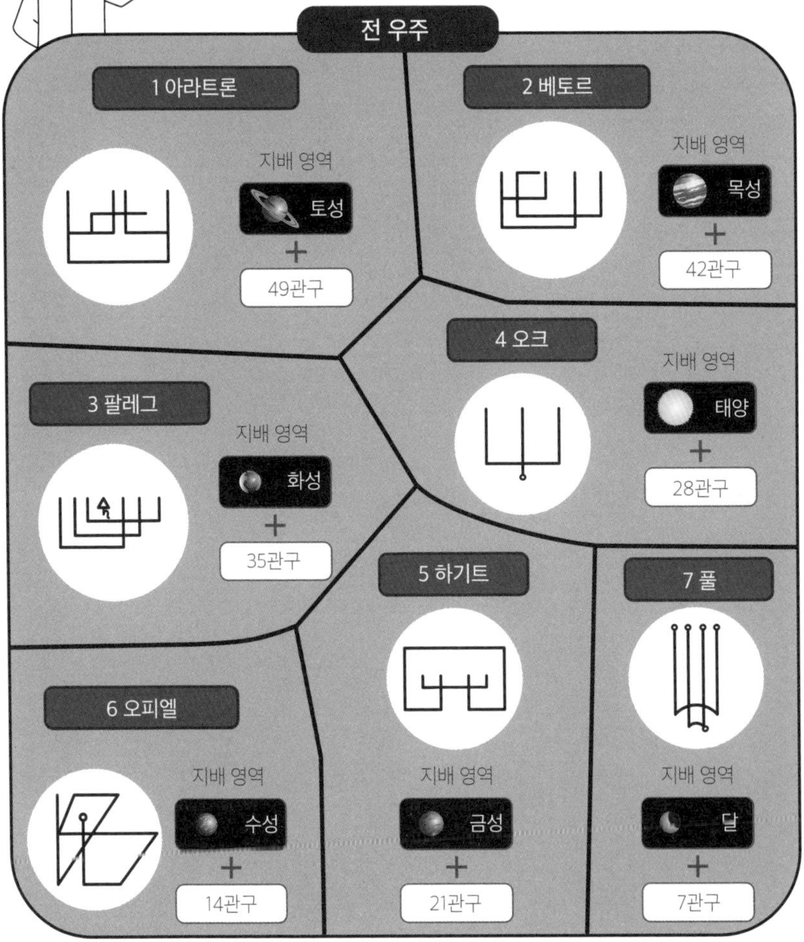

우주의 최고군주 지위는 1~7의 순으로 490년마다 교대된다.

No.076

지옥의 위압

The Threefold Coercion of Hell(The Black Raven)

전설의 파우스트 박사가 썼다는 이 마도서에는 지옥의 7대 공작을 조종하기 위한 주문과 인장 등이 게재되어 있어 독일에서 인기가 높았다.

●금은보화를 마음껏 손에 넣는다

『지옥의 위압』은 악마 메피스토펠레스와 계약한 것으로 유명한 전설의 파우스트 박사(46쪽 참조)가 썼다는 마도서 가운데 하나이다. 17~18세기 독일에서 인쇄되어 높은 인기를 얻는다. 처음 집필된 것이 언제인지는 불명이지만, 파우스트 전설의 모델이 된 실재 요한 게오르크 파우스트 박사가 썼다는 설도 있다. 사실이라면 1500년경에 쓰였다는 말이 된다. 이 책은 별명을 『검은 큰까마귀』라고 하는데, 그 무렵 독일에서 인쇄된 마도서에는 종종 까마귀 그림이 들어 있어 그런 마도서를 「검은 큰까마귀」라고 총칭하였다.

『지옥의 위압』이라는 제목의 「위압」은 예로부터 악마 소환과 연관되던 단어로, 악마를 위압한다는 것을 의미한다.

그 제목대로 마도서 『지옥의 위압』의 테마는 지옥의 악마를 소환하여 자신의 소망을 실현하는 것이다. 마도서에는 그에 필요한 마법원 작성법부터 각 악마용 인장, 주문 등이 다수 게재되어 있다. 또한 지옥 제국의 간단한 계급 일람표 등도 나온다. 사역하는 악마는 지옥의 7대 공작으로 이 마도서에 따르면 아지엘, 아리엘, 마르부엘, 메피스토펠레스, 바르부엘, 아지아벨, 아니펠이다.

머리말에는 다음과 같이 쓰여 있다.

'이것은 요한 파우스트 박사의 기적의 마도서이다. 나, 요한 파우스트 박사는 이 마도서를 통해 지옥의 온갖 영혼을 위압하여 나의 소망을 이루었다. 금은보화를 손에 넣거나 지하수맥을 발견하는 등 이 지상에서 불가능한 일은 아무것도 없다. 이 마도서가 있으면 그 모든 일이 가능해진다. 물론 자신의 소망을 이룬 뒤 영혼들을 안전하게 물러가게 하는 것도 가능하다.'

전설의 파우스트 박사가 썼다는 마도서

지옥의 위압 →

- 전설 속 파우스트 박사의 저작인가?!
- 실은 17~18세기 독일의 마도서.
- 지옥의 7대 공작을 사역한다.

7대 공작의 특징과 기호

『지옥의 위압』에 수록된 지옥의 7대 공작의 특징과 인장은 아래와 같다.

아지엘
숨겨진 모든 땅의 보물을 지배한다.

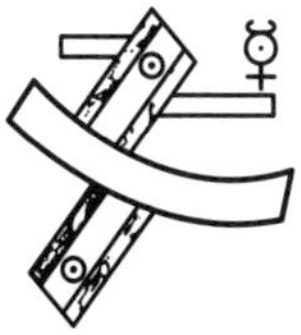

아리엘
지상과 지하의 모든 것을 지배한다.

마르부엘
무언가 도움이 필요할 때 언제든 나타난다.

메피스토펠레스
기예의 지배자로, 무엇이든 간단히 익힐 수 있다.

바르부엘
바다와 물, 그곳에 사는 모든 것을 지배한다.

아지아벨
법률 문제를 지배하고 재산, 명예, 지위를 보호한다.

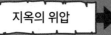

아니펠
불명.

No.077

그리모리움 베룸

Grimorium Verum(or True Grimoire)

지옥의 악마를 조종하기 위한 『그리모리움 베룸』은 황금여명회의 학자 A. E. 웨이트에 의해 순수한 흑마술 마도서로 분류되었다.

●의심할 여지 없는 흑마술 서적

『그리모리움 베룸』은 악마를 조종하기 위한 책으로, 황금여명회에 소속해 있던 오컬트 학자 아서 에드워드 웨이트는 이 책을 틀림없는 흑마술 마도서라고 하였다. 표제지에 기재된 바에 따르면 1517년 멤피스에서 이집트인 알리베크가 저술하였으며, 솔로몬 왕에 그 유래를 두고 있다고 한다. 하지만 실제로는 18세기 로마에서 처음 출판된 것으로 보인다.

이 책은 3부 구성으로 되어 있는데, 제1부에서는 이 책으로 소환하는 악마들의 이름과 계급 구성을 소개한다. 그에 따르면 유럽과 아시아를 영지로 갖는 루시퍼, 아프리카를 영지로 갖는 베엘제붑, 아메리카를 영지로 갖는 아스타로트가 악마계를 지배하는 3대 악마이다. 이 3대 악마 밑에 공작 지위에 있는 18명의 악마가 있고, 그 아래 다시 많은 악마가 종속된다. 3대 악마용 마법원과 인장도 게재되어 있다.

제2부의 내용은 공작 지위에 있는 18악마의 특별한 능력에 관한 소개이다. 클라우네크는 부를 지배하여 보물을 찾아내주고, 프리모스트는 여성을 지배하여 여성을 획득하는 데 도움을 주고, 메르실데는 누구나 어디로든 순식간에 이동시켜주며, 프루키시에레는 죽은 자를 되살려준다는 식이다. 18악마의 능력만 소개되어 있는 것은 이보다 하위의 많은 악마들은 무력하기 때문이라고 한다.

제3부에는 구체적인 의식 절차 및 3대 악마의 소환 주문, 하위 악마의 소환 주문, 특정한 목적을 위한 주문 등이 기재되어 있다. 그 밖에 의식용 나이프 제작법, 양피지 제작법, 소금 축복법 등 마술 도구에 관한 설명도 많으나, 『솔로몬 왕의 열쇠』와 『솔로몬 왕의 작은 열쇠』의 내용을 간단히 요약해놓은 듯한 구성이 있다.

악마를 조종하는 흑마술 서적

그리모리움 베룸 →
- 지옥의 악마를 조종하는 흑마술 마도서.
- 전설에 따르면 솔로몬 왕에서 유래?!
- 실은 18세기 로마의 책.

지옥의 악마가 지닌 능력

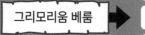

『그리모리움 베룸』에서는 아래에 기재한 공작 지위에 있는 18악마를 주로 이용한다.

18공작	능력
클라우네크	부의 지배자로, 보물을 찾아내준다. 그리고 사람을 부자로 만들어준다. 루시퍼에게 사랑받는 악마.
무시신	위대한 군주들을 지배하고 있어 각국에 무슨 일이 벌어지는가, 동맹 관계가 어떻게 되는가 등을 알려준다.
베카우드	불명.
프리모스트	여성과 소녀들을 지배하여, 그들의 조력을 얻을 수 있도록 해준다.
클레포트	온갖 종류의 꿈과 환상을 보여준다.
킬	지진을 일으키는 힘이 있다.
메르실데	누구나 어디로든 순식간에 이동시키는 힘이 있다.
클리스테르트	원하는 시간을 낮이나 밤 어느 쪽으로든 바꿔준다.
시르카데	온갖 종류의 자연계 동물 및 환상의 동물을 보여준다.
힉팍트	멀리 떠난 사람을 순식간에 데려와준다.
후모츠	원하는 책을 무엇이든 가져다준다.
세갈	온갖 종류의 천재를 출현시켜준다.
프루키시에레	죽은 자를 되살려준다.
굴란드	모든 질병을 발생시킨다.
수르가트	어떤 종류의 열쇠도 열어준다.
모라일	무엇이든 눈에 보이지 않게 만들 수 있다.
프루티미에레	온갖 종류의 호화로운 식사를 준비해준다.
후익티가라스	불면증일 때도 푹 잠들게 해준다.

No.078

술사 아브라멜린의 성스러운 마술서

The book of the sacred magic of ABRAMELIN the mage

술사 아브라멜린은 성 수호천사에게 의지함으로써, 마법원이나 악마의 인장을 사용하지 않고 사각형에 배열된 라틴 문자만으로 악마를 조종 가능하게 하였다.

●무엇보다도 성 수호천사와의 대화를 중요시한다

『술사 아브라멜린의 성스러운 마술서』는 17세기 독일에서 제작되었으리라 짐작되는 마도서이다. 당초에는 필사본으로 유통되다가 1725년 쾰른에서 인쇄 및 출판되었다. 이 책은 현재도 매우 유명한데, 그것은 황금여명회의 마술사 맥그리거 매더스의 공적에 기인한 바가 크다. 그는 파리 아르스날 도서관에 소장된 마도서 컬렉션을 연구하던 중 이 책의 18세기 초 프랑스어 사본을 발견하고, 이를 영역한 번역본을 1897년 출판하였다.

이 책에 수록된 마술의 특징은 악마를 조종하기 위해 무엇보다도 먼저 수호천사에게 의지하려 한다는 점이다. 왜냐하면 세상만사는 천사의 지시 아래 움직이는 악마에 의해 이루어져 있어, 성 수호천사와 대화할 때 비로소 악마를 사역할 수 있는 성성(聖性)이 눈을 뜬다고 보기 때문이다.

이 책은 전체가 3부 구성으로 되어 있으며, 제1권에서 이 책의 유래 및 마술의 기본이 되는 철학을 논한다. 그에 따르면 14, 15세기의 유대인 아브라함이 각국을 여행하다 이집트에서 아브라멜린이라는 마술사를 만나 이 마술을 전수받았다고 한다. 그리고 본래 히브리어로 쓴 것을 1458년에 아들 라메크를 위해 프랑스어로 번역했다는 것이다.

제2권은 가장 중요한데, 수호천사의 가호를 얻어 악마를 사역할 수 있게 되기 위한 반년간의 준비 작업(자기 성별, 마법 도구 제작 등) 및 7일간의 천사와 악마 소환 의식에 관하여 해설하고 있다.

제3권에는 악마를 소환하여 소원을 이룰 때 필요한 각종 부적이 게재되어 있다. 매우 독특한 내용으로서, 다른 마도서에 나타나는 마법원이나 인장은 등장하지 않고, 그 전부가 사각형 테두리 안에 배열된 라틴어 문자열로 이루어져 있다는 특징이 있다.

매더스가 발견한 마도서

아브라멜린의 성스러운 마술서 → 17세기 독일에서 성립. / 맥그리거 매더스가 발견하였다.

『아브라멜린의 성스러운 마술서』의 특징

대화를 통해 천사의 가호를 얻는 것이 중요!

그로부터 상급군주 악마 1명을 소환하여, 그 휘하 악마의 충성을 서약 받는다.

악마계의 상급군주

최고군주 4악마 = 루시퍼 / 레비아탄 / 사탄 / 벨리알

차석군주 8악마 = 아스타로트 / 마고트 / 아스모데우스 / 베엘제붑 / 오리엔스 / 파이몬 / 아리톤 / 아마이몬

★이 밑에 사역 가능한 316명의 속관(사역마)이 존재한다.

마법원이나 인장은 사용하지 않는다!

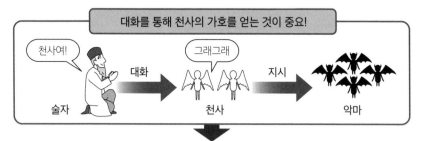

이 책에서는 아래와 같이 사각형에 배열된 문자열 부적을 사용한다. 그 부적을 손에 들고 의식을 행하면 악마를 특정한 모습으로 출현시킬 수 있다.

① 뱀의 모습으로 출현

U	R	I	E	L
R	A	M	I	E
I	M	I	M	I
E	I	M	A	R
L	E	I	R	U

② 짐승의 모습으로 출현

L	U	C	I	F	E	R
U	N	A	N	I	M	E
C	A	T	O	N	I	F
I	N	O	N	O	N	I
F	I	N	O	T	A	C
E	M	I	N	A	N	U
R	E	F	I	C	U	L

③ 인간의 모습으로 출현

L	E	V	I	A	T	A	N
E	R	M	O	G	A	S	A
V	M	I	R	T	E	A	T
I	O	R	A	N	T	G	A
A	G	T	N	A	R	O	I
T	A	E	T	R	I	M	V
A	S	A	G	O	M	R	E
N	A	T	A	I	V	E	L

④ 새의 모습으로 출현

S	A	T	A	N
A	D	A	M	A
T	A	B	A	T
A	M	A	D	A
N	A	T	A	S

No. 079

아르마델의 마도서

The Grimoire of ARMADEL

천사와 악마의 힘으로 유익한 탈리스만(부적)을 만들어 천사학 및 악마학 지식, 고대의 예지, 성서의 비밀 등을 획득하고자 하는 백마술 서적.

●목적한 탈리스만을 만들기 위한 백마술서

『아르마델의 마도서』는 종종 백마술에 속한다고 일컬어지는 마도서이다. 이 책이 많이 유통된 것은 17세기 프랑스로서, 프랑스어와 라틴어로 쓰인 사본이었다. 그 시대 프랑스에서는 악마빙의 사건이 다발하여 민중들 사이에서 이러한 유의 마도서가 높은 인기를 끌었다. 아르마델이라는 인물에 관해서는 전혀 알 수 없지만, 다수의 서적이 그 이름과 연관지어져 있어 마술 세계에서 권위 있는 인물이었으리라 여겨진다.

『아르마델의 마도서』는 목적에 따른 탈리스만(부적)을 만들기 위한 책으로, 탈리스만에 그려넣는 다수의 전용 시질(인장)을 담고 있다. 그 탈리스만에 힘을 부여하기 위해 전용 시질에 대응하는 능력을 지닌 천사나 악마를 소환하게 된다.

다만 이 책은 다른 마도서처럼 보물을 발견하거나 명예를 얻는 등 저속한 목적을 가지고 있지 않다. 천사를 소환하는 경우는 물론 설사 악마의 이름을 가진 영혼을 소환하는 경우라도 그 목적은 매우 고상하다. 가령 아스모데우스와 레비아탄을 소환하는 것은 악마의 악덕이 얼마나 무서운지 깨닫기 위함이다. 악마 브루포르의 경우는 소환함으로써 악마의 본성과 질이 어떠한지, 악마를 구속하려면 어떻게 해야 하는지 등을 알게 된다. 악마 라우네는 천계에서 추방당한 악마가 어떻게 변하는가, 어디에 살게 되는가, 그들이 추방당한 것은 아담이 창조되고 얼마나 지난 후인가, 자유로운 의사는 존재하는가 등을 가르쳐준다. 또한 루시퍼, 베엘제붑, 아스타로트는 천계에 있어 그들의 반역이 어떠한 것이었는지 가르쳐준다. 즉 영혼을 소환하여 얻을 수 있는 것은 악마와 천사에 관련된 고급 지식이다. 백마술 서적으로 취급되는 것은 이 때문일 것이다.

『아르마델의 마도서』와 탈리스만

아르마델의 마도서

- 유익한 영혼의 힘으로 탈리스만을 만들어 특별한 고급 지식을 얻기 위한 백마술서.
- 악마빙의 사건이 다발하던 17세기 프랑스에서 성립.

탈리스만 제작법과 목적별 시질

목적에 대응하는 천사 · 악마의 시질을 찾는다.

↓

양피지에 시질을 그려 탈리스만의 형태를 만든다.

↓

천사 · 악마를 소환하여 탈리스만에 힘을 부여받는다.

목적한 탈리스만을 만드는 절차는 이와 같다. 이를 위해 필요한 시질이 마도서에 잔뜩 실려 있다.

시질의 예

천사 자드키엘의 시질

적극적이며 수동적인 모든 과학을 가르쳐준다.

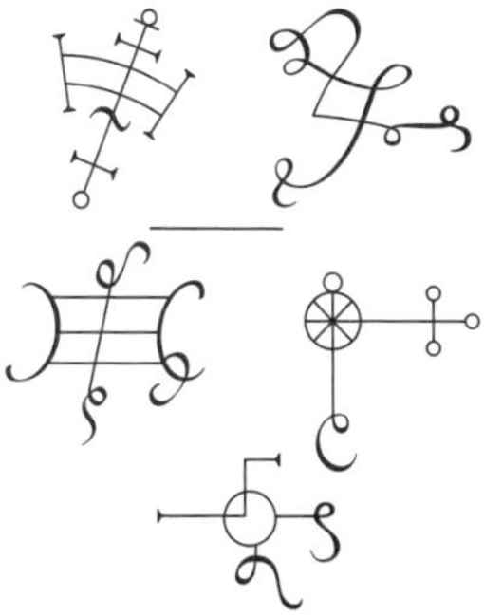

악마 브루포르의 시질

악마의 본성, 구속 방법을 알게 된다.

No.080

검은 책

Svarteboken Black Book

보물찾기를 중요한 테마로 하는 「검은 책」은 덴마크와 스웨덴에 유통되던 마도서의 총칭으로, 교사 · 성직자 · 병사들이 주로 읽었다.

●비텐베르크에서 온 마도서

북유럽에는 독일어 마도서가 그대로 유통되는 일도 있었으나, 18~19세기 덴마크와 스웨덴에서는 독자적인 내용의 마도서가 유통되었다. 그들 마도서는 일반적으로 「검은 책」이라 불렸으며, 저자는 성 키프리아누스인 경우가 많았다.

「검은 책」의 내용은 다양하여 개중에는 부적이나 약초에 관하여 서술된, 마도서라 할 수 없는 책도 있었다. 다만 보물찾기가 중요한 요소였던 것은 다른 나라와 마찬가지였고, 악마와의 계약을 다루는 책도 존재했다. 가령 19세기 초의 마도서에는 악마를 소환하려면 매일 아침 다음과 같이 말해야 한다고 쓰여 있었다.

'나는 창조주 및 성령과 절연합니다. 그리고 지옥의 왕 루시퍼를 따릅니다. 루시퍼는 나의 소망을 이루고, 나는 그 보답으로 나의 피를 바칩니다. 나는 나의 피로써 서명하여 계약의 증표로 삼을 것입니다.'

18, 19세기 북유럽에는 염가판 마도서가 없었기 때문에 마도서의 이용자는 교사 · 성직자 · 병사 등이었다. 그중에서도 병사들은 자주 악마와 계약하였는데, 그 목적은 부를 얻는 것과 총에 맞아 죽지 않는 것이었다.

「검은 책」에는 아브라카다브라와 용도가 같은 "KALEMARIS"라는 부적도 종종 게재되었다.

마도서에는 곧잘 있는 일이지만, 스칸디나비아 반도의 마도서도 마술에 연고가 있는 곳에서 발행된 것으로 꾸며졌다. 다만 그 장소는 로마나 톨레도 등 흔히 쓰이는 마술의 중심지가 아니었다. 스칸디나비아 반도의 「검은 책」의 경우, 발행 장소로는 독일의 비텐베르크가 많이 사용되었다. 비텐베르크는 물론 파우스트 박사가 악마와 계약을 맺은 것으로 유명한 숲이 있는 마을이다.

북유럽의 「검은 책」

 검은 책 ➡ 북유럽에서 쓰이던 마도서의 일반적인 호칭.

종종 성 키프리아누스의 저작으로 꾸며졌다.

내용은? 다른 마도서와 마찬가지로 보물찾기가 중요한 요소.

악마와의 계약을 포함하는 것도 있었다.

참고로 북유럽에서는 교사 · 성직자 · 병사 등이 마도서를 이용했는데, 악마와 자주 계약한 것은 병사였다.

부자가 되고,
총에 안 맞기 위해서지!

「칼레마리스」와 「아브라카다브라」 부적

KALEMARIS
KALEMARI
KALEMAR
KALEMA
KALEM
KALE
KAL
KA
K

ABRACADABRA
ABRACADABR
ABRACADAB
ABRACADA
ABRACAD
ABRACA
ABRAC
ABRA
ABR
AB
A

칼레마리스 부적 　아브라카다브라 부적

　북유럽의 마도서 「검은 책」에는 중세 유럽에 존재하던 「아브라카다브라」와 비슷한 「칼레마리스」 부적이 실려 있었다. 이것들은 질병과 불행, 악령을 쫓기 위한 부적으로서 둘 다 같은 방식으로 사용한다. 먼저 각각의 단어를 위에서부터 한 글자씩 줄여가면서 종이에 역삼각형으로 적는다. 그것을 천으로 싸서 9일간 목에 감아두었다가, 동쪽으로 흐르는 강을 등지고 어깨 너머로 던진다. 이렇게 함으로써 질병 등을 쫓을 수 있다고 한다.

르네상스의 마술 사상

유럽에서는 14~16세기 르네상스 시대 무렵부터 실로 많은 마도서가 만들어져, 여러 사람들이 이용하게 된다.

하늘에는 정령들이 살고 우주는 생명 있는 유기적 통일체이며 모든 곳에 오컬트적 영향 관계가 미친다는 마술적 사상을 이 시대 유럽인 대다수가 믿었기 때문이다.

여기에서 이 시대 유럽에서 유행한 이 영적이고 마술적인 사상에 관하여 간단히 해설하도록 하겠다.

그것은 신플라톤주의라 일컬어지는 마술 사상으로, 고대 지중해 주변에서 유행한 헤르메스주의와 영지주의의 영향을 받은 것이었다.

그 사상에 따르면 세상의 처음, 원초적 우주에는 단 하나의 존재인 신만이 있었다. 이 신에게서 눈부시게 빛나는 영혼이 유출되었고, 그 영혼에 의해 인간이 사는 우주(태양계)가 만들어졌다. 따라서 이 우주에 존재하는 모든 것은 단 하나의 신에게서 유출된 영혼으로 이루어져 있는 것이다.

이렇게 만들어진 우주는 바로 천동설적 우주로서, 한가운데에 공기층으로 둘러싸인 지구가 있고 그 둘레에 태양, 달, 화성, 수성, 목성, 금성, 토성이라는 7개 행성을 위한 7개의 하늘이 있다. 그 바깥쪽이 결코 움직이지 않는 무수한 항성을 위한 여덟 번째 하늘이다. 이것이 인간이 사는 우주의 기본이며, 여덟 번째 하늘 바깥은 신이 존재하는 세계가 된다.

여기에서 중요한 것은 이 우주 전체가 신에게서 나온 영혼에 의해 만들어진 1개의 유기체처럼 여겨졌다는 점이다. 즉 우주 전체가 한 마리의 동물 같다는 말이다. 그리고 한 마리의 동물인 이상 아무리 멀리 떨어진 부분이라도 필연적인 연결점이 존재한다. 결과적으로 대우주(마크로코스모스)인 천체와 소우주(미크로코스모스)인 지구 및 인간 사이에는 완전한 대응 관계가 성립한다고 보았다. 그래서 이 우주에서는 천체(영혼)의 힘이 지구 및 인간에게 커다란 영향을 주는 것이다.

이러한 종류의 사상은 지중해 세계에서 일단 아라비아 세계로 흘러들어갔고, 그곳에서 『피카트릭스』와 같은 마술서의 형태로 다시 유럽에 들어온다. 그리고 르네상스 시대에는 여러 지식인이 신봉하는 사상이 되었다. 그렇기에 이 시대에는 온갖 마술적 활동이 진실처럼 여겨져 마도서가 잇따라 만들어진 것이다.

제4장
현대의 마도서

No.081

신시대의 마도서

Modern Grimoires

근대 들어 마술의 세계에 새로운 흐름이 나타나 마도서의 내용이 통속적인 것에서 고급적인 것으로 변화하게 된다.

●마도서의 변용과 픽션 마도서

마도서는 르네상스 시대 무렵부터 근대 초기에 걸쳐 유럽에서 크게 유행하여 17, 18세기쯤 되면 매우 대중적인 성격을 띠었다.

그러나 이러한 흐름 속에서 마술의 세계에 새로운 움직임이 일어나기 시작하고 있었다. 그것은 르네상스 시대에 지식인 사이에서 유행하던 고등적 마술을 부활시키려는 움직임이었다. 이러한 움직임은 합리주의와 물질주의에 대항하여 과거의 신비주의를 부활시키려는 것으로서, 장미십자회와 프리메이슨에서도 나타났다. 하지만 고등마술이 부활하는 데 가장 큰 영향력을 발휘한 것은 1810년 파리에서 태어난 엘리파스 레비였다. 그리고 이 레비의 사상을 계승하는 형태로 19세기 후반에는 황금여명회가 창설되어 맥그리거 매더스나 알레이스터 크롤리 같은 마술사도 활약하게 된다.

그 결과 마도서도 변용한다. 악마를 불러내 보물을 찾기 위한 통속적인 의식이 유일한 신과 일체화하기 위한 매우 고상한 의식으로 고쳐진 것이다. 그리고 이에 따라 마도서와 마술도 새로운 생명을 얻은 듯 현대까지 계속 살아남게 되었다.

현대의 마술 운동도 그 영향하에 있어, 사탄교회를 일으킨 앤턴 샌더 라베이, 마녀종을 일으킨 제럴드 가드너 등도 알레이스터 크롤리의 영향을 받았다.

나아가 20세기에는 이제까지 없던 새로운 타입의 마도서도 만들어진다. 환상문학의 세계가 마술적 전통을 수용하여 가공의 마도서가 나타난 것이다. 물론 가장 유명한 것은 러브크래프트가 창조한 크툴루 신화에 등장하는 『네크로노미콘』으로서, 현실의 마도서 이상으로 사람들의 인기를 얻었다.

마도서와 마술의 변화

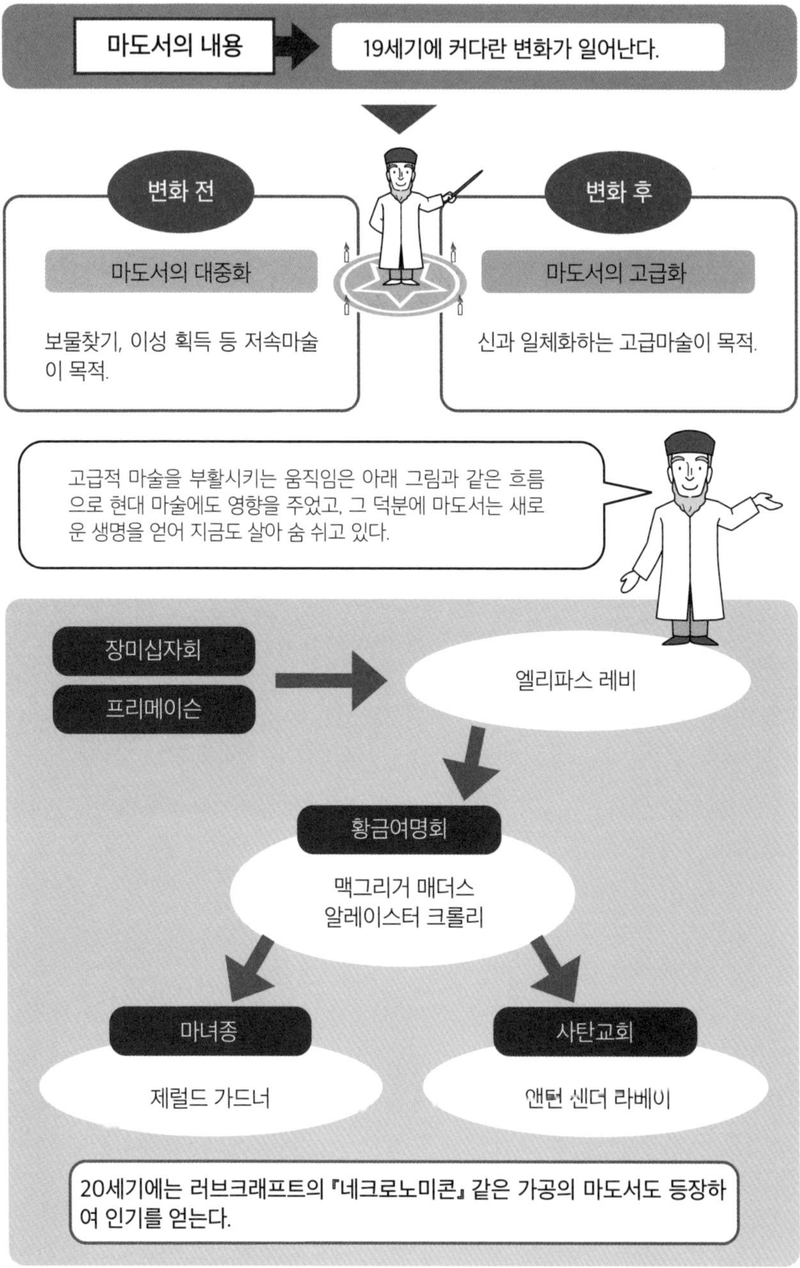
마도서의 내용
19세기에 커다란 변화가 일어난다.
변화 전
마도서의 대중화
보물찾기, 이성 획득 등 저속마술이 목적.
변화 후
마도서의 고급화
신과 일체화하는 고급마술이 목적.
고급적 마술을 부활시키는 움직임은 아래 그림과 같은 흐름으로 현대 마술에도 영향을 주었고, 그 덕분에 마도서는 새로운 생명을 얻어 지금도 살아 숨 쉬고 있다.
장미십자회
프리메이슨
엘리파스 레비
황금여명회
맥그리거 매더스
알레이스터 크롤리
마녀종
제럴드 가드너
사탄교회
앤턴 샌더 라베이
20세기에는 러브크래프트의 『네크로노미콘』 같은 가공의 마도서도 등장하여 인기를 얻는다.

No.082

엘리파스 레비

Eliphas Levi

고등마술을 신봉하던 엘리파스 레비는 필생의 역작 『고등마술의 교리와 제례』를 통해 근대의 마술사들에게 열광적인 지지를 받았다.

●고등마술 부활 과정에서 찬연히 빛나다

엘리파스 레비(1810~1875년)는 근대의 고등마술 부활 과정에서 가장 영향력 있던 인물이다.

엘리파스 레비, 본명 알퐁스 루이 콩스탕은 1810년 파리에서 가난한 구두공의 아들로 태어났다. 어린 시절부터 가톨릭 사제가 되기 위한 교육을 받아 부제(副祭, 사제 다음가는 성직자-역주)에까지 임명되었으나, 사제가 되는 서품식 직전 신학교에서 도망친다. 그 후에는 생계를 위해 교사와 좌익적 정치 기자 등으로 일하며 마술을 배웠다. 그는 스베덴보리, 야코프 뵈메, 생마르탱의 저서를 읽고 카발라를 연구하며 파라켈수스 등에 경의를 품었다. 그리고 1856년 필생의 역작 『고등마술의 교리와 제례』를 발표하여 차세대 마술사들을 열광시킨다.

레비는 카발라 사상과 타로를 마술의 기초로 인식하고, 거기에 당시 최신 개념이던 "메스머리즘"과 "동물자기(動物磁氣)"를 추가하였다. 동물자기를 「별의 빛」 즉 당시의 물리학에서 모든 대상에 침투한다고 생각한 「에테르」와 동일하다고 보고, 메스머 이론과 아스트랄(성기체(星氣體)) 개념을 연관 짓는다. 또한 동물자기는 정신적으로 컨트롤할 수 있다는 메스머의 생각을 근거로 마술사의 의지에는 무한한 힘이 있다고 확신했다. 그리고 마크로코스모스(우주)와 미크로코스모스(인간)를 연결하여, 르네상스 마술의 주장과 비슷한 옛 헤르메스학적 전통을 부활시킨 것이다.

이처럼 정통 고등마술을 신봉하던 레비는 악마를 불러내 죽은 자의 혼을 되살리는 흑마술은 혐오하였다. 악명 높은 『프티 알베르』, 『그랑 그리무아르』, 『호노리우스 교황의 마도서』 등은 그에게 있어 범죄적인 마도서였다. 다만 그런 레비도 『솔로몬 왕의 열쇠』는 몇 안 되는 진짜 마도서 중 하나라고 인정했다.

엘리파스 레비의 사상

엘리파스 레비

- 『고등마술의 교리와 제례』의 저자.
- 근대 고등마술 부활의 주역.

그 경력은?

본명 알퐁스 루이 콩스탕(1810~1875년)

· 파리에서 가난한 구두공의 아들로 태어난다.
· 가톨릭 교육을 받아 25세에 부제로 임명된다.
· 신학교에서 도망쳐 마술을 배운다.
· 1856년『고등마술의 교리와 제례』를 발표.

그 사상은?

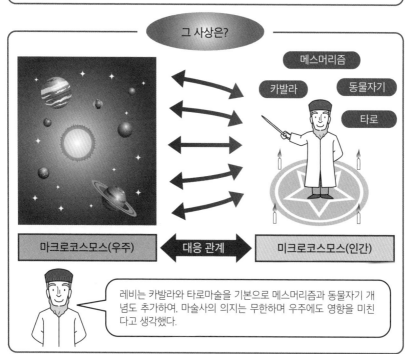

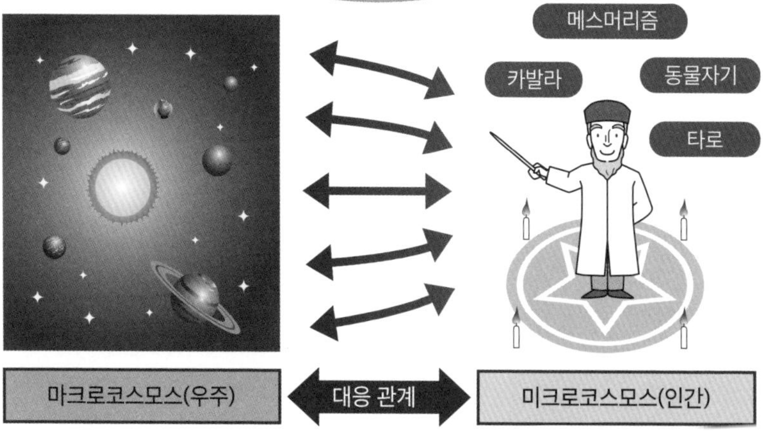

레비는 카발라와 타로마술을 기본으로 메스머리즘과 동물자기 개념도 추가하여, 마술사의 의지는 무한하며 우주에도 영향을 미친다고 생각했다.

No.083

고등마술의 교리와 제례

Dogme et ritual de la haute magie

『고등마술의 교리와 제례』는 근대 마술을 위한 전혀 새로운 마도서로서, 차세대 마술사들에게 계승되어 다대한 영향을 주었다.

●차세대 마술사를 열광시킨 걸작

『고등마술의 교리와 제례』(1856년)는 근대 마술의 창시자라고도 할 수 있는 엘리파스 레비의 대표적 저작으로 뛰어난 마도서이다. 레비의 저작은 그 밖에도 있으나, 1860년경에는 이 책이 매우 큰 영향력을 가지고 차세대 마술사들에게 계승되었다.

『고등마술의 교리와 제례』는 이론을 해설하는 「교리 편」, 실천 방법을 해설하는 「제례 편」의 두 부분으로 이루어진다.

「교리 편」은 마술 작업의 근저에 놓인 여러 원리와 이론에 관한 설명으로, 카발라 사상과 타로를 기반으로 하며 거기에 당시 최신 개념이던 "메스머리즘"과 "동물자기"가 더해져 있다. 또한 자연계에 충만한 아스트랄 에너지를 마술사가 다루는 메커니즘에 관한 설명도 담겨 있다.

「제례 편」은 마술 의식에 필요한 여러 도구에 관한 해설이다. 강령술, 주술, 점술 같은 실제 의식 안에서 이들 도구를 어떻게 사용하여 마술을 실천하면 좋을지 자세히 서술되어 있다.

가령 「제례 편」에 따르면 오망성(펜타그램)에는 다음과 같은 의미와 힘이 있다고 한다.

〈광망을 두 개 위로 향한 「오망성」은 「마녀 집회(사바트)」를 나타내고, 광망을 하나만 위로 향할 때는 「구세주」를 나타낸다.〉

〈옛 마술사들은 악한 영혼이 들어오지 못하게 막고, 또한 선한 영혼이 나가지 못하게 막기 위해서 자택 출입구의 문지방 위에 「오망성」 표지를 그렸다. 이러한 구속력은 별의 광망 방향에 따라 생성된다. 두 꼭짓점이 집 밖으로 향할 때는 악한 영혼을 물리치고, 두 꼭짓점이 집 안으로 향할 때는 그들을 가두며, 꼭짓점이 하나만 집 안으로 향할 때는 선한 영혼을 가둔다.〉

신시대의 마도서

고등마술의 교리와 제례 → 엘리파스 레비의 대표작.

내용은?

교리 편	카발라, 타로, 메스머리즘, 동물자기 등의 개념을 구사한 마술의 여러 원리와 이론 설명.
제례 편	강령술, 주술, 점술 등 의식에 필요한 여러 도구 및 마술의 실천 방법 해설.

「제례 편」이 논하는 펜타그램의 의미

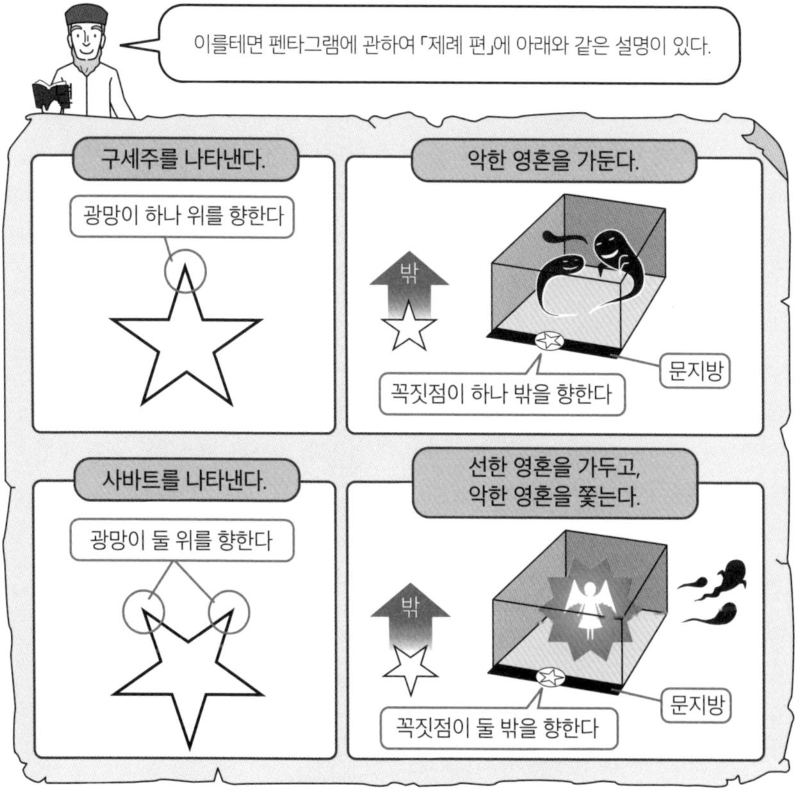

이를테면 펜타그램에 관하여 「제례 편」에 아래와 같은 설명이 있다.
구세주를 나타낸다.
광망이 하나 위를 향한다
악한 영혼을 가둔다.
밖
문지방
꼭짓점이 하나 밖을 향한다
사바트를 나타낸다.
광망이 둘 위를 향한다
선한 영혼을 가두고,
악한 영혼을 쫓는다.
밖
문지방
꼭짓점이 둘 밖을 향한다

No.084

황금여명회

The Hermetic Order of the Golden Dawn

황금여명회는 장미십자회와 프리메이슨의 흐름을 이어받은 마술조직으로서, 그 의식마술의 목적은 지고의 완전성을 달성하는 데 있었다.

●근대 마술의 모체가 된 마술집단

황금여명회는 근대 마술 발전의 역사 속에서 가장 강한 영향력을 가졌던 마술조직이다. 윌리엄 윈 웨스트코트, 맥그리거 매더스, 윌리엄 로버트 우드먼 등 3명이 1888년 런던에서 설립하였다. 이들 3명은 모두 프리메이슨이자 영국 장미십자회의 멤버였다. 그래서 황금여명회의 사상도 프리메이슨과 장미십자회의 흐름을 이어받은 것이었으며, 나아가 헤르메스주의, 엘리파스 레비의 저작, 이집트 마술의 영향 등이 혼합되어 있었다.

황금여명회는 의식마술의 실천을 목적으로 하였으나, 그것은 보물을 찾기 위해 악마를 불러내는 등의 저속한 목적이 아니었다. 황금여명회의 목적은 지고의 완전성 달성 및 그를 위해 「오컬트학의 원리와 헤르메스주의 마술」을 가르치는 것이었다. 황금여명회는 어떤 의미에서 오컬트 학교로, 회원은 시험에 합격하면 위계의 단계를 올라갈 수 있었다. 그래서 열심인 회원은 공부로 바쁜 시간을 보내며 각종 마술용품과 부적을 준비하여 자기 자신의 영적 본질을 순화하고 함양하려 하였다.

설립부터 1890년대 중반까지가 단체의 황금기로서 런던, 브래드퍼드, 에든버러, 파리 등에 잇따라 신전이 세워진다. 또한 1896년까지 315명이 회원이 되었다. 유명인도 많아 윌리엄 버틀러 예이츠, 앨저넌 블랙우드, 아서 매컨, 브램 스토커, 에드워드 불워 리턴 등의 유명 작가, 웨이트판 타로의 제작자 A. E. 웨이트, 20세기 최대의 마술사라 일컬어지는 알레이스터 크롤리 등이 있었다. 하지만 1900년경부터 내분이 일어나 여러 회파로 분열되고 만다.

황금여명회 개요

황금여명회 → 1888년 런던에 설립. / 근대 마술 발전에 기여한 마술조직.

그 사상은?

- 이집트 마술
- 헤르메스주의
- 장미십자회
- 프리메이슨
- 엘리파스 레비

황금여명회

→ 지고의 완전성 달성이 목적

황금여명회가 추구한 것은 매우 고급적인 마술이었다.

유명한 회원

황금여명회에는 작가와 마술사 등 유명인이 많았다

설립자	구성원
윌리엄 윈 웨스트코트	윌리엄 버틀러 예이츠
맥그리거 매더스	앨저넌 블랙우드
윌리엄 로버트 우드먼	아서 매컨
	브램 스토커
	에드워드 불워 리턴
	A. E. 웨이트
	알레이스터 크롤리

No.085

맥그리거 매더스

Macgregor Mathers

황금여명회의 설립 멤버였던 맥그리거 매더스는 단체의 마술 체계 구축에 없어서는 안 될 공헌을 하였으나 오만한 성격 탓에 추방되고 만다.

●황금여명회의 마술 체계를 만든 공로자

맥그리거 매더스(1854~1918년)는 황금여명회의 마술 체계 구축에 없어서는 안 될 공헌을 한 마술사이다. 또한 대영 박물관과 파리의 아르스날 도서관에 파묻혔던 자료를 섭렵하고 중요한 마도서의 영역판을 출판하여, 마도서 역사에도 불멸의 업적을 남긴 인물이다.

매더스는 본명을 새뮤얼 리델 매더스라고 하며 1854년 런던에서 태어났다. 아버지 사후 바닷가 마을 본머스로 이사한다. 그 무렵 이웃에 프리메이슨 회원이던 프레더릭 홀랜드라는 남자가 살고 있어, 그 영향으로 신비 사상에 몰두하게 되었다. 그리고 1882년 홀랜드와 함께 "영국 장미십자 교회"에 입회한다. 그 후 자신의 선조는 스코틀랜드 귀족이라는 혈통 망상에 사로잡혀 글렌스트래 백작 맥그리거를 자칭하기 시작했다.

1885년 어머니가 죽자 런던으로 이사하여 본격적으로 신비주의와 마술에 관한 서적을 집필하기 시작한다. 1887년 자신의 저작 『베일을 벗은 카발라』를 발표, 1889년에는 『솔로몬 왕의 열쇠』의 결정판이라 할 만한 영역판을 출판, 1898년에는 파리 아르스날 도서관에서 발견한 『술사 아브라멜린의 성스러운 마술서』를 히브리어에서 영역하여 출판했다. 또한 1903년에 『레메게톤』 제1장에 해당하는 『고에티아』의 영역을 출판한다.

동료와 함께 황금여명회를 설립한 것은 그 사이인 1888년의 일로, 곧바로 3수령 중 한 명이 되었다. 그리고 황금여명회의 의식과 교재 대부분을 혼자서 완성시킨다. 그러나 그 성격이 너무 오만했던 탓에 매더스는 1900년 황금여명회에서 추방당했고 단체는 분열했다. 매더스는 그 후에도 A∴O∴(알파와 오메가)파를 만드는 등 계속해서 활동했지만, 황금여명회의 재통일은 실현되지 않았다.

매더스의 공헌

맥그리거 매더스 → 황금여명회의 중요한 마술사. / 마도서 연구자로서도 유명.

그 경력은?

본명 새뮤얼 리델 매더스(1854~1918년)

- 소년 시절부터 신비 사상에 몰두한다.
- 1882년 "영국 장미십자 교회"에 입회.
- 글렌스트래 백작 맥그리거를 자칭한다.

업적은?

1885년부터 본격적으로 집필 개시.

1887년	자신의 저작 『베일을 벗은 카발라』를 발표.
1888년	동료와 함께 황금여명회 설립.
1889년	『솔로몬 왕의 열쇠』의 영역판을 발표.
1898년	『술사 아브라멜린의 성스러운 마술서』를 영역하여 출판.
1900년	오만한 성격 탓에 황금여명회에서 추방된다. 단체 분열.
1903년	『레메게톤』 제1장 『고에티아』의 영역을 출판.

그 후에도 A∴O∴(알파와 오메가)파를 만드는 등 계속 활동했다.

매더스는 황금여명회뿐만 아니라, 마도서의 역사에 있어서도 없어서는 안 될 인물이다.

No.086

알레이스터 크롤리

Aleister Crowley

매더스의 제자였던 크롤리는『법의 서』와『제4서』를 저술하여 마녀종, 사탄교회 등 현대의 마술 운동에도 큰 영향을 주었다.

●현대의 마술 운동에도 다대한 영향을 준 마술사

『법의 서』와『제4서』등 마술서를 저술한 알레이스터 크롤리는 20세기의 가장 악명 높은 마술사이다. 그는 1875년 잉글랜드 워릭셔 주 레밍턴에서 태어났는데, 그것은 공교롭게도 엘리파스 레비가 죽은 해였다. 그래서 크롤리는 자신이 레비의 환생이라고 믿었다. 그의 아버지는 유복한 양조업자였지만 엄격한 그리스도교도여서, 그는 아버지의 교육에 반항하며 악한 사람들과의 만남을 즐겼다. 어머니는 그런 그를 계시록에 나오는 666의 사악한 짐승이라고 평했다고 한다.

1898년 케임브리지 대학을 나와 곧바로 황금여명회에 들어간 그는 처음에는 맥그리거 매더스의 헌신적인 제자였다. 그러나 1904년 무렵부터 반목하게 되었고 황금여명회도 탈퇴한다. 이때 크롤리의 주장에 따르면 매더스가 흡혈귀를 보내 크롤리를 공격한 데 대항하여, 크롤리는 베엘제붑과 그 신하인 49데몬을 보내 매더스를 습격하는 등 두 사람 사이에 격렬한 마술적 전투가 벌어졌다고 한다.

1904년에『법의 서』를 집필하여 **텔레마**라는 새로운 종교 원리를 확립한 크롤리는 그 흐름으로 1907년 은성종단(A∴A∴)이라는 자신의 마술교단을 만들고, 1912년에는 독일 동방성당기사단(O.T.O.)의 영국 지부장이 되었다. 그리고 성마술사(性魔術師)로서 활약한다.

크롤리는 말년에 재산도 잃고 불행한 방랑자가 되어 1947년 잉글랜드에서 죽었지만, 사후 머지않아 생전보다도 많은 지지자를 얻게 된다. 또한 현대의 마술 운동에도 직접적인 영향을 남겼다. 이를테면 마녀종을 일으킨 제럴드 가드너, 그리고 사탄교회의 앤턴 샌더라베이도 크롤리의 정신을 계승하고 있다.

악명 높은 크롤리

알레이스터 크롤리

- 『법의 서』, 『제4서』의 저자.
- 20세기의 가장 악명 높은 마술사.
- 마녀종 · 사탄교회에도 영향.

그 경력은?

알레이스터 크롤리

1875년	잉글랜드 출생.
1898년	케임브리지 대학을 졸업. 동년 황금여명회에 들어가 매더스의 충실한 제자로서 활약한다.
1904년	매더스와 대립하고 황금여명회를 탈퇴. 동년 『법의 서』를 집필하여 신흥종교 텔레마를 일으킨다.
1907년	마술교단 "은성종단(A∴A∴)"을 설립.
1912년	독일 동방성당기사단(O.T.O.)의 영국 지부장이 된다.

그 후 불행한 방랑자가 되어 1947년 잉글랜드에서 사망.

사후에 생전보다 더 많은 지지를 얻는다

- **마녀종**: 제럴드 가드너
- **사탄교회**: 앤턴 샌더 라베이

알레이스터 크롤리의 영향은 현대의 마술교단, 마녀종과 사탄교회에도 미치고 있다.

용어 해설

●텔레마 → 「그대가 원하는 바를 행하라」를 근본 원리로 삼는 신흥종교로서, 개인의 참된 의지 발견을 추구한다.

No.087

법의 서

LIBER AL vel LEGIS(THE BOOK OF THE LAW)

텔레마교의 성전이 된 마도서 『법의 서』는 크롤리가 수호천사 에이와스의 신탁을 자동서기(自動書記)로 받아쓴 것이었다.

●그대가 원하는 바를 행하라, 그것이 법이 되리라

『법의 서』는 20세기의 가장 악명 높은 마술사 알레이스터 크롤리(184쪽 참조)가 창시한 종교, 텔레마교의 성전으로서 신과 일체화하기 위한 마술을 논한 마도서이다. 크롤리 자신의 말에 따르면 그것은 「우주적 규모를 가진 마술의 술식」이라고 한다. 그러나 『법의 서』는 비유와 상징이 넘쳐 너무나 난해하다는 결점이 있다. '어리석은 자가 이 『법의 서』와 그 주해를 읽어도, 이를 이해하지는 못할 것이다'라고 3장 63절에 쓰여 있는 그대로이다.

『법의 서』는 애초의 내력부터가 수수께끼 같다. 1904년, 이미 황금여명회를 탈퇴한 상태이던 크롤리는 천리안 능력을 지닌 아내 로즈 켈리와 카이로에 체재하고 있었다. 이때 아내에게 갑자기 신이 내려 이집트 신화의 신 호루스를 소환해야 한다고 말했다. 그래서 크롤리가 소환 의식을 행하자 수호천사 에이와스가 나타난다. 신에 들린 그는 자동서기로 에이와스가 이야기하는 220개의 신탁을 받아 적었다. 이리하여 완성된 것이 『법의 서』이며, 그 안에 '그대가 원하는 바를 행하라, 그것이 법이 되리라'라는 유명한 신탁도 포함되어 있다.

이런 책이기 때문에 당연히 비방과 중상도 많이 받는다. 하지만 크롤리의 제자로 마술결사 「동방성당기사단(O.T.O.)」의 그랜드마스터가 된 케네스 그랜트는 『법의 서』 등 크롤리의 저작에 등장하는 신들의 「야만적 이름」 및 많은 비의가 뒷시대에 만들어진 『네크로노미콘』에도 등장함을 지적한다. 이 「야만적 이름」이란 그랜트가 제창한 마술 개념으로서, 발음 불가능한 신들의 이름은 무시무시한 마술적 힘을 가진다는 것이다. 만약 그렇다면 『법의 서』는 크툴루 신화의 『네크로노미콘』에도 영향을 주었다는 말이 된다.

『법의 서』란?

법의 서
- 크롤리가 창시한 텔레마교의 성전.
- 신과 일체화하기 위한 마도서.

내용은?

수호천사 에이와스가 이야기한 220개의 신탁.

그대가 원하는 바를 행하라, 그것이 법이 되리라.

크롤리는 그것을 자동서기로 받아썼다고 한다.

단점은?

비유와 상징이 넘쳐 지나치게 난해하다.

어리석은 자가 이 『법의 서』와 그 주해를 읽어도, 이를 이해하지는 못할 것이다.

3장 63절

영향은?

크툴루 신화의 『네크로노미콘』에도 영향을 주었다.

적어도 크롤리의 제자 케네스 그랜트는 그렇게 생각했다.

용어 해설

●에이와스→크롤리에게 「법의 서」를 전했다는 수호천사. 이집트 신화의 신 호루스가 파견한 사자로, 「비밀의 수령」 중 하나라고 일컬어진다. 현대에는 「아이와스」라고 부르는 마술사도 있다.

No.088

제4서

Book Four

『제4서』는 크롤리의 최고 걸작 『마술—이론과 실천』을 포함하여 4부로 구성된 마도서로서, 의심할 여지 없는 고등마술 서적이다.

●스스로를 향상시켜 신과 일체화하는 것만이 목적

『제4서』는 20세기 최대의 마술사라 일컬어지는 알레이스터 크롤리가 저술한 마술서이다.

크롤리라고 하면 흑마술이나 성마술의 이미지가 크지만, 이 책에 수록된 마술은 황금여명회의 뒤를 잇는 정당한 고등마술이다. 즉 자기 자신의 향상과 신과의 일체화를 추구하고 있다.

4부 구성 가운데 제1부 「신비주의」에서는 요가를 해설한다. 요가는 인도의 신비주의로, 명상과 호흡법을 통해 우주와의 일체화를 꾀하는데 이를 서양 마술에 도입하여 이론화한 것이다.

제2부 「마술」에서는 다양한 마도구를 하나하나 짚어가며 마술의 실천인 의식의 의미와 사용법을 구체적으로 해설하고 있다.

제3부 「마술—이론과 실천」은 마술의 실천자가 알아두어야 할 중요사항에 관한 상세한 해설이다. 마술적 우주론, 「테트라그라마톤」 술식, 「구마」 의식, 「소환」 등을 다룬다. 이 제3부에는 다음과 같은 글이 나온다. '「유일한 지고의 의례」는 「성 수호천사의 지식과 교섭(자신의 수호천사를 알고 관계를 맺는 과정-역주)」의 달성이다. 그것은 온전한 인간을 수직선상으로 상승시키는 것이다. 이 수직선에서 조금이라도 일탈하면 흑마술이 되는 경향이 있다. 이 이외의 어떠한 조작도 흑마술이다.' 수호천사와 교섭하는 것은 신과 일체화하기 위한 전제인데, 크롤리는 그 목적에서 조금이라도 벗어난 것은 흑마술, 즉 사악한 마술이라고 보았던 것이다. 이러한 기술을 통해서도 크롤리의 마술이 정통한 고등마술임을 잘 알 수 있다.

제4부 「텔레마(법)」는 크롤리가 일으킨 텔레마교에 관한 해설로, 『법의 서』의 내용도 다루고 있다.

『제4서』 개요

제4서 →
- 크롤리가 저술한 마도서.
- 신과의 일체화를 추구하는 고등마술 서적.

내용은?

제1부 「신비주의」	호흡 · 명상법으로 우주와의 일체화를 꾀하는 인도의 신비주의 요가를 이론적으로 해설.
제2부 「마술」	마술 의식 및 다양한 마도구에 관하여, 그 의미와 사용법을 구체적으로 해설.
제3부 「마술—이론과 실천」	마술적 우주론, 「테트라그라마톤」 술식, 「구마」에 관하여, 「소환」에 관하여 등 마술의 중요사항을 상세히 해설.
제4부 「텔레마(법)」	크롤리가 일으킨 텔레마교에 관한 해설.

흑마술(사악한 마술)의 구별

제3부 「마술—이론과 실천」에 의하면 선한 마술(백마술)과 사악한 마술(흑마술)은 분명히 구별되어 있다.

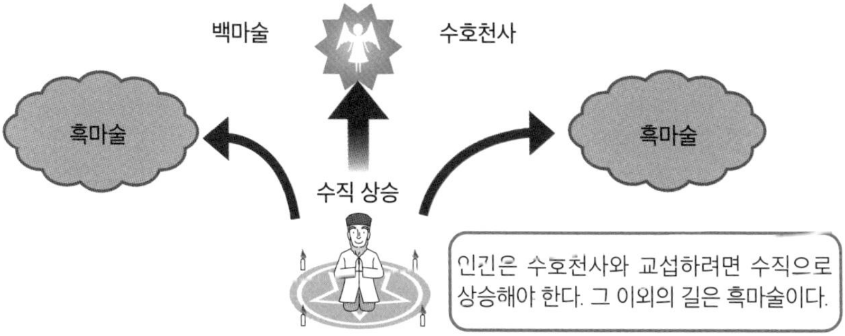
백마술
수호천사
흑마술
흑마술
수직 상승
인간은 수호천사와 교섭하려면 수직으로 상승해야 한다. 그 이외의 길은 흑마술이다.

용어 해설

●제4서→「제4서」의 제1부, 제2부는 『신비주의와 마술』, 제3부는 『마술—이론과 실천』이라는 제목으로 일역본이 존재한다.

No.089

미스티컬 카발라

The Mystical Qabalah

20세기 최대의 마술사 중 한 명인 다이온 포춘이 해설하는 유대교 카발라의 오의(奧義) 「생명의 나무(세피로트의 나무)」 공략법이란.

●황금여명회류 카발라 마술서

『미스티컬 카발라』(1935년)는 20세기 최대의 마술사 중 한 명인 다이온 포춘이 저술한 마술서의 걸작으로, 마술 카발라 최고의 해설서라고 일컬어진다.

내용은 유대교 카발라의 오의인 「생명의 나무(세피로트의 나무)」 공략법에 대한 해설이다.

「생명의 나무」는 1~10의 숫자가 매겨진 10개의 구체 세피라와 그것을 잇는 22개의 작은 길로 구성된다. 여기에 우주 전체가 담겨 있다. 첫 번째 세피라 「케테르」는 우주에 있어 신의 첫 출현, 신에게서 유출된 신의 영혼 그 자체이다. 두 번째 「코크마」는 신의 영혼이 발하는 숨결이다. 이런 식으로 차례차례 신에게서 멀어져 마지막 열 번째 「말쿠트」가 형성된다. 이것은 인간이 살고 있는 세계이다. 그래서 카발라의 술자는 「말쿠트」에서 출발하여 22개의 작은 길을 이용해 각각의 세피라를 터득하면서 전 우주에서 가장 높은 존재인 「케테르」에 도달하기를 추구한다. 즉 마술 카발라는 가시적 · 물리적 현실계에서 출발, 중간의 정묘한 영적 세계(아스트랄 라이트)를 통과하여 그것을 초월한 존재에 이르기 위한 마술이다. 오로지 궁극의 절대자와의 합일을 추구하는 것이 아니라, 거기에 이르는 단계를 하나하나 올라가려는 정신적 수행이라 할 수 있다.

다만 포춘의 마술 카발라는 유대교의 카발라 그 자체는 아니다. 그녀는 황금여명회를 계승한 마술사로서, 『미스티컬 카발라』를 통해 유대교의 카발라를 황금여명회류로 재해석하고 있다.

그러나 그것은 매우 훌륭하게 해석되어, 포춘의 제자 중 한 명인 W. E. 버틀러는 서양의 카발라에 뜻을 둔 사람이라면 『미스티컬 카발라』를 손에 넣어 교과서로 활용하는 것이 지상명령이라고까지 이야기했다.

『미스티컬 카발라』 개요

미스티컬 카발라 → 다이온 포춘의 걸작.
미스티컬 카발라 → 마술 카발라 최고의 해설서.

내용은?

유대교 카발라의 오의 「생명의 나무(세피로트의 나무)」 공략법

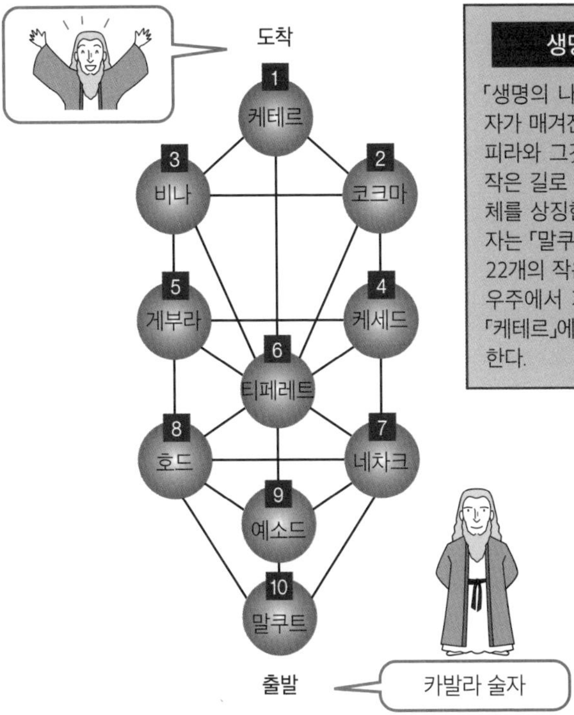

생명의 나무

「생명의 나무」는 1~10의 숫자가 매겨진 10개의 구체 세피라와 그것을 잇는 22개의 작은 길로 이루어져 우주 전체를 상징한다. 카발라의 술자는 「말쿠트」에서 출발하여 22개의 작은 길을 이용해 전 우주에서 가장 높은 존재인 「케테르」에 도달하기를 추구한다.

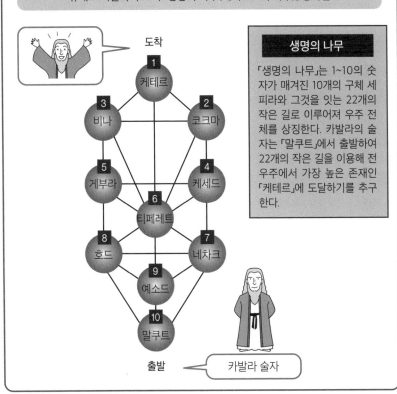

『미스티컬 카발라』는 이 「생명의 나무」를 '가시적 · 물리적 현실계에서 출발, 중간의 정묘한 영적 세계(아스트랄 라이트)를 통과하여 그것을 초월한 존재에 이르는' 마술로서 해설하고 있다.

No.090

『그림자의 책』과 신흥 마녀종 위카

"Book of Shadows" and a new cult, Wicca

신흥종교 위카(마녀종)의 마도서 『그림자의 책』은 유대 · 그리스도교 이전의 옛 신들을 숭배하는 마녀술의 실천 매뉴얼이다.

●배운 것을 직접 기록하는 마도서

『그림자의 책』은 1950년대 영국에서 탄생한 신흥종교 위카(마녀종)에 전해지는 마도서로, 마녀술의 실천 매뉴얼이다.

위카의 창설자 제럴드 가드너(1884~1964년)가 생각하기로, 근대 초 유럽에서 마녀사냥의 대상이 된 사람들은 결코 악마 숭배자가 아니었다. 그들은 사실 고대 이교의 신자로서, 몇 세기 동안이나 그리스도교의 박해 속에서 살아남으며 고대 마녀교단의 의식과 신앙을 전해 온 것이다. 1939년, 가드너는 그런 마녀집단의 생존자를 뉴포레스트에서 발견하고 신자가 된다. 그리고 자신이 쓸 『그림자의 책』 사본을 받는다. 이렇게 대대로 사본을 계승함으로써 고대 이교의 의식과 신앙은 후대에 전해질 수 있었다.

다만 위의 이야기는 가드너가 지어낸 허구이다. 현재는 위카의 신자라도 그것이 고대로부터 이어져왔다고는 믿지 않는다. 또한 최초의 『그림자의 책』이 가드너의 창작이라는 사실도 알고 있다. 요는 그들이 믿는 것이 고대의 이교라는 점이다.

고대의 이교를 믿는다는 것은 유대 · 그리스도교 이전의 옛 신들을 숭배한다는 말이다. 현재의 위카에는 다양한 종파가 있으나, 기본적으로 그들이 중요시하는 것은 디아나라든가 아라디아라고 불리는 여신이다. 그들은 커븐이라는 13명 구성의 소그룹으로 나뉘어 있으며, 그것을 여성 대제사장이 지도한다. 『그림자의 책』은 기본적으로 한 사람에 한 권씩 주어지지만, 처음에는 거기에 아무것도 쓰여 있지 않다. 커븐에 입회한 뒤 그곳에서 배운 주문과 의식, 노래 등을 직접 기록하는 것이다. 이 때문에 현재는 여러 가지 판본의 『그림자의 책』이 존재하는데, 가드너가 만든 위카의 초창기부터 신자였던 도린 발리안테의 것이 특히 유명하다.

마녀종과 『그림자의 책』

그림자의 책 → 위카(마녀종)의 실천 매뉴얼.

위카란?

고대 마녀교단의 의식과 신앙을 전하는 마녀집단.

유대 · 그리스도교 이전의 옛 신들을 숭배한다.
여신 디아나 또는 아라디아를 중요시한다.
커븐이라는 소그룹으로 활동한다.

『그림자의 책』
신입

입회하면 아무것도 쓰여 있지 않은 『그림자의 책』을 건네받아, 커븐의 가르침을 받으며 직접 그것을 완성한다고 한다.

이렇게 대대로 『그림자의 책』 사본이 계승되어, 고대의 신앙이 지금까지 이어진 것이다. 그런데 사실 위카는 1950년대에 제럴드 가드너가 창립한 신흥종교이다.

용어 해설

●마녀종→신자에는 남성과 여성 모두 존재한다.

No.091

발리안테의 『그림자의 책』

"Book of Shadows" by Doreen Valiente

본래 비밀스러운 물건인 『그림자의 책』의 내용을 가드너의 애제자 발리안테가 공개하면서, 위카의 일곱 의식이 알려졌다.

●우주 에너지를 집적하는 마법원

도린 발리안테(출생년 불명~1999년)는 가드너가 마녀종 위카를 창설한 당초부터 신자이던 마녀이다. 시재(詩才)가 뛰어난 여성으로, 가드너가 만든 위카 마술의 실천 매뉴얼인 마도서 『그림자의 책』을 발전시키는 데도 크게 공헌하였다.

그런 발리안테가 그녀 자신의 **『그림자의 책**(리베르 움브라룸)**』**을 공개한 것은 1978년의 일이다. 위카에서 『그림자의 책』이란 본래 개인적이고 비밀스러운 물건으로서, 공개할 만한 것이 아니었다. 하지만 가드너 사후 멋대로 수정된 위카 의식을 유포하는 사람도 나타나는 실정이었다. 사람들이 그런 가짜를 믿으면 곤란하므로, 가드너의 애제자인 그녀가 자신의 『그림자의 책』을 공개하기로 한 것이다.

이 『그림자의 책』 속에서 발리안테는 위카의 기초적인 7개 의식에 관해 이야기하고 있는데, 그것은 마법원의 설정, 자기입문 의식, 성별 의식, 만월의 에스바트 의식, 사바트 의식, 커븐 입회 의식, 커븐 주문이다. 그 밖에 이들 의식에 쓰이는 칠망성, 안드레드의 룬 문자, 끈 주문, 달의 여신 소환, 뿔 난 신 소환, 노래와 춤에 관해서도 설명한다.

이러한 마술 의식을 통해 마녀들은 자신의 소망을 실현하려는 것인데, 그 소망은 결코 사악한 것이 아님을 강조해두고 싶다. 그들의 가장 큰 소망은 자연 및 우주와의 일체화이기 때문이다. 그들은 각종 의식에서 마법원을 사용하지만, 이는 악마에게서 몸을 보호하기 위해서가 아니다. 마녀들에게 마법원이란 우주 에너지가 집중되는 스톤헨지 같은 장소이다. 마녀들이 인간과 자연을 대립시키는 유대 · 그리스도교를 거부하고, 고대 이교의 신을 숭배하는 것도 그런 이유에서이다.

발리안테의 『그림자의 책』 내용

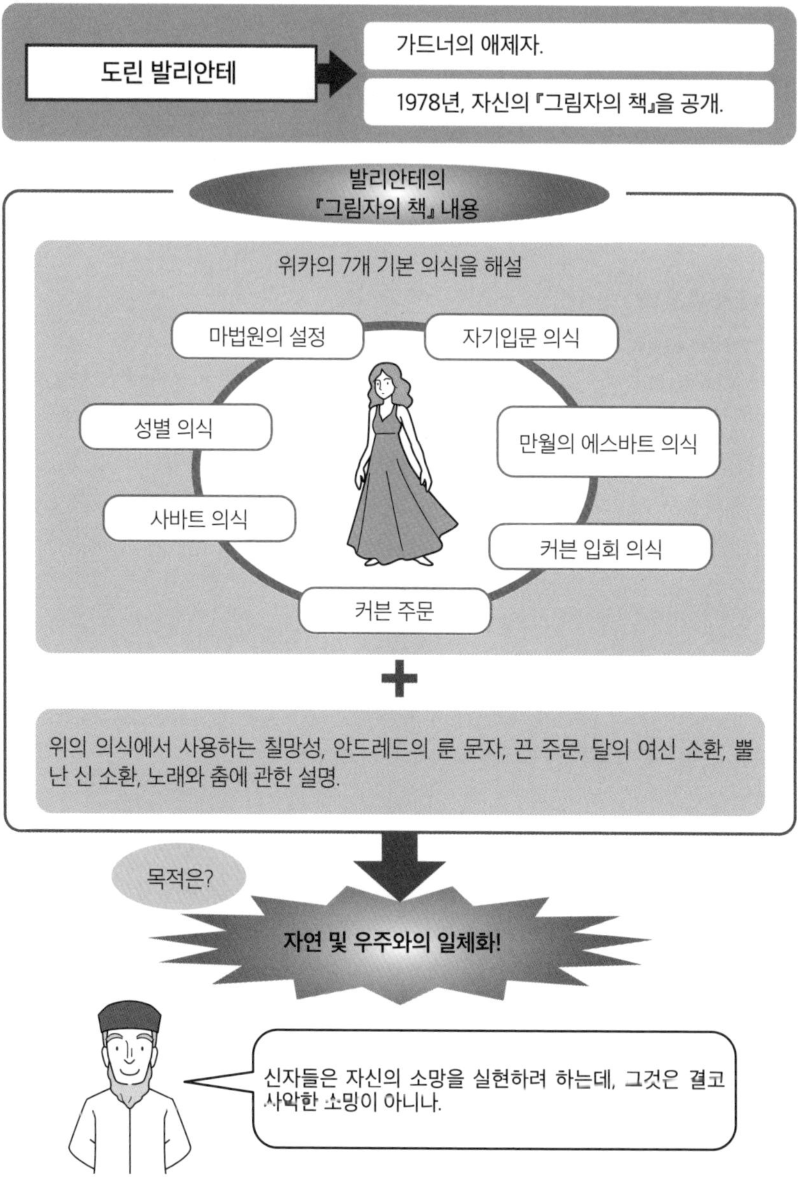
도린 발리안테
가드너의 애제자.
1978년, 자신의 『그림자의 책』을 공개.
발리안테의 『그림자의 책』 내용
위카의 7개 기본 의식을 해설
마법원의 설정
자기입문 의식
성별 의식
만월의 에스바트 의식
사바트 의식
커븐 입회 의식
커븐 주문
위의 의식에서 사용하는 칠망성, 안드레드의 룬 문자, 끈 주문, 달의 여신 소환, 뿔난 신 소환, 노래와 춤에 관한 설명.
목적은?
자연 및 우주와의 일체화!
신자들은 자신의 소망을 실현하려 하는데, 그것은 결코 사악한 소망이 아니니라.

용어 해설

●그림자의 책(리베르 움브라룸)→발리안테 저 『마녀의 성전(魔女の聖典)』(국서간행회 간)에 함께 수록되어 있다.

No.092

사탄의 성서

The Satanic Bible

사탄교회의 마도서 『사탄의 성서』가 숭배하는 사탄(악마)이란 일반적인 사탄이 아니라, 그리스도교와 사회의 권위를 부정하는 존재의 상징이다.

●그리스도교적 악마를 부정하는 악마 숭배

『사탄의 성서』는 1969년 앤턴 샌더 라베이(1930~1997년)가 저술, 이듬해 출판하여 초베스트셀러가 된 마도서이다. 라베이, 본명 하워드 스탠턴 레비는 시카고 출생으로, 고교 중퇴 후 나이트클럽에서 오르간 연주자 등으로 일하며 오컬트 지식을 익혔다. 그리고 1960년대에는 흑마술사로서 샌프란시스코에서 유명해져, 1966년 "Church of Satan"(사탄교회)을 설립한다. 이 사탄교회를 위해 라베이가 자신의 사상과 신념을 정리한 것이 『사탄의 성서』이다.

다만 『사탄의 성서』는 그 제목에서 상상되는 악마 숭배 서적이 아니다. 여기에서 중요한 것은 라베이에게 사탄이란 그리스도교의 악마가 아니라, 그리스도교 자체와 사회의 권위를 부정하는 존재의 상징이라는 점이다. 라베이는 오히려 신과 영혼 같은 초자연적 존재를 부정한다. 그러므로 통상적인 의미의 악마도 부정되고 만다.

그럼 라베이의 악마란 무엇인가 하면, 그것은 자연에 내재된 숨겨진 힘이자 인간 자체의 욕망이라고도 할 수 있다. 그래서 색욕 · 교만 · 폭식 등 그리스도교의 7대 죄악도 미덕이 되는 것이다.

그러나 인간의 욕망을 중시한다고 해서 그것이 단순한 휴머니즘은 아니다. 왜냐하면 라베이의 악마 숭배에는 평범한 휴머니즘에 존재하지 않는 의식과 교리가 있기 때문이다.

이들 의식과 교리, 그에 부수된 주문과 도구 등에 관하여 해설한 것이 『사탄의 성서』이다. 따라서 『사탄의 성서』는 마도서적인 형식을 갖추고는 있지만, 그 마술은 인간의 욕망을 해방하는 방향으로 향해 있으며 악마를 불러내고자 하는 것이 아니다.

사탄교회와 『사탄의 성서』

사탄교회란?

앤턴 샌더 라베이가 1966년에 설립.

특별한 사탄을 숭배한다

인간 자체의 욕망

자연에 숨겨진 힘

그리스도교와 사회의 권위를 부정하는 존재의 상징

그리스도교　　사회의 권위

사탄교회에서는 이처럼 인간의 욕망을 해방하는 힘이 사탄으로서 숭배된다.

다만 사탄교회의 신앙은 평범한 휴머니즘이 아니며 의식과 교리가 존재한다. 이를 정리한 것이 『사탄의 성서』이다.

사탄의 성서

- 사탄교회의 사상을 정리한 마도서.
- 의식과 교리, 주문과 도구에 관한 해설도 담겨 있다.

No.093

사탄의 의식

The Satanic Rituals

『사탄의 성서』의 속편으로서 제작된 『사탄의 의식』은 사탄교회의 9개 의식에 관하여 전편에 걸쳐 자세히 해설하고 있다.

●크툴루 신화의 영향도 받은 현실의 마술서

『사탄의 의식』은 앤턴 샌더 라베이가 『사탄의 성서』의 속편으로서 1972년에 발표한 사탄교회의 마도서이다. 『사탄의 성서』에서 충분히 설명하지 못했던 사탄교회의 여러 의식을 모아놓은 책으로, "사탄의 성서의 지침서"라는 부제가 붙어 있다.

내용은 거의 전편이 마술 의식에 관련되어 있으며, 사탄교회의 9개 의식에 관하여 자세히 설명한다.

첫 번째 의식은 「심리극으로서의 흑미사」, 두 번째는 「악마의 일곱 번째 증언」, 세 번째는 「사다리꼴의 법칙」, 네 번째는 「민둥산의 밤」, 다섯 번째는 「불의 시대의 순례자」, 여섯 번째는 「러브크래프트의 형이상학」, 일곱 번째는 「악마의 세례」, 여덟 번째는 「숨 막힐 듯한 공기의 의식」, 아홉 번째는 「미지의 지식」이라고 이름 지어져 있다.

이들 모두 개인적인 것이 아니라 소인원 혹은 대인원 그룹으로 행하는 의식이다.

이 마도서의 배경에는 영지주의, 카발라 사상, 헤르메스주의, 프리메이슨 사상 등이 깔려 있다고 일컬어지며, 의식의 이름을 보면 알 수 있듯이 러브크래프트가 창작한 픽션인 크툴루 신화의 영향까지 받았다는 무척 흥미로운 특징이 있다.

그 「러브크래프트의 형이상학」이라고 이름 붙여진 장에는 「9천사의 의식」 및 「크툴루의 부름」이라는 의식이 나온다. 이 가운데 「9천사의 의식」은 크툴루 신화에 등장하는 옛 신들을 기리는 의식이다. 즉 이 의식은 아자토스, 니알라토텝, 요그 소토스, 슈브 니구라스 등 소설을 통해 잘 알려진 신들을 칭송하기 위한 것으로서, 참가자가 헥사곤(육각형)을 반으로 자른 마법의 사다리꼴에 들어가 행하는 의식의 절차와 신들에게 바치는 찬가가 실려 있다.

『사탄의 의식』 개요

사탄의 의식
- 『사탄의 성서』의 속편에 해당하는 마도서.
- 사탄교회의 9개 의식을 상세히 해설.

9개 의식이란?

사탄교회의 상징인 바포메트

① 심리극으로서의 흑미사
② 악마의 일곱 번째 증언
③ 사다리꼴의 법칙
④ 민둥산의 밤
⑤ 불의 시대의 순례자
⑥ 러브크래프트의 형이상학
⑦ 악마의 세례
⑧ 숨 막힐 듯한 공기의 의식
⑨ 미지의 지식

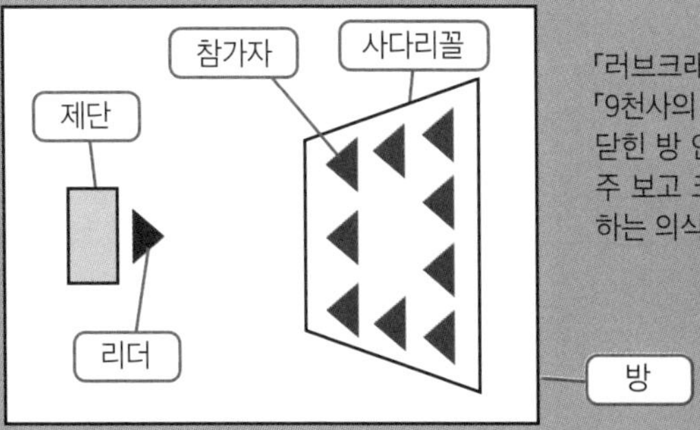

「러브크래프트의 형이상학」 가운데 「9천사의 의식」은 왼쪽 그림과 같이 닫힌 방 안에서 리더와 참가자가 마주 보고 크툴루 신화의 신들을 찬양하는 의식이다.

이처럼 『사탄의 의식』은 가공의 크툴루 신화에까지 영향을 받은 흥미로운 마도서이다.

No.094

가공의 마도서

Fictional Grimoires

20세기 마도서에는『시그산드 사본』,『네크로노미콘』등 판타지 문학 속 가공의 서적이 더해져 인기를 모았다.

●현실의 마도서에도 영향을 준 가공의 마도서

20세기에 나타난 유명한 마도서 가운데는 과거의 마도서와는 결정적으로 다른 특징을 가진 것들이 존재했다. 그것은 판타지 문학을 통해 만들어진, 이야기 속에 존재하는 가공의 마도서였다.

그러한 마도서의 기원이라 할 만한 것은 소설가 W. H. 호지슨(1877~1918년)이 만들어낸『시그산드 사본』이다. 1910년에서 1914년 사이에 집필된 단편소설 시리즈의 주인공, 유령 사냥꾼 사립탐정 토머스 카낙키가 종종 참고하는 마도서로서 소설에서는 14세기의 것이라고 소개된다. 이 단편 시리즈에는 그 밖에『사아마아 의식』이라는 마도서도 등장한다. 사립탐정 카낙키는 이들 마도서를 이용해 사악한 영혼들로부터 몸을 보호하며 사건을 해결하는 것이다.

1924년에는 역사상 가장 유명하며 가장 큰 영향력을 갖게 되는 가공의 마도서가 탄생하였다. 바로 소설가 하워드 필립스 러브크래프트의 단편소설『사냥개』에 언급된『네크로노미콘』이다. 그 후『네크로노미콘』은 여러 소설에 등장하며 점차 그 본질을 분명히 밝혀간다. 동시에 러브크래프트가 창작한 세계관을 기본 전제로 그 친구 작가들이 다수의 소설을 써내면서,「크툴루 신화」라 불리는 완전한 가상의 신화 세계가 팽창한다. 그리고『네크로노미콘』외에도『무명 제사서』,『에이본의 서』,『벌레의 신비』등 매력적인 가공의 마도서가 많이 만들어졌다.

게다가 러브크래프트의 가상 신화와 마도서의 영향은 가공의 세계에만 머무르지 않았다. 사탄교회의 마도서『사탄의 의식』에 크툴루 신화의 신들을 찬양하는 의식이 나오는 것을 보면 알 수 있듯이, 가공의 마도서가 현실의 마도서에 영향을 미친다는 기묘한 현상마저 일으킨 것이다.

가공의 마도서

마도서의 새로운 흐름 → 판타지 문학에 등장하는 가공의 마도서가 높은 인기를 끈다.

가공 마도서의 기원은?

시그산드 사본 / 사아마아 의식

↓

소설가 W. H. 호지슨의 단편집 『유령 사냥꾼 카낙키』에서 사립탐정 카낙키가 사악한 영혼들로부터 몸을 보호하기 위해 사용한다.

인기 있는 가공 마도서는?

「크툴루 신화」에 등장하는 마도서

- 네크로노미콘
- 무명 제사서
- 에이본의 서
- 벌레의 신비
- 르뤼에 문서
- 프나코틱 사본
- 글라키 묵시록

등

↓

하워드 필립스 러브크래프트가 만들어낸 세계관을 전제로 한 가상적 신화 세계의 마도서로서, 세계의 비밀과 옛 신들의 소환법 등이 기록되어 있다.

이것들은 가공의 마도서지만, 20세기에는 가공의 마도서가 현실의 마도서에 영향을 주는 일도 일어났다.

No.095

시그산드 사본

Sigsand Manuscript

수수께끼에 싸인 마도서 『시그산드 사본』에는 무시무시한 영혼의 공격을 방어하는, 원주와 오망성으로 이루어진 마법원의 제작 방법이 적혀 있다.

●요마에 대한 방어법이 적힌 마도서

『시그산드 사본』은 영국의 소설가 W. H. 호지슨(1877~1918년)이 펴낸 단편집 『유령 사냥꾼 카낙키』에서 사립탐정 카낙키가 매우 의지하고 있는 마도서이다. 소설에 따르면 이 마도서는 14세기에 저술된 것으로 추정되며 고대 영어로 쓰여 있다고 한다.

카낙키가 처음으로 이 마도서를 언급하는 것은 시리즈 제2작 단편 『요마의 관문(The Gateway of the Monster)』이다. 이 이야기 속에서 카낙키는 낡은 저택의 한 방에서 출몰하는 요마로부터 몸을 지키기 위해 『시그산드 사본』을 참고하여 결계를 만든다. 이는 분필로 원주와 오망성을 그린 것이었다. 나아가 카낙키는 『사아마아 의식』이라는 책을 참고하여 결계를 하나 더 첨가한다. 분필로 그려진 원주 안쪽에 물을 이용해 원주를 하나 더 그리고, 두 겹이 된 원 사이에 밖을 향한 다수의 초승달 모양을 그려 두 원을 연결하는 것이다. 그런 다음 초승달이 움푹 팬 부분에 양초를 하나씩 세우고, 오망성의 꼭짓점 부분에 아마포로 감싼 빵 조각을 둔다. 이어서 별의 골 부분에는 물을 담은 항아리 다섯 개를 놓는다. 또한 카낙키는 분필로 그린 오망성 위에 진공관으로 만든 전기식 오망성까지 겹쳐 배치한다. 이렇게 함으로써 그날 밤 카낙키는 무서운 기세로 돌진해오는 요마의 공격을 가까스로 막아낼 수 있었다.

이 이야기를 통해 『시그산드 사본』에는 무시무시한 영혼의 공격을 방어하는 방법이 적혀 있음을 알 수 있다. 또한 다른 이야기를 통해서는 '결계 안에서 불을 사용하면 안 된다'거나 '결계를 그릴 때 여러 가지 색을 쓰면 안 된다'는 등 영혼을 방어하기 위한 주의점도 알 수 있다. 하지만 카낙키는 이 마도서 자체에 관해서는 거의 이야기하지 않기 때문에, 어떠한 마도서인지 그 전체상은 수수께끼에 싸여 있다.

『시그산드 사본』 개요

시그산드 사본 → 『유령 사냥꾼 카낙키』에 등장하는 마도서.

소설에서는?

고대 영어로 쓰인 14세기의 마도서

▼

무시무시한 영혼의 공격을 방어하는 결계 제작 방법이 적혀 있다

붉은 부분이 『시그산드 사본』의 결계. 검은 부분이 『사아마아 의식』에 따른 결계이다.

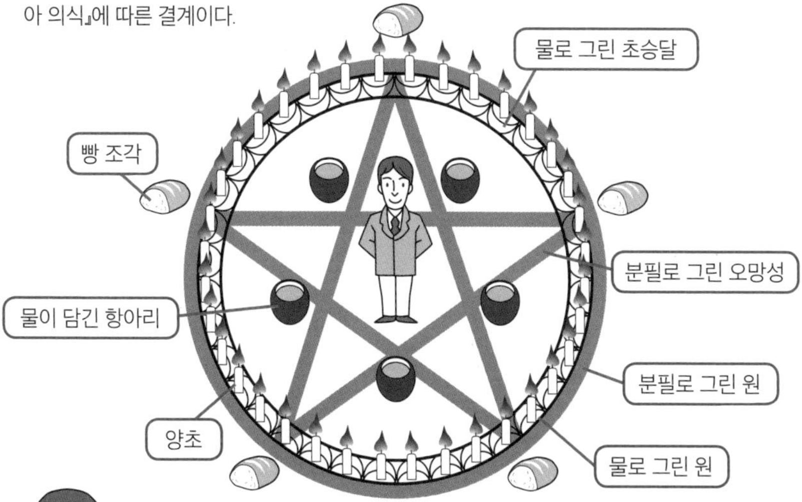

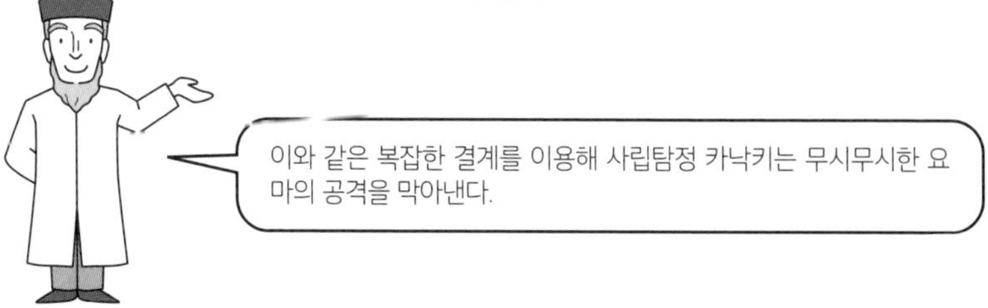

이와 같은 복잡한 결계를 이용해 사립탐정 카낙키는 무시무시한 요마의 공격을 막아낸다.

No.096

사아마아 의식

the Saaamaaa Ritual

『사아마아 의식』에는 액막이를 위한 여러 가지 인장 외에, 요마를 쫓는 최강의 주문「알려지지 않은 마지막 장」이 수록되어 있다.

●강력한 주문「알려지지 않은 마지막 장」

『사아마아 의식』은 영국의 소설가 W. H. 호지슨(1877~1918년)이 펴낸 단편집『유령 사냥꾼 카낙키』에서 사립탐정 카낙키가『시그산드 사본』과 함께 자주 의지하는 마도서이다.

『시그산드 사본』과 마찬가지로 시리즈 제2작 단편『요마의 관문(The Gateway of the Monster)』에서 처음 언급되며,『시그산드 사본』을 참고하여 만든 첫 번째 결계를 보완하기 위한 두 번째 결계를 그리는 데 이용된다(202쪽 참조). 또한 그 밖의 단편을 통해 이 책에 액막이를 위한 여러 가지 인장이 실려 있음을 알 수 있다.

다만 그중에서도 특히 강력한 힘을 가진 것은「알려지지 않은 마지막 장」이라 불리는 주문이다. 이것이 구체적으로 어떠한 주문인지는 분명하지 않지만, 단편『휘파람을 부는 방』을 보면 이 주문이 주인공 카낙키를 구하는 장면이 나온다. 한 낡은 성관의 일실에서 있었던 일이다. 그것은 밤마다 무서운 휘파람 소리가 들려오는 방이었는데, 어느 날 밤 카낙키가 그곳에 침입하자 벽면이 거대한 입술 형태로 불룩 솟아나 덮쳐들었다. 여기에는 카낙키도 두려움에 떨었으나, 이때 어디선가「알려지지 않은 마지막 장」을 낭송하는 소리가 들려온다. 대체 누가 낭송한 것일까. 그것은 마지막까지 알 수 없었지만, 그 덕분에 카낙키는 창문으로 도망쳐 목숨을 건질 수 있었다.

그러나『사아마아 의식』은 때때로 이용되기만 할 뿐, 전체적으로 어떠한 책인지 설명되지는 않는다.『휘파람을 부는 방』에 따르면 라아에 마술을 행하던 반인류교의 신관들이 낭송하던 경전이라고 하는데, 그것이 어떤 종교이며 어느 시대의 것인지도 알 수 없다. 완전히 수수께끼 같은 마도서라 할 수 있겠다.

『사아마아 의식』 개요

사아마아 의식 → 『유령 사냥꾼 카낙키』에 등장하는 마도서.

소설에서는?

라아에 마술을 행하던 반인류교의 신관들이 낭송하던 경전

라아아에에라아아에에라아아에에…

※어느 시대의 어떤 종교인지는 불명.

『시그산드 사본』과 조합하여 이용 가능한 결계가 있다

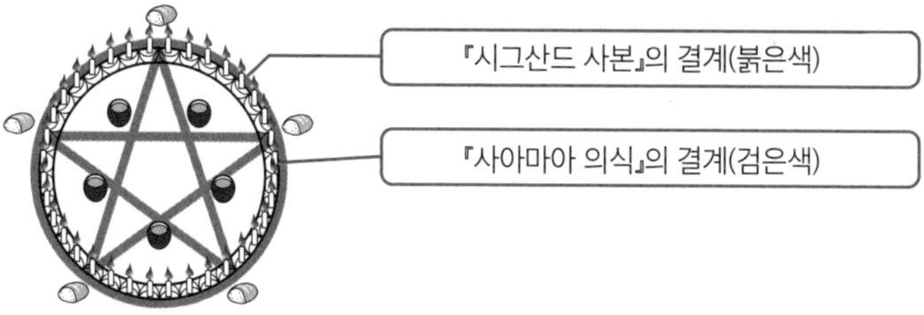
『시그산드 사본』의 결계(붉은색)
『사아마아 의식』의 결계(검은색)

※자세한 것은 202쪽 참조.

강력한 힘을 가진 「알려지지 않은 마지막 장」이라는 주문이 있다

날름~ 날름~
이렇게 벽에서 입이 튀어나와 습격당했을 때 「알려지지 않은 마지막 장」 주문이 들려와 목숨을 건졌다.
탐정 카낙키

No.097

무명 제사서

Unaussprechlichen Kulten or Nameless Cults

전 세계를 여행하며 무수한 비밀의 지식을 얻은 독일의 작가 폰 윤츠트가 썼다는 피가 얼어붙을 듯한 공포의 기술로 가득 찬 마도서.

●피가 얼어붙는 기술로 가득 찬 암흑의 마도서

『무명 제사서』는 크툴루 신화 체계 속 가공의 마도서 중 하나이다. 로버트 E. 하워드(1906~1936년)의 단편소설 『밤의 후예』(1931년), 『검은 비석』(1931년)에서 처음 언급되었다.

신화 체계 속에서는 아래와 같은 책으로 취급된다.

독일의 작가 폰 윤츠트(1795~1840년)는 금기로 여겨지는 여러 분야 연구에 생애를 바쳐, 전 세계를 여행하며 무수한 비밀의 지식을 얻었다. 그리고 『무명 제사서』(통칭 『흑의 서』)를 집필하여 1839년 뒤셀도르프에서 두꺼운 가죽 장정에 눈에 띄는 철제 걸쇠가 달린 형태로 적은 부수만을 출판한다.

그 내용은 논리정연한 장과 이해 불가능한 장이 혼재되어 있는데, 잘 아는 사람이 보면 피가 얼어붙을 듯한 공포의 기술로 가득하다. 책의 대부분은 당시 암흑종교들의 의식과 주물(呪物)을 논하는 내용으로, 그런 가운데 「검은 비석」에 관한 서술이 나타난다. 이 석비는 헝가리의 어느 산맥 안 스트레고이카바르라는 마을 근처에 있으며, 그에 얽힌 기괴한 전설이 여럿 전해진다고 한다.

그런데 이 책에는 더욱 무서운 사건이 부수되어 있다. 출판 이듬해 저자 폰 윤츠트가 거대한 손톱자국을 목에 남긴 채 사망한 상태로 완전한 밀실에서 발견되었던 것이다. 그는 이 책을 위해 준비한 세밀한 원고를 가지고 있었는데, 시체가 있던 방에는 그것이 갈가리 찢겨 있었다. 그리고 그 원고를 이어 붙여 읽은 프랑스인 친구 알렉시스 라도도 원고를 불태우고 면도칼로 목을 그어 자살하고 만다.

사건이 유명해지자 이 책을 소유했던 사람들은 겁에 질려 그것을 불사르게 된다. 그래서 지금은 완전한 형태의 이 책이 전 세계에 몇 권밖에 존재하지 않는 것이다.

『무명 제사서』 개요

무명 제사서 → 「크툴루 신화」의 마도서 중 하나.

R. E. 하워드의 단편 『밤의 후예』, 『검은 비석』에 처음으로 등장.

소설에서는?

독일의 작가 폰 윤츠트의 저작

· 1839년에 적은 부수만 출판.

· 두꺼운 가죽 장정에 눈에 띄는 철제 걸쇠가 달린 책.

내용은?

· 논리정연한 장과 이해 불가능한 장이 혼재.

· 피가 얼어붙을 듯한 공포의 기술로 가득하다.

· 대부분은 당시 암흑종교들의 의식과 주물을 논하는 내용.

· 「검은 비석」에 관한 기술이 나타난다.

무서운 사건이 부수

· 출판 이듬해, 폰 윤츠트가 살해당한다.

· 윤츠트의 원고를 정리한 친구 알렉시스 라도가 의문의 자살.

No.098

에이본의 서

The Book of Eibon

하이퍼보리아의 대마술사 에이본이 차스요어로 기록한 이 마도서에는 『네크로노미콘』에도 실리지 않은 비밀의 지식이 담겨 있다.

●초고대 하이퍼보리아 대륙의 마도서

『에이본의 서』는 크툴루 신화의 세계에 존재하는 마도서 중 하나이다. 클라크 애슈턴 스미스(1893~1961년)의 단편소설 『우보 사틀라』(「위어드 테일스」 1933년 7월호)에서 처음 등장하였다. 그리고 러브크래프트의 소설에서도 여러 차례 언급된다. 또한 근래에는 크툴루 신화 체계의 연구자 로버트 M. 프라이스를 중심으로 한 작가들에 의해 『에이본의 서』 자체도 창작되고 있다.

크툴루 신화에 따르면 『에이본의 서』는 하이퍼보리아의 대마술사 에이본이 하이퍼보리아의 언어인 차스요어로 기록한 것이라고 한다. 하이퍼보리아는 지구 최후의 빙하기가 시작되기 1세기 이상이나 전에 존재하던 극북의 대륙이다. 대마도사 에이본은 이 대륙 북쪽의 무 툴란이라는 반도에 살며 차토구아를 숭배하고 있었다. 차토구아는 지구 탄생 후 머지않아 사이크라노쉬(토성)에서 왔다고 여겨지는 신으로, 하이퍼보리아 등에서 널리 숭배되던 존재이다.

그 내용은 초고대의 유해한 신화, 의식, 예배식, 사악한 주문 등을 모아놓은 것으로 『네크로노미콘』에도 기록되지 않은 비밀의 지식이 포함되어 있다. 또한 차토구아를 비롯해 옛 지배자(그레이트 올드 원)라 불리는 신격들에 관한 전설도 담겨 있다고 전해진다.

근래 들어 로버트 M. 프라이스 등에 의해 창작된 『에이본의 서』에 따르면 전체는 다섯 권으로 구성된다. 제1권은 옛 마술사들의 이야기집, 제2권은 마술사 에이본 자신의 일화집, 제3권은 옛 신들의 계보집, 제4권은 옛 신들에 대한 기도문을 집대성한 것, 제5권은 옛 신들의 소환 등을 포함한 에이본의 각종 마술 의식 및 주문을 집대성한 것이라고 한다.

『에이본의 서』 개요

에이본의 서 →

- 「크툴루 신화」의 마도서 중 하나.
- C. A. 스미스의 단편 『우보 사틀라』에 처음으로 등장.
- 근래 들어 작가 로버트 M. 프라이스 등에 의해 『에이본의 서』 자체도 창작되고 있다.

구성

제1권	옛 마술사들의 이야기집
제2권	마술사 에이본 자신의 일화집
제3권	옛 신들의 계보집
제4권	옛 신들에 대한 기도문을 집대성한 것
제5권	옛 신들의 소환 등을 포함한 에이본의 각종 마술 의식 및 주문을 집대성한 것

소설에서는?

하이퍼보리아 대륙작

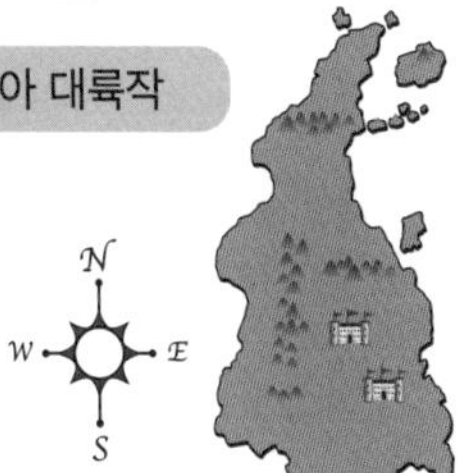

마술사 에이본

· 초고대 극북 대륙 하이퍼보리아의 대마술사 에이본이 차스요어로 기록했다.

· 초고대의 유해한 신화, 의식, 예배식, 사악한 주문 등이 실려 있다.

· 옛 신들의 전설도 포함되어 있다.

No.099

벌레의 신비

Mysteries of the Worm(De Vermis Mysteriis)

마녀로서 처형된 연금술사 루트비히 프린이 옥중에서 저술한 이 마도서에는 이집트 주변에서 획득한 금단의 지식이 담겨 있었다.

●별에서 온 사역마를 소환하는 주문

『벌레의 신비』는 크툴루 신화에 등장하는 가공의 마도서 중 하나이다. 1935년 로버트 블록의 단편소설 『별에서 찾아온 자』(『The Shambler from the Stars』)에서 처음 언급되었다.

이야기에 따르면 『벌레의 신비』를 쓴 것은 루트비히 프린이라는 인물이다. 그는 제9차 십자군 원정의 유일한 생존자라는 연금술사로, 1541년 벨기에에서 마녀로서 처형당하는데 그 직전 옥중에서 이 책을 저술하였다. 그 후 이 책은 은밀히 외부로 반출되어 이듬해 독일 쾰른에서 라틴어판이 적은 부수로 발행된다. 일설에 의하면 철제 표지를 가진 크고 검은 책이었다고 한다. 『벌레의 신비』는 발행 직후 교회에 의해 금서로 지정되지만, 어찌된 일인지 그중 한 권이 어느 고서점의 책장에 꽂혀 있어 그것을 이야기의 화자인 「내」가 손에 넣은 것이다.

16장으로 이루어진 그 책 속에 적혀 있던 것은 이집트 주변에서 프린이 손에 넣은 갖가지 금단의 지식으로서, 기괴한 신들을 소환하는 주문과 마법도 쓰여 있었다. 또한 아버지 이그, 검은 한, 뱀 수염 바이티스 등 알려지지 않은 신들에 관한 기술도 존재했다.

주문 가운데 하나로 '티비, 마그늄, 인노미난듐, 시그나, 스텔라룸, 니그라룸, 에트, 부파니포르미스, 사도콰이, 시길룸……'이라는 것이 있는데, 별에서 온 사역마를 소환하는 것이었다.

그러나 이는 읊지 않는 편이 좋은 주문이었다. 『별에서 찾아온 자』에 따르면 「나」의 친구는 이 책의 해독에 열중하다가 무심코 그 주문을 소리 내서 읽고 말았다고 한다. 그러자 창문 밖 허공에 큰 웃음소리가 울려 퍼지더니, 그의 몸이 공중에서 피를 내뿜으며 찢겨졌다. 그리고 별에서 온 사역마가 무시무시한 모습으로 진짜 나타나더라는 것이다.

『벌레의 신비』 개요

벌레의 신비

- 「크툴루 신화」의 마도서 중 하나.
- 로버트 블록의 단편소설 『별에서 찾아온 자』에 처음으로 등장.

소설에서는?

『벌레의 신비』에는 무엇이 쓰여 있는가?

『벌레의 신비』

· 저자 루트비히 프린이 이집트 주변에서 얻은 갖가지 금단의 지식.

· 기괴한 신들을 소환하는 주문과 마법.

· 알려지지 않은 신들에 관한 기술(아버지 이그, 검은 한, 뱀 수염 바이티스 등).

· 별에서 온 사역마를 소환하는 주문.

티비, 마그눔, 인노미난둠, 시그나, 스텔라룸……

저자 루트비히 프린은?

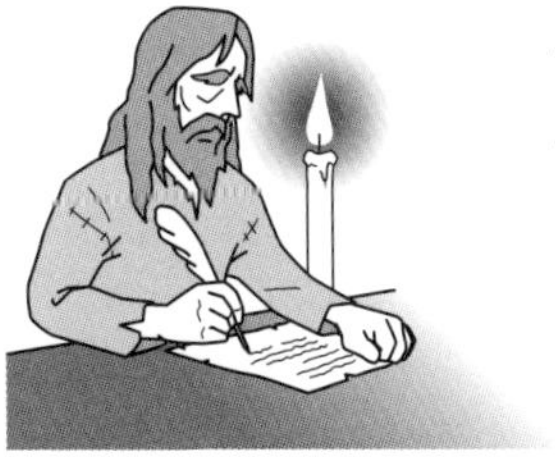

· 연금술사.

· 제9차 십자군 원정의 유일한 생존자.

· 1541년, 벨기에에서 마녀로서 치형.

No.100

네크로노미콘

Necronomicon

미치광이 시인 압둘 알하자드가 저술한 이 금단의 마도서에는 옛 지배자라 불리는 옛 신들에 관한 내용과 그 종교의 여러 비의가 담겨 있다.

●크툴루 신화에서 가장 중요한 금단의 마도서

『네크로노미콘』(『사령비법(死靈秘法)』)은 크툴루 신화 속에서 가장 중요한 금단의 마도서이다. 소설 『사냥개』에 처음 이 마도서를 등장시킨 러브크래프트는 그 후로도 자신의 작품 속에서 여러 차례 이 책을 언급하였다. 1927년에는 『네크로노미콘의 역사』라는 짧은 작품을 통해 그 역사의 개요를 분명히 밝히고 있다. 러브크래프트는 『네크로노미콘』의 내용에 관해 몇몇 수수께끼 같은 힌트를 제시할 뿐이기 때문에 그 전체상은 상상할 수밖에 없다. 다만 근래에는 『마도서 네크로노미콘』(조지 헤이 저/1978년 간)이나 『네크로노미콘—알하자드의 방랑』(도널드 타이슨 저/2004년 간)과 같이 『네크로노미콘』 자체를 재현한 작품도 집필되고 있어, 전체상을 상상하기가 수월해졌다.

크툴루 신화에서는 『네크로노미콘』이 서기 730년경 예멘의 미치광이 시인 압둘 알하자드에 의해 저술되었다고 이야기한다. 원제는 『알 아지프』였다. 알하자드는 바빌로니아의 폐허, 고대 이집트의 수도 멤피스의 지하 동굴, 나아가 아라비아의 사막에서 10년 동안이나 생활하며 예지를 얻는다. 그리고 인류보다 오래된 종족의 존재를 깨닫고, 요그 소토스와 크툴루 등 옛 지배자라 불리는 신들을 숭배하게 된다. 즉 『네크로노미콘』에는 이러한 신들에 관한 내용과 그 종교의 비의가 기재되어 있는 것이다. 위에서 언급한 도널드 타이슨에 따르면 이 책에는 「저 높은 곳 천구층(天球層) 저편에 생식하는 생물, 잃어버린 도시, 인류의 기억에서 망각된 토지에 관한 보고」, 「죽은 자의 혼을 그 사체 속에 소환하여 고문을 통해 세계의 근저에 숨겨진 비밀을 알아내는 방법」, 「별 속에 살면서 인류의 존속을 위협하는 무시무시한 힘을 가진 생물을 억제하는 방법」 등이 쓰여 있다고 한다.

『네크로노미콘』 개요

네크로노미콘

「크툴루 신화」 속에서 가장 중요한 금단의 마도서.

러브크래프트의 단편소설 『사냥개』에 최초로 등장.

신화에서는?

710년경, 미치광이 시인 압둘 알하자드가 집필했다.

요그 소토스와 크툴루 등 옛 지배자라 불리는 옛 신들에 관한 내용, 또한 그 종교의 비의에 관하여.

알하자드는 10년 동안이나 고대 유적에서 생활하며 그러한 예지를 얻었다고 한다.

『네크로노미콘—알하자드의 방랑』
(도널드 타이슨 저/2004년 간)에서는…

『네크로노미콘』

· 저 높은 곳 천구층 저편에 생식하는 생물, 잃어버린 도시, 인류의 기억에서 망각된 토지에 관한 보고.

· 죽은 자의 혼을 그 사체 속에 소환하여 고문을 통해 세계의 근저에 숨겨진 비밀을 알아내는 방법.

· 별 속에 살면서 인류의 존속을 위협하는 무시무시한 힘을 가진 생물을 억세하는 방법 등.

크툴루 신화는 새로운 작품이 창작될 때마다 진화한다.

No.101

보이니치 문서

Voynich Manuscript

크툴루 신화에도 등장하는 『보이니치 문서』는 세계에서 가장 불가사의한 실재 서적으로서, 1969년 이후로는 예일 대학교에 보관되어 있다.

●예일 대학교에 보관되어 있는 실재 미스터리

영국의 작가 콜린 윌슨은 크툴루 신화에 속한 소설인 『현자의 돌』과 『로이거의 부활』 속에 『보이니치 문서』라는 암호화된 서적을 『네크로노미콘』의 사본 중 하나로서 등장시켰다.

여기에 나오는 『보이니치 문서』는 「세계에서 가장 불가사의한 서적」이라 일컬어지는 수수께끼의 문서로서 사실은 실제로 존재하고 있다. 너무나 미스터리하다 보니 무엇에 관해 적혀 있는지조차 분명하지 않지만, 크툴루 신화의 작가들도 이 책에 자극을 받았을 가능성이 있다.

1912년의 일이다. 본래 폴란드인 혁명가로서 시베리아로 추방되었다가 유럽에 건너와 서적상이 된 윌프리드 마이클 보이니치라는 인물이 로마 근교 예수회 계열 성에서 나무 상자에 들어 있는 이상한 책을 발견한다. 그것은 전부 230쪽 정도 되는 문서였는데, 본 적 없는 문자가 빽빽이 기입되어 있고 나체의 여성이 목욕하는 삽화와 약초로 보이는 여러 식물의 삽화가 그려져 있었다.

이것이 바로 후에 『보이니치 문서』라 불리게 되는 수수께끼의 서적이었지만, 보이니치는 이것을 알베르투스 마그누스 혹은 로저 베이컨이 쓴 13세기의 책이라고 생각했다. 그리고 이 책은 일단 존 디의 장서가 되었다가 그 후 루돌프 2세에게 양도되었으리라 확신했다. 그래서 보이니치는 전문가의 감정을 받은 후 당시 금액으로 16만 달러(현재의 20억 원)라는 가격을 매겨 매각하려 한다. 하지만 수수께끼가 너무 많은 책이라 결국 사겠다는 사람이 나타나지 않았고, 1969년 이후로는 예일 대학교에 보관되어 현재는 누구나 그 내용을 볼 수 있게 되었다. 내용은 아직까지 해독되지 않았는데, 에드워드 켈리가 존 디를 속이기 위해 위조한 것이 아닌가 하는 설도 있다.

『보이니치 문서』 개요

보이니치 문서

- 크툴루 신화에 등장하는 마도서
- 작가 콜린 윌슨이 소설 『현자의 돌』과 『로이거의 부활』에 등장시켰다.
- 사실 실제로 존재하는 책이다.

실재 『보이니치 문서』의 전설

· 1912년, 서적상 W. M. 보이니치가 로마 근교의 성에서 발견.

· 전부 230쪽 정도 되는 문서.

· 본 적 없는 문자, 나체의 여성이 목욕하는 삽화, 약초로 보이는 여러 식물의 삽화 등이 실려 있었다.

· 에드워드 켈리가 존 디를 속이기 위해 위조한 것이 아닌가 하는 설도 있다.

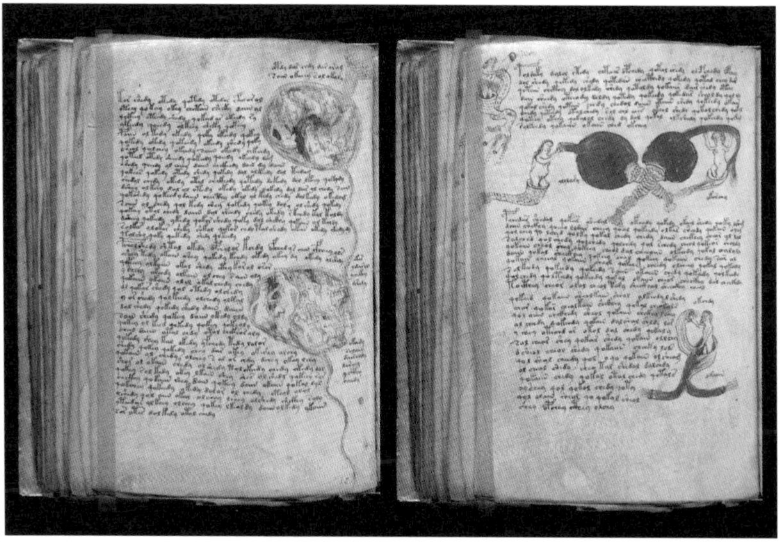

예일 대학교에 소장된 사본의 일부

솔로몬 왕의 펜타클 일람

여기에서 소개하는 것은 『솔로몬 왕의 열쇠』에 게재되어 있는 44개의 펜타클이다. 『솔로몬 왕의 열쇠』의 마술에서는 이들 펜타클이 매우 중요한 역할을 한다. 펜타클에 대한 상세한 해설, 제작법에 관해서는 제2장의 No.037과 No.038을 참조하기 바란다. 또한 이곳의 설명은 『The Key of Solomon the King(Clavicula Salomonis)』(S. L. MACGREGOR MATHERS 영역 / WEISER BOOKS)을 토대로 하고 있다.

토성의 1번째 펜타클

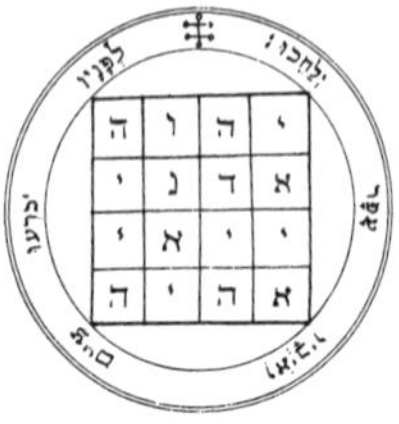

영혼에게 겁을 줄 때 유익하여 크게 가치 있는 펜타클이다. 이것을 보여주면 영혼은 굴복하며, 이 앞에 무릎 꿇고 기도하면 영혼은 복종한다.

토성의 2번째 펜타클

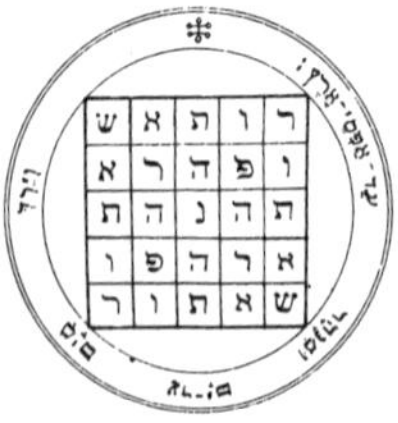

적에 대항할 때 크게 가치 있는 펜타클이다. 특히 교만한 영혼의 콧대를 꺾는 데 도움이 된다.

토성의 3번째 펜타클

밤중에 토성의 영혼을 소환할 때 쓸모 있는 펜타클이다. 다만 반드시 마법원 안에서 만들어야 한다.

토성의 4번째 펜타클

주로 황폐 · 파괴 · 죽음을 초래하는 마술에 사용하는 펜타클이다. 또한 이 펜타클을 통해 남쪽으로부터 소환할 경우 영혼은 중대한 정보를 가져온다.

토성의 5번째 펜타클

밤중에 토성의 영혼을 소환하는 자를 지켜주는 펜타클이다. 또한 보물을 지키는 영혼을 쫓는 데 도움이 된다.

토성의 6번째 펜타클

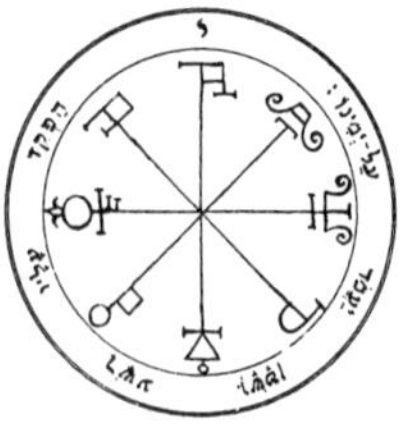

이 펜타클은 주위에 적대하는 자를 상징하는 이름을 적어 사용한다. 그 이름을 낭송하면 적대자는 악마에 씌게 된다.

토성의 7번째
펜타클

이 펜타클에 이름이 적힌 천사들은 우주를 떨게 하는 힘이 있어, 이것을 사용하면 지진을 일으킬 수 있다.

목성의 1번째
펜타클

목성의 영혼, 특히 펜타클 주위에 기재된 영혼들을 불러내는 데 도움이 된다. 그중에 보물의 지배자인 파라시엘이 있어, 보물을 손에 넣는 방법을 알려준다.

목성의 2번째
펜타클

영광, 명예, 위엄, 부, 그리고 온갖 좋은 것들을 마음의 평안과 함께 획득하는 데 도움이 되는 펜타클이다. 처녀양피지에 제비깃펜으로 쓸 것.

목성의 3번째
펜타클

영혼을 소환한 자를 지켜주는 펜타클이다. 영혼이 나타났을 때 이 펜타클을 보여주면 된다. 그러면 영혼은 즉시 복종할 것이다

목성의 4번째
펜타클

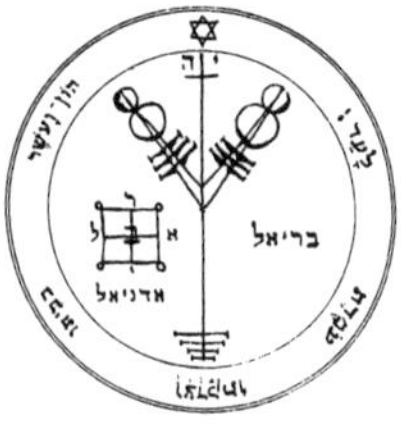

부와 명예를 손에 넣고 재산을 축적하게 해주는 펜타클이다. 목성이 거해궁에 위치한 목성의 날과 시간에 천사 바리엘의 이름을 은판에 새겨 만든다.

목성의 5번째
펜타클

거대한 힘을 지닌 펜타클로, 특별한 환영을 통해 계시를 준다. 『창세기』에서 족장 야곱이 천국에 닿는 사다리를 본 것도 이 펜타클의 힘 덕분이다.

목성의 6번째
펜타클

이 펜타클에 경의를 표하고 주위에 새겨진 시구 '그러므로 너는 죽지 않으리라'를 반복해서 읊으면, 지상의 온갖 위험으로부터 몸을 보호할 수 있다.

목성의 7번째
펜타클

이 펜타클에 적힌 시구(『시편』 113편 7절)를 반복해서 읊으면 빈곤해지지 않는다. 나아가 보물을 지키는 영혼을 쫓고 그것을 획득할 수 있다.

화성의 1번째 펜타클

펜타클에 새겨진 화성의 네 영혼을 소환할 수 있다. 그 영혼은 마디미엘, 바르트자키아, 에스키엘, 이투리엘이다.

화성의 2번째 펜타클

환부에 가져다 대면 질병과 상처를 치유해준다. 요한복음 1장 4절 '말씀 안에 생명이 있고 이 생명은 모든 인류에게 빛을 주신다'가 주위에 새겨져 있다.

화성의 3번째 펜타클

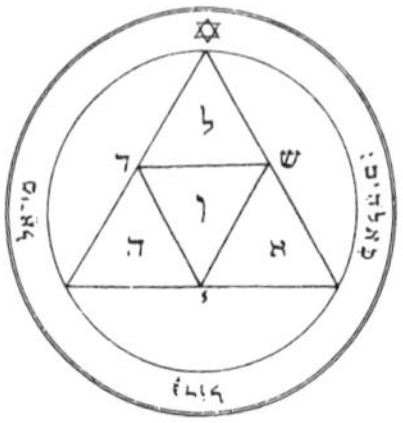

전쟁, 분노, 불화, 적대심을 일으키는 펜타클이다. 또한 반역하는 영혼들에게 공포를 느끼게 하는 힘도 있다. 전능한 신의 다양한 이름이 새겨져 있다.

화성의 4번째 펜타클

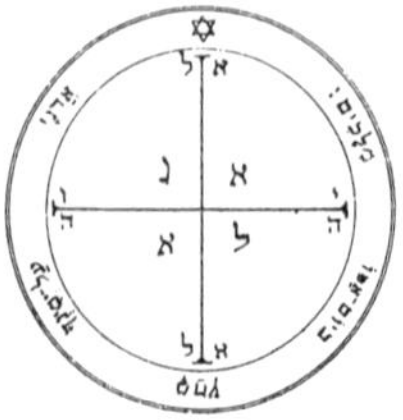

전쟁에서 위대한 미덕과 힘을 발휘하는 펜타클로, 이것이 있으면 의심할 여지 없이 전쟁에서 반드시 승리한다.

화성의 5번째 펜타클

이 펜타클을 처녀 양피지에 그리면 악령을 복종시킬 수 있다. 이 펜타클은 악령에게 그만큼 무시무시해 저항하지 못한다.

화성의 6번째 펜타클

위대한 방어력을 지닌 펜타클로서, 이것을 가지고 있으면 누구에게 공격받더라도 다치지 않을 뿐 아니라, 적의 무기는 적 자신을 상처 입히게 된다.

화성의 7번째 펜타클

화성의 영혼을 소환하여, 화성의 날과 시간에 처녀양피지에 박쥐의 피로 그린 이 펜타클을 보여준다. 그러면 곧바로 우박과 폭풍을 일으킬 수 있다.

태양의 1번째 펜타클

전능한 신 샤다이의 얼굴이 그려진 펜타클이다. 이 얼굴을 보여주면 온갖 생물이 복종하며 천사들은 무릎 꿇고 공손히 절한다.

태양의 2번째
펜타클

태양의 영혼들은 그 본성으로 인해 무척 오만하고 긍지 높다. 다만 이 펜타클을 비롯해 태양에 속한 펜타클은 모두 그 영혼들의 자존심과 오만을 억제하는 힘을 가지고 있다.

태양의 3번째
펜타클

신성한 테트라그라마톤 네 글자가 12번 적혀 있다. 태양의 1번째, 2번째 펜타클 효과에 더하여 왕국과 제국, 명성과 영광을 얻게 해주는 힘이 있다.

태양의 4번째
펜타클

눈에 보이지 않는 모습으로 출현하는 영혼들을 보이게 만들어주는 힘이 있다. 감싸두었던 펜타클을 꺼내는 순간 그들은 눈에 보이게 된다.

태양의 5번째
펜타클

한 장소에서 다른 장소로 사람을 이동시켜주는 영혼을 소환하기 위한 펜타클이다. 아무리 먼 거리라도 이것이 있으면 눈 깜짝할 사이에 이동할 수 있다.

태양의 6번째
펜타클

이 펜타클은 정확히 만들기만 하면 모습을 완벽히 투명하게 만들 수 있는 힘을 갖는다.

태양의 7번째
펜타클

감옥에 갇혀 철로 된 족쇄에 묶인다 해도, 태양의 날과 시간에 금에 새겨 만든 이 펜타클이 있으면 즉시 해방되어 자유의 몸이 될 수 있다.

금성의 1번째
펜타클

노가히엘, 아켈리아, 소코디아, 낭가리엘 등 네 천사의 이름이 들어 있는 이 펜타클은 금성의 영혼 가운데서도 이들 네 천사에 대해 큰 힘을 발휘한다.

금성의 2번째
펜타클

이 펜타클이 있으면 은총과 명예를 얻는 것은 물론, 금성과 관련된 모든 일을 성취할 수 있다.

금성의 3번째
펜타클

이 펜타클을 누군가에게 보여주면 그 사람은 당신을 사랑하게 된다. 이 펜타클의 천사 모나키엘은 금성의 날과 시간, 1시 또는 8시에 소환해야 한다.

금성의 4번째
펜타클

이 펜타클은 강력하여 금성의 영혼을 강제하고 복종시킬 수 있다. 또한 와줬으면 하고 바라는 사람을 당장 오게 만든다.

금성의 5번째
펜타클

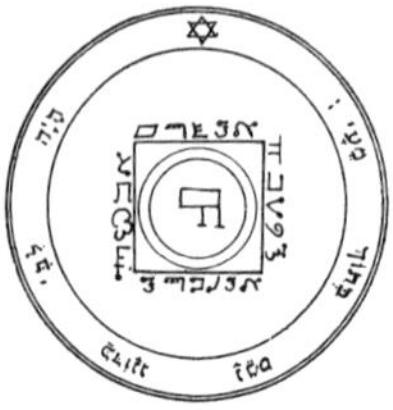

이 펜타클을 누군가에게 보여주면 그것만으로 그 사람은 아주 격렬히 당신을 사랑하게 된다.

수성의 1번째
펜타클

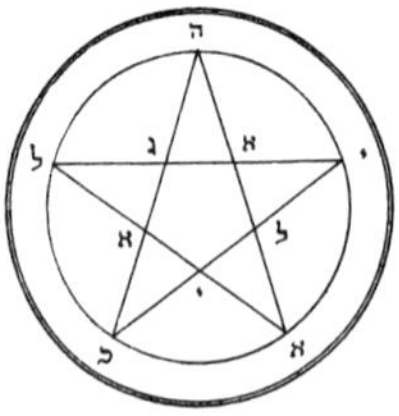

천사 예카헬과 아기엘의 이름이 들어 있는 이 펜타클은 창공 아래 사는 영혼들을 소환하는 데 큰 힘을 발휘한다.

수성의 2번째
펜타클

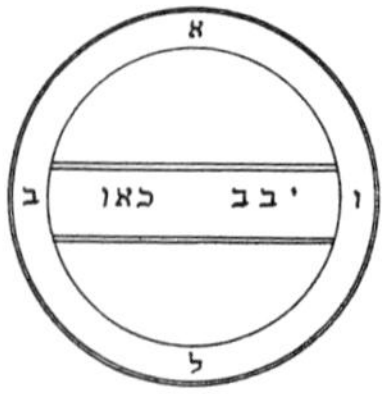

이 펜타클의 정령들은 자연에 반하는 결과를 가져오는 힘이 있다. 또한 사람들이 잘 떠올리지 못하는 것도 간단히 대답해준다. 하지만 그들을 보기란 매우 어렵다.

수성의 3번째
펜타클

수성의 영혼에 힘을 발휘하며, 그중에서도 특히 거기에 적혀 있는 영혼들에게 큰 힘을 갖는 펜타클이다. 그 영혼이란 코카비엘, 게도리아, 사바니아, 코크마히엘이다.

수성의 4번째
펜타클

온갖 대상에 대한 지식과 이해를 얻으며 모든 비밀에 정통하게 되는 펜타클이다. 또한 영혼들에게 명령을 내려 신속히 실행시킬 수 있다.

수성의 5번째
펜타클

이 펜타클을 통해 수성의 영혼에게 명령하면 굳게 닫힌 문을 열고 어떤 방향으로든 나아갈 수 있으며, 게다가 방해받지도 않는다.

달의 1번째
펜타클

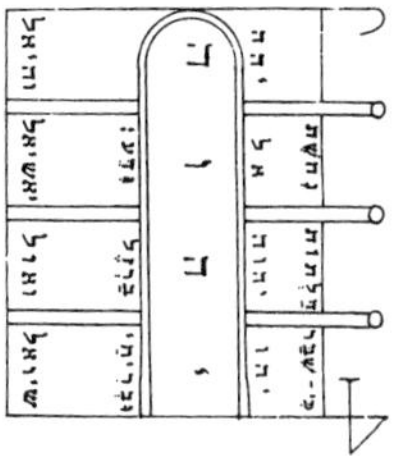

문의 상형문자적 도형이 그려진 이 펜타클이 있으면 달의 정령을 소환하여 굳게 닫힌 문을 열고 어떤 방향으로든 나아갈 수 있게 된다.

달의 2번째
펜타클

온갖 수해에 효과적인 펜타클이다. 또한 달의 정령이 술자를 겁주려고 마법원 주위에 큰 폭풍을 일으켜도 그것을 금세 가라앉힐 수 있다.

달의 3번째
펜타클

이 펜타클은 여행할 때 지참하면 크게 도움이 된다. 이것이 있으면 밤중에도 강도를 만나지 않으며 모든 종류의 수해로부터 보호받는다.

달의 4번째
펜타클

사악한 것으로부터 보호하여 육체적으로나 정신적으로 상처받지 않게 해준다. 천사 소피엘의 이름을 부르기만 하면 약초와 돌에 관한 모든 지식을 부여해준다.

달의 5번째
펜타클

이 펜타클이 있으면 알고 싶은 것을 잠자는 동안 알게 된다. 또한 파괴와 손실을 초래하는 천사 이아카디엘의 힘이 적을 향하게 할 수 있다.

달의 6번째
펜타클

달의 날과 시간에 은판에 새겨 만든 이 펜타클을 물속에 가라앉히면 세찬 비를 내리게 할 수 있다. 더구나 그 비는 펜타클을 물에서 꺼낼 때까지 그치지 않는다.

색인

<바>

<사>

<아>

<자>

<차>

<카>

참고 문헌 · 자료 일람

『마술의 역사(魔術の歴史)』 엘리파스 레비 저/스즈키 게이지(鈴木啓司) 역, 진분쇼인(人文書院)
『마술의 역사(魔術の歴史)』 J. B. 러셀 저/노무라 미키코(野村美紀子) 역, 지쿠마쇼보(筑摩書房)
『마술의 역사(魔術の歴史)』 리처드 캐번디시 저/도가 마사유키(栂正行) 역, 가와데쇼보신샤(河出書房新社)
『메피스토펠레스 근대 세계의 악마(メフィストフェレス 近代世界の悪魔)』 J. B. 러셀 저/노무라 미키코(野村美紀子) 역, 교분칸(教文館)
『마법—그 역사와 정체(魔法—その歴史と正体)』 K. 셀리그만 저, 헤이본샤(平凡社)
『마녀와 마술의 사전(魔女と魔術の事典)』 로즈마리 엘렌 길리 저/아라키 마사즈미(荒木正純), 마쓰다 스구루(松田英) 감역, 하라쇼보(原書房)
『마도서 솔로몬 왕의 열쇠(魔道書ソロモン王の鍵)』 블루 울브스(青狼団) 저, 후타미쇼보(二見書房)
『성서 구약 외경 포함(聖書 旧約聖書続編つき)』 신공동역(新共同訳), 일본성서협회(日本聖書協会)
『르네상스의 마술 사상(ルネサンスの魔術思想)』 D. P. 워커 저/다구치 세이이치(田口清一) 역, 헤이본샤(平凡社)
『종교와 마술의 쇠퇴 <상·하>(宗教と魔術の衰退<上·下>)』 키스 토머스 저/아라키 마사즈미(荒木正純) 역, 호세이대학출판국(法政大学出版局)
『흑마술(黒魔術)』 리처드 캐번디시 저/도가 마사유키(栂正行) 역, 가와데쇼보신샤(河出書房新社)
『존 디 엘리자베스 시대의 마술사(ジョン·ディー エリザベス朝の魔術師)』 피터 J. 프렌치 저/다카하시 마코토(高橋誠) 역, 헤이본샤(平凡社)
『그리스도교 신비주의 저작집 제16권(キリスト教神秘主義著作集第16巻)』 나카이 아야코(中井章子)·혼마 구니오(本間邦雄)·오카베 유조(岡部雄三) 역, 교분칸(教文館)
『시부사와 다쓰히코 전집 2(澁澤龍彦全集2)』 시부사와 다쓰히코(澁澤龍彦) 저, 가와데쇼보신샤(河出書房新社)
『흑마술의 아메리카(黒魔術のアメリカ)』 아서 라이언스 저/히로세 미키(広瀬美樹), 스즈키 미유키(鈴木美幸), 와다 다이사쿠(和田大作) 역, 도쿠마쇼텐(徳間書店)
『세계에서 가장 위험한 책—그리무아르의 역사(世界で最も危険な書物—グリモワールの歴史)』 오언 데이비스 저/우사 와쓰(宇佐和通) 역, 가시와쇼보(柏書房)
『The Grimoire of St.Cyprian Clavis Inferni』 Stephan Skinner,David Rankine 편저, GOLDEN HOARD PRESS
『The BOOK OF BLACK MAGIC』 ARTHUR EDWARD WAITE 저, WEISER BOOKS
『Grimoires—A History of Magic Books』 OWEN DAVIES 저, OXDORD UNIVERSITY PRESS
『THE GOETIA—THE LESSER KEY OF SOLOMON THE KING』 S.L.MACGREGOR MATHERS 영역 / ALEISTER CROWLEY 편집·해설, WEISER BOOKS
『The Key of Solomon the King(Clavicula Salomonis)』 S.L.MACGREGOR MATHERS 영역, WEISER BOOKS
『THE BOOK OF THE SACRED MAGIC OF ABRAMELIN THE MAGE』 S.L.MACGREGOR MATHERS 영역, DOWER PUBLICATIONS,INC.
『THE GRIMOIRE of ARMADEL』 S.L.MACGREGOR MATHERS 영역, WEISER BOOKS
『THE SIXTH AND SEVENTH BOOKS OF MOSES』 JOSEPH H.PETERSON 영역, IBIS PRESS
『The Satanic Rituals/Companion to The Satanic Bible』 Anton Sandor LaVey 저, AVON BOOKS
『The Satanic Bible』 Anton Sandor LaVey 저, AVON BOOKS
『CEREMONIAL MAGIC & The Power of Evocation』 JOSEPH C.LISIEWSKI,PH.D. 저, NEW FALCON PUBLICATIONS
『ENOCHIAN MAGIC for BEGINNERS』 Donald Tyson 저, Llewellyn Publications
『고등마술의 교리와 제례<교리 편>(高等魔術の教理と祭儀<教理篇>)』 엘리파스 레비 저/이쿠타 고사쿠(生田耕作) 역, 진분쇼인(人文書院)
『고등마술의 교리와 제례<제례 편>(高等魔術の教理と祭儀<祭儀篇>)』 엘리파스 레비 저/이쿠타 고사쿠(生田耕作) 역, 진분쇼인(人文書院)
『알레이스터 크롤리 저작집 1 신비주의와 마술(アレイスター·クロウリー著作集1 神秘主義と魔術)』 프랜시스 킹 감수/시마 히로유키(島弘之) 역, 국서간행회(国書刊行会)
『알레이스터 크롤리 저작집 2 토트의 서(アレイスター·クロウリー著作集2 トートの書)』 프랜시스 킹 감수/사카키바라 무네히데(榊原宗秀) 역, 국서간행회(国書刊行会)
『알레이스터 크롤리 저작집 별권 1 알레이스터 크롤리의 마술 세계(アレイスター·クロウリー著作集別巻1 アレイスター·クロウリーの魔術世界)』 프랜시스 킹 저/야마기시 에이지(山岸映自) 역, 국서간행회(国書刊行会)
『법의 서(法の書)』 알레이스터 크롤리 저/시마 히로유키(島弘之)·우에마쓰 야스오(植松靖夫) 역, 국서간행회(国書刊行会)
『마술 이론과 실천(魔術 理論と実践)』 알레이스터 크롤리 저/시마 히로유키(島弘之)·우에마쓰 야스오(植松靖夫)·에구치 유키타카(江口之隆) 역, 국서간행회(国書刊行会)

『세계마법대전 3 석류나무 정원(世界魔法大全3 石榴の園)』 이스라엘 리가디 저/가타야마 아키히사(片山章久) 역, 국서간행회(国書刊行会)
『세계마법대전 5 마술의 부활(世界魔法大全5 魔術の復活)』 케네스 그랜트 저/우에마쓰 야스오(植松靖夫) 역, 국서간행회(国書刊行会)
『황금여명 마법대계 4 소환마술(黄金夜明け魔法体系4 召喚魔術)』 이스라엘 리가디 저/히우라 유키오(日浦幸雄) 역/아키바 쓰토무(秋端勉) 책임편집, 국서간행회(国書刊行会)
『현대의 마술사—크롤리전(現代の魔術師—クローリー伝)』 콜린 윌슨 저/나카무라 야스오(中村保男) 역, 가와데쇼보신샤(河出書房新社)
『세계환상문학대계 제40권 미스티컬 카발라(世界幻想文学大系第40巻 神秘のカバラー)』 D. 포춘 저/오누마 다다히로(大沼忠弘) 역, 국서간행회(国書刊行会)
『마녀의 성전(魔女の聖典)』 도린 발리안테 저/아키바 쓰토무(秋端勉) 역, 국서간행회(国書刊行会)
『크툴루 신화 컬렉션 마도서 네크로노미콘(クトゥルー神話コレクション魔道書ネクロノミコン)』 콜린 윌슨 외 저/조지 헤이 편/오타키 게이스케(大瀧啓裕) 역, 가쿠슈켄큐샤(学習研究社)
『네크로노미콘—알하자드의 방랑(ネクロノミコン—アルハザードの放浪)』 도널드 타이슨 저/오타키 게이스케(大瀧啓裕) 역, 가쿠슈켄큐샤(学習研究社)
『크툴루 신화집(ク·リトル·リトル神話集)』 H. P. 러브크래프트 외 저/아라마타 히로시(荒又宏) 편, 국서간행회(国書刊行会)
『크툴루 신화담 검은 비석(クトゥルー神話譚 黒の碑)』 로버트 E. 하워드 저/나쓰키 겐지(夏来健次) 역, 도쿄소겐샤(東京創元社)
『유령 사냥꾼 카낙키의 사건부(幽霊狩人カーナッキの事件簿)』 W. H. 호지슨 저/나쓰키 겐지(夏来健次) 역, 도쿄소겐샤(東京創元社)
『크툴루 신화 컬트북 THE BOOK OF EIBON 에이본의 서(クトゥルフ神話カルトブック THE BOOK OF EIBON エイボンの書)』 로버트 M. 프라이스 편/C. A. 스미스, 린 카터 외 저/사카모토 마사유키(坂本雅之), 나카야마 데이코(中山てい子), 다치바나 게이이치(立花圭一) 역, 신키겐샤(新紀元社)
『도해 크툴루 신화(図解 クトゥルフ神話)』 모리세 료(森瀬繚) 저, 신키겐샤(新紀元社)
『크툴루 신화 가이드북—20세기의 공포 신화(クトゥルフ神話ガイドブック—20世紀の恐怖神話)』 도키타 유스케(朱鷺田祐介) 저, 신키겐샤(新紀元社)
『러브크래프트 전집 1(ラヴクラフト全集1)』 H. P. 러브크래프트 저/오니시 다다아키(大西尹明) 역, 도쿄소겐샤(東京創元社)
『러브크래프트 전집 2(ラヴクラフト全集2)』 H. P. 러브크래프트 저/우노 도시야스(宇野利泰) 역, 도쿄소겐샤(東京創元社)
『러브크래프트 전집 3~7(ラヴクラフト全集3~7)』 H. P. 러브크래프트 저/오타키 게이스케(大瀧啓裕) 역, 도쿄소겐샤(東京創元社)
『크툴루 신화 사전(クトゥルー神話事典)』 히가시 마사오(東雅夫) 저, 가쿠슈켄큐샤(学習研究社)

●웹 사이트 또는 PDF(인터넷)

<Twilit Grotto: Archives of Western Esoterica> http://www.esotericarchives.com/
<마술 사이트 은빛 달> http://magic.cosmic-egg.com/
<O.:.H.:. 서양 마술 박물관> http://www7.ocn.ne.jp/~elfindog/
<Hermetics.org(The Hermetics Resource Site)> http://www.hermetics.org/

창작을 꿈꾸는 이들을 위한 안내서
AK 트리비아 시리즈

-AK TRIVIA BOOK

No. 01 도해 근접무기

오나미 아츠시 지음 | 이창협 옮김 | 228쪽 | 13,000원

근접무기, 서브 컬처적 지식을 고찰하다!

검, 도끼, 창, 곤봉, 활 등 현대적인 무기가 등장하기 전에 사용되던 냉병기에 대한 개설서. 각 무기의 형상과 기능, 유형부터 사용 방법은 물론 서브컬처의 세계에서 어떤 모습으로 그려지는가에 대해서도 상세히 해설하고 있다.

No. 02 도해 크툴루 신화

모리세 료 지음 | AK커뮤니케이션즈 편집부 옮김 | 240쪽 | 13,000원

우주적 공포, 현대의 신화를 파헤치다!

현대 환상 문학의 거장 H.P 러브크래프트의 손에 의해 창조된 암흑 신화인 크툴루 신화. 111가지의 키워드를 선정, 각종 도해와 일러스트를 통해 크툴루 신화의 과거와 현재를 해설한다.

No. 03 도해 메이드

이케가미 료타 지음 | 코트랜스 인터내셔널 옮김 | 238쪽 | 13,000원

메이드의 모든 것을 이 한 권에!

메이드에 대한 궁금증을 확실하게 해결해주는 책. 영국, 특히 빅토리아 시대의 사회를 중심으로, 실존했던 메이드의 삶을 보여주는 가이드북.

No. 04 도해 연금술

쿠사노 타쿠미 지음 | 코트랜스 인터내셔널 옮김 | 220쪽 | 13,000원

기적의 학문, 연금술을 짚어보다!

연금술사들의 발자취를 따라 연금술에 대해 자세하게 알아보는 책. 연금술에 대한 풍부한 지식을 쉽고 간결하게 정리하여, 체계적으로 해설하며, '진리'를 위해 모든 것을 바친 이들의 기록이 담겨있다.

No. 05 도해 핸드웨폰

오나미 아츠시 지음 | 이창협 옮김 | 228쪽 | 13,000원

모든 개인화기를 총망라!

권총, 소총, 기관총, 어설트 라이플, 샷건, 머신건 등, 개인 화기를 지칭하는 다양한 명칭들은 대체 무엇을 기준으로 하며 어떻게 붙여진 것일까? 개인 화기의 모든 것을 기초부터 해설한다.

No. 06 도해 전국무장

이케가미 료타 지음 | 이재경 옮김 | 256쪽 | 13,000원

전국시대를 더욱 재미있게 즐겨보자!

소설이나 만화, 게임 등을 통해 많이 접할 수 있는 일본 전국시대에 대한 입문서. 무장들의 활약상, 전국시대의 일상과 생활까지 상세히 서술, 전국시대에 쉽게 접근할 수 있도록 구성했다.

No. 07 도해 전투기

가와노 요시유키 지음 | 문우성 옮김 | 264쪽 | 13,000원

빠르고 강력한 병기, 전투기의 모든 것!

현대전의 정점인 전투기. 역사와 로망 속의 전투기에서 최신예 스텔스 전투기에 이르기까지, 인류의 전쟁사를 바꾸어놓은 전투기에 대하여 상세히 소개한다.

No. 08 도해 특수경찰

모리 모토사다 지음 | 이재경 옮김 | 220쪽 | 13,000원

실제 SWAT 교관 출신의 저자가 특수경찰의 모든 것을 소개!

특수경찰의 훈련부터 범죄 대처법, 최첨단 수사 시스템, 기밀 작전의 아슬아슬한 부분까지 특수경찰을 저자의 풍부한 지식으로 폭넓게 소개한다.

No. 09 도해 전차

오나미 아츠시 지음 | 문우성 옮김 | 232쪽 | 13,000원

지상전의 왕자, 전차의 모든 것!

지상전의 지배자이자 절대 강자 전차를 소개한다. 전차의 힘과 이를 이용한 다양한 전술, 그리고 그 독특한 모습까지. 알기 쉬운 해설과 상세한 일러스트로 전차의 매력을 전달한다.

No. 10 도해 헤비암즈

오나미 아츠시 지음 | 이재경 옮김 | 232쪽 | 13,000원

전장을 압도하는 강력한 화기, 총집합!

전장의 주역, 보병들의 든든한 버팀목인 강력한 화기를 소개한 책. 대구경 기관총부터 유탄 발사기, 무반동총, 대전차 로켓 등, 압도적인 화력으로 전장을 지배하는 화기에 대하여 알아보자!

No. 11 도해 밀리터리 아이템

오나미 아츠시 지음 | 이재경 옮김 | 236쪽 | 13,000원

군대에서 쓰이는 군장 용품을 완벽 해설!

이제 밀리터리 세계에 발을 들이는 입문자들을 위해 '군장 용품'에 대해 최대한 알기 쉽게 다루는 책. 세부적인 사항에 얽매이지 않고, 상식적으로 갖추어야 할 기초지식을 중심으로 구성되어 있다.

No. 12 도해 악마학

쿠사노 타쿠미 지음 | 김문광 옮김 | 240쪽 | 13,000원

악마에 대한 모든 것을 담은 총집서!

악마학의 시작부터 현재까지의 그 연구 및 발전 과정을 한눈에 알아볼 수 있도록 구성한 책. 단순한 흥미를 뛰어넘어 영적이고 종교적인 지식의 깊이까지 더할 수 있는 내용으로 구성.

No. 13 도해 북유럽 신화

이케가미 료타 지음 | 김문광 옮김 | 228쪽 | 13,000원

세계의 탄생부터 라그나로크까지!

북유럽 신화의 세계관, 등장인물, 여러 신과 영웅들이 사용한 도구 및 마법에 대한 설명까지! 당시 북유럽 국가들의 생활상을 통해 북유럽 신화에 대한 이해도를 높일 수 있도록 심층적으로 해설한다.

No. 14 도해 군함

다카하라 나루미 외 1인 지음 | 문우성 옮김 | 224쪽 | 13,000원

20세기의 전함부터 항모, 전략 원잠까지!

군함에 대한 입문서. 종류와 개발사, 구조, 제원 등의 기본부터, 승무원의 일상, 정비 비용까지 어렵게 여겨질 만한 요소를 도표와 일러스트로 쉽게 해설한다.

No. 15 도해 제3제국

모리세 료 외 1인 지음 | 문우성 옮김 | 252쪽 | 13,000원

나치스 독일 제3제국의 역사를 파헤친다!

아돌프 히틀러 통치하의 독일 제3제국에 대한 개론서. 나치스가 권력을 장악한 과정부터 조직 구조, 조직을 이끈 핵심 인물과 상호 관계와 갈등, 대립 등, 제3제국의 역사에 대해 해설한다.

No. 16 도해 근대마술

하니 레이 지음 | AK커뮤니케이션즈 편집부 옮김 | 244쪽 | 13,000원

현대 마술의 개념과 원리를 철저 해부!

마술의 종류와 개념, 이름을 남긴 마술사와 마술 단체, 마술에 쓰이는 도구 등을 설명한다. 겉핥기식의 설명이 아닌, 역사와 각종 매체 속에서 마술이 어떤 영향을 주었는지 심층적으로 해설하고 있다.

No. 17 도해 우주선

모리세 료 외 1인 지음 | 이재경 옮김 | 240쪽 | 13,000원

우주를 꿈꾸는 사람들을 위한 추천서!

우주공간의 과학적인 설명은 물론, 우주선의 태동에서 발전의 역사, 재질, 발사와 비행의 원리 등, 어떤 원리로 날아다니고 착륙할 수 있는지, 자세한 도표와 일러스트를 통해 해설한다.

No. 18 도해 고대병기

미즈노 히로키 지음 | 이재경 옮김 | 224쪽 | 13,000원

역사 속의 고대병기, 집중 조명!

지혜와 과학의 결정체, 병기. 그중에서도 고대의 병기를 집중적으로 조명, 단순한 병기의 나열이 아닌, 각 병기의 탄생 배경과 활약상, 계보, 작동 원리 등을 상세하게 다루고 있다.

No. 19 도해 UFO

사쿠라이 신타로 지음 | 서형주 옮김 | 224쪽 | 13,000원

UFO에 관한 모든 지식과, 그 허와 실.

첫 번째 공식 UFO 목격 사건부터 현재까지, 세계를 떠들썩하게 만든 모든 UFO 사건을 다룬다. 수많은 미스터리는 물론, 종류, 비행 패턴 등 UFO에 관한 모든 지식들을 알기 쉽게 정리했다.

No. 20 도해 식문화의 역사

다카하라 나루미 지음 | 채다인 옮김 | 244쪽 | 13,000원

유럽 식문화의 변천사를 조명한다!

중세 유럽을 중심으로, 음식문화의 변화를 설명한다. 최초의 조리 역사부터 식재료, 예절, 지역별 선호메뉴까지, 시대상황과 분위기, 사람들의 인식이 어떠한 영향을 끼쳤는지 흥미로운 사실을 다룬다.

No. 21 도해 문장

신노 케이 지음 | 기미정 옮김 | 224쪽 | 13,000원

역사와 문화의 시대적 상징물, 문장!

기나긴 역사 속에서 문장이 어떻게 만들어졌고, 어떤 도안들이 이용되었는지, 발전 과정과 유럽 역사 속 위인들의 문장이나 특징적인 문장의 인물에 대해 설명한다.

No. 22 도해 게임이론

와타나베 타카히로 지음 | 기미정 옮김 | 232쪽 | 13,000원

이론과 실용 지식을 동시에!

죄수의 딜레마, 도덕적 해이, 제로섬 게임 등 다양한 사례 분석과 알기 쉬운 해설을 통해, 누구나가 쉽고 직관적으로 게임이론을 이해하고 현실에 적용할 수 있도록 도와주는 최고의 입문서.

No. 23 도해 단위의 사전

호시다 타다히코 지음 | 문우성 옮김 | 208쪽 | 13,000원

세계를 바라보고, 규정하는 기준이 되는 단위를 풀어보자!

전 세계에서 사용되는 108개 단위의 역사와 사용 방법 등을 해설하는 본격 단위 사전. 정의와 기준, 유래, 측정 대상 등을 명쾌하게 해설한다.

No. 24 도해 켈트 신화

이케가미 료타 지음 | 곽형준 옮김 | 264쪽 | 13,000원

쿠 훌린과 핀 막 쿨의 세계!

켈트 신화의 세계관, 각 설화와 전설의 주요 등장인물들! 이야기에 따라 내용뿐만 아니라 등장인물까지 뒤바뀌는 경우도 있는데, 그런 특별한 사항까지 다루어, 신화의 읽는 재미를 더한다.

No. 25 도해 항공모함

노가미 아키토 외 1인 지음 | 오광웅 옮김 | 240쪽 | 13,000원

군사기술의 결정체, 항공모함 철저 해부!

군사력의 상징이던 거대 전함을 과거의 유물로 전락시킨 항공모함. 각 국가별 발달의 역사와 임무, 영향력에 대한 광범위한 자료를 한눈에 파악할 수 있다.

No. 26 도해 위스키

츠치야 마모루 지음 | 기미정 옮김 | 192쪽 | 13,000원

위스키, 이제는 제대로 알고 마시자!

다양한 음용법과 글라스의 차이, 바 또는 집에서 분위기 있게 마실 수 있는 방법까지, 위스키의 맛을 한층 돋아주는 필수 지식이 가득! 세계적인 위스키 평론가가 전하는 입문서의 결정판.

No. 27 도해 특수부대

오나미 아츠시 지음 | 오광웅 옮김 | 232쪽 | 13,000원

불가능이란 없다! 전장의 스페셜리스트!

특수부대의 탄생 배경, 종류, 규모, 각종 임무, 그들만의 특수한 장비. 어떠한 상황에서도 살아남기 위한 생존 기술까지 모든 것을 보여주는 책. 왜 그들이 스페셜리스트인지 알게 될 것이다.

No. 28 도해 서양화

다나카 쿠미코 지음 | 김상호 옮김 | 160쪽 | 13,000원

서양화의 변천사와 포인트를 한눈에!

르네상스부터 근대까지, 시대를 넘어 사랑받는 명작 84점을 수록. 각 작품들의 배경과 특징, 그림에 담겨있는 비유적 의미와 기법 등, 감상 포인트를 명쾌하게 해설하였으며, 더욱 깊은 이해를 위한 역사와 종교 관련 지식까지 담겨있다.

No. 29 도해 갑자기 그림을 잘 그리게 되는 법

나카야마 시게노부 지음 | 이연희 옮김 | 204쪽 | 13,000원

멋진 일러스트의 초간단 스킬 공개!

투시도와 원근법만으로, 멋지고 입체적인 일러스트를 그릴 수 있는 방법! 그림에 대한 재능이 없다 생각 말고 읽어보자. 그림이 극적으로 바뀔 것이다.

No. 30 도해 사케

키미지마 사토시 지음 | 기미정 옮김 | 208쪽 | 13,000원

사케를 더욱 즐겁게 마셔 보자!

선택 법, 온도, 명칭, 안주와의 궁합, 분위기 있게 마시는 법 등, 사케의 맛을 한층 더 즐길 수 있는 모든 지식이 담겨 있다. 일본 요리의 거장이 전해주는 사케 입문서의 결정판.

No. 31 도해 흑마술

쿠사노 타쿠미 지음 | 곽형준 옮김 | 224쪽 | 13,000원

역사 속에 실존했던 흑마술을 총망라!

악령의 힘을 빌려 행하는 사악한 흑마술을 총망라한 책. 흑마술의 정의와 발전, 기본 법칙을 상세히 설명한다. 또한 여러 국가에서 행해졌던 흑마술 사건들과 관련 인물들을 소개한다.

No. 32 도해 현대 지상전

모리 모토사다 지음 | 정은택 옮김 | 220쪽 | 13,000원

아프간 이라크! 현대 지상전의 모든 것!!

저자가 직접, 실제 전장에서 활동하는 군인은 물론 민간 군사기업 관계자들과도 폭넓게 교류하면서 얻은 정보들을 아낌없이 공개한 책. 현대전에 투입되는 지상전의 모든 것을 해설한다.

No. 33 도해 건파이트

오나미 아츠시 지음 | 송명규 옮김 | 232쪽 | 13,000원

총격전에서 일어나는 상황을 파헤친다!

영화, 소설, 애니메이션 등에서 볼 수 있는 총격전. 그 장면들은 진짜일까? 실전에서는 총기를 어떻게 다루고, 어디에 몸을 숨겨야 할까. 자동차 추격전에서의 대처법 등 건 액션의 핵심 지식.

No. 34 도해 마술의 역사

쿠사노 타쿠미 지음 | 김진아 옮김 | 224쪽 | 13,000원

마술의 탄생과 발전 과정을 알아보자!

고대에서 현대에 이르기까지 마술은 문화의 발전과 함께 널리 퍼져나갔으며, 다른 마술과 접촉하면서 그 깊이를 더해왔다. 마술의 발생시기와 장소, 변모 등 역사와 개요를 상세히 소개한다.

No. 35 도해 군용 차량

노가미 아키토 지음 | 오광웅 옮김 | 228쪽 | 13,000원

지상의 왕자, 전차부터 현대의 바퀴달린 사역마까지!!

전투의 핵심인 전투 차량부터 눈에 띄지 않는 무대에서 묵묵히 임무를 다하는 각종 지원 차량까지. 각자 맡은 임무에 충실하도록 설계되고 고안된 군용 차량만의 다채로운 세계를 소개한다.

No. 36 도해 첩보·정찰 장비

사카모토 아키라 지음 | 문성호 옮김 | 228쪽 | 13,000원

승리의 열쇠 정보! 정보전의 모든 것!

소음총, 소형 폭탄, 소형 카메라 및 통신기 등 영화에서나 등장할 법한 첩보원들의 특수 장비부터 정찰 위성에 이르기까지 첩보 및 정찰 장비들을 400점의 사진과 일러스트로 설명한다.

No. 37 도해 세계의 잠수함

사카모토 아키라 지음 | 류재학 옮김 | 242쪽 | 13,000원

바다를 지배하는 침묵의 자객, 잠수함.

잠수함은 두 번의 세계대전과 냉전기를 거쳐, 최첨단 기술로 최신 무장시스템을 갖추어왔다. 원리와 구조, 승조원의 훈련과 임무, 생활과 전투 방법 등을 사진과 일러스트로 철저히 해부한다.

No. 38 도해 무녀

토키타 유스케 지음 | 송명규 옮김 | 236쪽 | 13,000원

무녀와 샤머니즘에 관한 모든 것!

무녀의 기원부터 시작하여 일본의 신사에서 치르고 있는 각종 의식, 그리고 델포이의 무녀, 한국의 무당을 비롯한 세계의 샤머니즘과 각종 종교를 108가지의 소주제로 분류하여 해설한다!

No. 39 도해 세계의 미사일 로켓 병기

사카모토 아키라 | 유병준·김성훈 옮김 | 240쪽 | 13,000원

ICBM부터 THAAD까지!

현대전의 진정한 주역이라 할 수 있는 미사일. 보병이 휴대하는 대전차 로켓부터 공대공 미사일, 대륙간 탄도탄, 그리고 근래 들어 언론의 주목을 받고 있는 ICBM과 THAAD까지 미사일의 모든 것을 해설한다!

No. 40 독과 약의 세계사

후나야마 신지 지음 | 진정숙 옮김 | 292쪽 | 13,000원

독과 약의 차이란 무엇인가?

화학물질을 어떻게 하면 유용하게 활용할 수 있는가 하는 것은 인류에 있어 중요한 과제 가운데 하나라 할 수 있다. 독과 약의 역사, 그리고 우리 생활과의 관계에 대하여 살펴보도록 하자.

No. 41 영국 메이드의 일상

무라카미 리코 지음 | 조아라 옮김 | 460쪽 | 13,000원

빅토리아 시대의 아이콘 메이드!

가사 노동자이며 직장 여성의 최대 다수를 차지했던 메이드의 일과 생활을 통해 영국의 다른 면을 살펴본다. 『엠마 빅토리안 가이드』의 저자 무라카미 리코의 빅토리안 시대 안내서.

No. 42 영국 집사의 일상

무라카미 리코 지음 | 기미정 옮김 | 292쪽 | 13,000원

집사, 남성 가사 사용인의 모든 것!

Butler, 즉 집사로 대표되는 남성 상급 사용인. 그들은 어떠한 일을 했으며 어떤 식으로 하루를 보냈을까? 『엠마 빅토리안 가이드』의 저자 무라카미 리코의 빅토리안 시대 안내서 제2탄.

No. 43 중세 유럽의 생활

가와하라 아쓰시 외 1인 지음 | 남지연 옮김 | 260쪽 | 13,000원

새롭게 조명하는 중세 유럽 생활사

철저히 분류되는 중세의 신분. 그 중 「일하는 자」의 일상생활은 어떤 것이었을까? 각종 도판과 사료를 통해, 중세 유럽에 대해 알아보자.

No. 44 세계의 군복

사카모토 아키라 지음 | 진정숙 옮김 | 130쪽 | 13,000원

세계 각국 군복의 어제와 오늘!!

형태와 기능미가 절묘하게 융합된 이복인 군복. 제2차 세계대전에서 현대에 이르기까지, 각국의 전투복과 정복 그리고 각종 장구류와 계급장, 훈장 등, 군복만의 독특한 매력을 느껴보자!

No. 45 세계의 보병장비

사카모토 아키라 지음 | 이상언 옮김 | 234쪽 | 13,000원

현대 보병장비의 모든 것!

군에 있어 가장 기본이 되는 보병! 개인화기, 전투복, 군장, 전투식량, 그리고 미래의 장비까지. 제2차 세계대전 이후 눈부시게 발전한 보병 장비와 현대전에 있어 보병이 지닌 의미에 대하여 살펴보자.

No. 46 해적의 세계사

모모이 지로 지음 | 김효진 옮김 | 280쪽 | 13,000원

「영웅」인가, 「공적」인가?

지중해, 대서양, 카리브해, 인도양에서 활동했던 해적을 중심으로, 영웅이자 약탈자, 정복자, 야심가 등 여러 시대에 걸쳐 등장했던 다양한 해적들이 세계사에 남긴 발자취를 더듬어본다.

No. 47 닌자의 세계

야마키타 아츠시 지음 | 송명규 옮김 | 232쪽 | 13,000원

실제 닌자의 활약을 살펴본다!

어떠한 임무라도 완수할 수 있도록 닌자는 온갖 지혜를 짜내며 궁극의 도구와 인술을 만들어냈다. 과연 닌자는 역사 속에서 어떤 활약을 펼쳤을까.

No. 48 스나이퍼

오나미 아츠시 지음 | 이상언 옮김 | 240쪽 | 13,000원

스나이퍼의 다양한 장비와 고도의 테크닉!

아군의 절체절명 위기에서 한 끗 차이의 절묘한 타이밍으로 전세를 역전시키기도 하는 스나이퍼의 세계를 알아본다.

No. 49 중세 유럽의 문화

이케가미 쇼타 지음 | 이은수 옮김 | 256쪽 | 13,000원

심오하고 매력적인 중세의 세계!

기사, 사제와 수도사, 음유시인에 숙녀, 그리고 농민과 상인과 기술자들. 중세 배경의 판타지 세계에서 자주 보았던 그들의 리얼한 생활을 풍부한 일러스트와 표로 이해한다!

No. 50 기사의 세계

이케가미 쇼타 지음 | 이은수 옮김 | 256쪽 | 13,000원

심오하고 매력적인 중세의 세계!

기사, 사제와 수도사, 음유시인에 숙녀, 그리고 농민과 상인과 기술자들. 중세 배경의 판타지 세계에서 자주 보았던 그들의 리얼한 생활을 풍부한 일러스트와 표로 이해한다!

No. 51 영국 사교계 가이드 -19세기 영국 레이디의 생활-

무라카미 리코 지음 | 문성호 옮김 | 216쪽 | 15,000원

19세기 영국 사교계의 생생한 모습!

당시에 많이 출간되었던 「에티켓 북」의 기술을 바탕으로, 빅토리아 시대 중류 여성들의 사교 생활을 알아보며 그 속마음까지 들여다본다.

No. 52 중세 유럽의 성채 도시

무라카미 리코 지음 | 문성호 옮김 | 216쪽 | 15,000원

19세기 영국 사교계의 생생한 모습!

당시에 많이 출간되었던 「에티켓 북」의 기술을 바탕으로, 빅토리아 시대 중류 여성들의 사교 생활을 알아보며 그 속마음까지 들여다본다.

환상 네이밍 사전

신키겐샤 편집부 지음 | 유진원 옮김 | 288쪽 | 14,800원

의미 없는 네이밍은 이제 그만!

운명은 프랑스어로 무엇이라고 할까? 독일어, 일본어로는? 중국어로는? 더 나아가 이탈리아어, 러시아어, 그리스어, 라틴어, 아랍어에 이르기까지. 1,200개 이상의 표제어와 11개국어, 13,000개 이상의 단어를 수록!!

중2병 대사전

노무라 마사타카 지음 | 이재경 옮김 | 200쪽 | 14,800원

이 책을 보는 순간, 당신은 이미 궁금해하고 있다!

사춘기 청소년이 행동할 법한, 손발이 오그라드는 행동이나 사고를 뜻하는 중2병. 서브컬쳐 작품에 자주 등장하는 중2병의 의미와 기원 등, 102개의 항목에 대해 해설과 칼럼을 곁들여 알기 쉽게 설명 한다.

크툴루 신화 대사전

고토 카츠 외 1인 지음 | 곽형준 옮김 | 192쪽 | 13,000원

신화의 또 다른 매력, 무한한 가능성!

H.P. 러브크래프트를 중심으로 여러 작가들의 설정이 거대한 세계관으로 자리잡은 크툴루 신화. 현대 서브 컬처에 지대한 영향을 끼치고 있다. 대중 문화 속에 알게 모르게 자리 잡은 크툴루 신화의 요소를 설명하는 본격 해설서.

문양박물관

H. 돌메치 지음 | 이지은 옮김 | 160쪽 | 8,000원

세계 문양과 장식의 정수를 담다!

19세기 독일에서 출간된 H.돌메치의 『장식의 보고』를 바탕으로 제작된 책이다. 세계 각지의 문양 장식을 소개한 이 책은 이론보다 실용에 초점을 맞춘 입문서. 화려하고 아름다운 전 세계의 문양을 수록한 실용적인 자료집으로 손꼽힌다.

고대 로마군 무기·방어구·전술 대전

노무라 마사타카 외 3인 지음 | 기미정 옮김 | 224쪽 | 13,000원

위대한 정복자, 고대 로마군의 모든 것!

부대의 편성부터 전술, 장비 등, 고대 최강의 군대라 할 수 있는 로마군이 어떤 집단이었는지 상세하게 분석하는 해설서. 압도적인 군사력으로 세계를 석권한 로마 제국. 그 힘의 전모를 철저하게 검증한다.

도감 무기 갑옷 투구

이치카와 사다하루 외 3인 지음 | 남지연 옮김 | 448쪽 | 29,000원

역사를 망라한 궁극의 군장도감!

고대로부터 무기는 당시 최신 기술의 정수와 함께 철학과 문화, 신념이 어우러져 완성되었다. 이 책은 그러한 무기들의 기능, 원리, 목적 등과 더불어 그 기원과 발전 양상 등을 그림과 표를 통해 알기 쉽게 설명하고 있다. 역사상 실재한 무기와 갑옷, 투구들을 통사적으로 살펴보자!

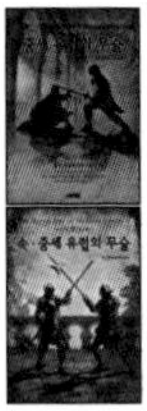

중세 유럽의 무술, 속 중세 유럽의 무술

오사다 류타 지음 | 남유리 옮김 |

각 권 672쪽~624쪽 | 각 권 29,000원

본격 중세 유럽 무술 소개서!

막연하게만 떠오르는 중세 유럽~르네상스 시대에 활약했던 검술과 격투술의 모든 것을 담은 책. 영화 등에서만 접할 수 있었던 유럽 중세시대 무술의 기본이념과 자세, 방어, 보법부터, 시대를 풍미한 각종 무술까지, 일러스트를 통해 알기 쉽게 설명한다.

최신 군용 총기 사전

토코이 마사미 지음 | 오광웅 옮김 | 564쪽 | 45,000원

세계 각국의 현용 군용 총기를 총망라!

주로 군용으로 개발되었거나 군대 또는 경찰의 대테러부대처럼 중무장한 조직에 배치되어 사용되고 있는 소화기가 중점적으로 수록되어 있으며, 이외에도 각 제작사에서 국제 군수시장에 수출할 목적으로 개발, 시제품만이 소수 제작되었던 총기류도 함께 실려 있다.

초패미컴, 초초패미컴

타네 키요시 외 2인 지음 | 문성호 외 1인 옮김 |

각 권 360, 296쪽 | 각 14,800원

게임은 아직도 패미컴을 넘지 못했다!

패미컴 탄생 30주년을 기념하여, 1983년 『동키콩』 부터 시작하여, 1994년 『타카하시 명인의 모험도 IV』까지 총 100여 개의 작품에 대한 리뷰를 담은 영구 소장판. 패미컴과 함께했던 아련한 추억을 간직하고 있는 모든 이들을 위한 책이다.

초쿠소게 1,2

타네 키요시 외 2인 지음 | 문성호 옮김 |

각 권 224, 300쪽 | 각 권 14,800원

망작 게임들의 숨겨진 매력을 재조명!

『쿠소게クソゲ-』란 '똥-クソ'과 '게임-Game'의 합성어로, 어감 그대로 정말 못 만들고 재미없는 게임을 지칭할 때 사용되는 조어이다. 우리말로 바꾸면 망작 게임 정도가 될 것이다. 레트로 게임에서부터 플레이스테이션3까지 게이머들의 기대를 보란듯이 저버렸던 수많은 쿠소게들을 총망라하였다.

초에로게, 초에로게 하드코어

타네 키요시 외 2인 지음 | 이은수 옮김 |

각 권 276쪽, 280쪽 | 각 권 14,000원

명작 18금 게임 총출동!

에로게란 '에로-エロ'와 '게임-Game'의 합성어로, 말 그대로 성적인 표현이 담긴 게임을 지칭한다. '에로게 헌터'라 자처하는 베테랑 저자들의 엄격한 심사(?!)를 통해 선정된 '명작 에로게'들에 대한 본격 리뷰집!!

세계의 전투식량을 먹어보다

키쿠즈키 토시유키 지음 | 오광웅 옮김 | 144쪽 | 13,000원

전투식량에 관련된 궁금증을 한권으로 해결!

전투식량이 전장에서 자리를 잡아가는 과정과, 미국의 독립전쟁부터 시작하여 역사 속 여러 전쟁의 전투식량 배급 양상을 살펴보는 책. 식품부터 식기까지, 수많은 전쟁 속에서 전투식량이 어떠한 모습으로 등장하였고 병사들은 이를 어떻게 취식하였는지, 흥미진진한 역사를 소개하고 있다.

민족의상 1,2

오귀스트 라시네 지음 | 이지은 옮김 | 각 권 160쪽 | 각 8,000원

화려하고 기품 있는 색감!!

디자이너 오귀스트 라시네의 『복식사』 전 6권 중에서 민족의상을 다룬 부분을 바탕으로 제작되었다. 당대에 정점에 올랐던 석판 인쇄 기술로 완성되어, 시대가 흘렀음에도 그 세세하고 풍부하고 아름다운 색감이 주는 감동은 여전히 빛을 발한다.

세계장식도 Ⅰ, Ⅱ

오귀스트 라시네 지음 | 이지은 옮김 | 각 권 160쪽 | 각 권 8,000원

공예 미술계 불후의 명작을 농축한 한 권!

19세기 프랑스에서 가장 유명한 디자이너였던 오귀스트 라시네의 대표 저서 「세계장식 도집성」에서 인상적인 부분을 뽑아내 콤팩트하게 정리한 다이제스트판. 공예 미술의 각 분야를 포괄하는 내용을 담은 책으로, 방대한 예시를 더욱 정교하게 소개한다.

중세 유럽의 복장

오귀스트 라시네 지음 | 이지은 옮김 | 160쪽 | 8,000원

고품격 유럽 민족의상 자료집!!

19세기 프랑스의 유명한 디자이너 오귀스트 라시네가 직접 당시의 민족의상을 그린 자료집. 유럽 각지에서 사람들이 실제로 입었던 민족의상의 모습을 그대로 풍부하게 수록하였다. 각 나라의 특색과 문화가 담겨 있는 민족의상을 감상할 수 있다.

서양 건축의 역사

사토 다쓰키 지음 | 조민경 옮김 | 264쪽 | 14,000원

서양 건축사의 결정판 가이드 북!

건축의 역사를 살펴보는 것은 당시 사람들의 의식을 들여다보는 것과도 같다. 이 책은 고대에서 중세, 르네상스기로 넘어오며 탄생한 다양한 양식들을 당시의 사회, 문화, 기후, 토질 등을 바탕으로 해설하고 있다.

그림과 사진으로 풀어보는 이상한 나라의 앨리스

구와바라 시게오 지음 | 조민경 옮김 | 248쪽 | 14,000원

매혹적인 원더랜드의 논리를 완전 해설!

산업 혁명을 통한 눈부신 문명의 발전과 그 그늘. 도덕주의와 엄숙주의, 위선과 허영이 병존하던 빅토리아 시대는 「원더랜드」의 탄생과 그 배경으로 어떻게 작용했을까? 순진 무구한 소녀 앨리스가 우연히 발을 들인 기묘한 세상의 완전 가이드북!!

세계의 건축

코우다 미노루 외 1인 지음 | 조민경 옮김 | 256쪽 | 14,000원

고품격 건축 일러스트 자료집!

시대를 망라하여, 건축물의 외관 및 내부의 장식을 정밀한 일러스트로 소개한다. 흔히 보이는 풍경이나 딱딱한 도시의 건축물이 아닌, 고풍스러운 건물들을 섬세하고 세밀한 선화로 표현하여 만화, 일러스트 자료에 최적화된 형태로 수록하고 있다

그림과 사진으로 풀어보는 알프스 소녀 하이디

지바 가오리 외 지음 | 남지연 옮김 | 224쪽 | 14,000원

하이디를 통해 살펴보는 19세기 유럽사!

『하이디』라는 작품을 통해 19세기 말의 스위스를 알아본다. 또한 원작자 슈피리의 생애를 교차시켜 『하이디』의 세계를 깊이 파고든다. 『하이디』를 읽을 사람은 물론, 작품을 보다 깊이 감상하고 싶은 사람에게 있어 좋은 안내서가 되어줄 것이다.

지중해가 낳은 천재 건축가 -안토니오 가우디

이리에 마사유키 지음 | 김진아 옮김 | 232쪽 | 14,000원

천재 건축가 가우디의 인생, 그리고 작품

19세기 말~20세기 초의 카탈루냐 지역 및 그의 작품들이 지어진 바르셀로나의 지역사, 그리고 카사 바트요, 구엘 공원, 사그라다 파밀리아 성당 등의 작품들을 통해 안토니오 가우디의 생애를 본격적으로 살펴본다.

영국 귀족의 생활

다나카 료조 지음 | 김상호 옮김 | 192쪽 | 14,000원

영국 귀족의 우아한 삶을 조명한다

현대에도 귀족제도가 남아있는 영국. 귀족이 영국 사회에서 어떠한 의미를 가지고 또 기능하는지, 상세한 설명과 사진자료를 통해 귀족 특유의 화려함과 고상함의 이면에 자리 잡은 책임과 무게, 귀족의 삶 깊숙한 곳까지 스며든 '노블레스 오블리주'의 진정한 의미를 알아보자.

요리 도감

오치 도요코 지음 | 김세원 옮김 | 384쪽 | 18,000원

요리는 힘! 삶의 저력을 키워보자!!

이 책은 부모가 자식에게 조곤조곤 알려주는 요리 조언집이다. 처음에는 요리가 서툴고 다소 귀찮게 느껴질지 모르지만, 약간의 요령과 습관만 익히면 스스로 요리를 완성한다는 보람과 매력, 그리고 요리라는 삶의 지혜에 눈을 뜨게 될 것이다.

사육 재배 도감

아라사와 시게오 지음 | 김민영 옮김 | 384쪽 | 18,000원

동물과 식물을 스스로 키워보자!

생명을 돌보는 것은 결코 쉬운 일이 아니다. 꾸준히 손이 가고, 인내심과 동시에 책임감을 요구하기 때문이다. 그럴 때 이 책과 함께 한다면 어떨까? 살아있는 생명과 함께하며 성숙해진 마음은 그 무엇과도 바꿀 수 없는 보물로 남을 것이다.

식물은 대단하다

다나카 오사무 지음 | 남지연 옮김 | 228쪽 | 9,800원

우리 주변의 식물들이 지닌 놀라운 힘!

오랜 세월에 걸쳐 거목을 말려 죽이는 교살자 무화과나무, 딱지를 만들어 몸을 지키는 바나나 등 식물이 자신을 보호하는 아이디어, 환경에 적응하여 살아가기 위한 구조의 대단함을 해설한다. 동물은 흉내 낼 수 없는 식물의 경이로운 능력을 알아보자.

그림과 사진으로 풀어보는 마녀의 약초상자

니시무라 유코 지음 | 김상호 옮김 | 220쪽 | 13,000원

「약초」라는 키워드로 마녀를 추적하다!

정체를 알 수 없는 약물을 제조하거나 저주와 마술을 사용했다고 알려진 「마녀」란 과연 어떤 존재였을까? 그들이 제조해온 마법약의 재료와 제조법, 마녀들이 특히 많이 사용했던 여러 종의 약초와 그에 얽힌 이야기들을 통해 마녀의 비밀을 알아보자.

초콜릿 세계사 -근대 유럽에서 완성된 갈색의 보석

다케다 나오코 지음 | 이지은 옮김 | 240쪽 | 13,000원

신비의 약이 연인 사이의 선물로 자리 잡기까지의 역사!

원산지에서 「신의 음료」라고 불렸던 카카오. 유럽 탐험가들에 의해 서구 세계에 알려진 이래, 19세기에 이르러 오늘날의 형태와 같은 초콜릿이 탄생했다. 전 세계로 널리 퍼질 수 있었던 초콜릿의 흥미진진한 역사를 살펴보자.

초콜릿어 사전

Dolcerica 가가와 리카코 지음 | 이지은 옮김 | 260쪽 | 13,000원

사랑스러운 일러스트로 보는 초콜릿의 매력!

나른해지는 오후, 기력 보충 또는 기분 전환 삼아 한 조각 먹게 되는 초콜릿. 「초콜릿어 사전」은 초콜릿의 역사와 종류, 제조법 등 기본 정보와 관련 용어 그리고 그 해설을 유머러스하면서도 사랑스러운 일러스트와 함께 싣고 있는 그림 사전이다.

판타지세계 용어사전

고타니 마리 감수 | 전홍식 옮김 | 248쪽 | 18,000원

판타지의 세계를 즐기는 가이드북!

온갖 신비로 가득한 판타지의 세계. 「판타지세계 용어사전」은 판타지의 세계에 대한 이해를 돕고 보다 깊이 즐길 수 있도록, 세계 각국의 신화, 전설, 역사적 사건 속의 용어들을 뽑아 해설하고 있으며, 한국어판 특전으로 역자가 엄선한 한국 판타지 용어 해설집을 수록하고 있다.

세계사 만물사전

헤이본샤 편집부 지음 | 남지연 옮김 | 444쪽 | 25,000원

우리 주변의 교통 수단을 시작으로, 의복, 각종 악기와 음악, 문자, 농업, 신화, 건축물과 유적 등, 고대부터 제2차 세계대전 종전 이후까지의 각종 사물 약 3000점의 유래와 그 역사를 상세한 그림으로 해설한다.

고대 격투기

오사다 류타 지음 | 남지연 옮김 | 264쪽 | 21,800원

고대 지중해 세계의 격투기를 총망라!

레슬링, 복싱, 판크라티온 등의 맨몸 격투술에서 무기를 활용한 전투술까지 풍부하게 수록한 격투 교본. 고대 이집트 · 로마의 격투술을 일러스트로 상세하게 해설한다.

에로 만화 표현사

키미 리토 지음 | 문성호 옮김 | 456쪽 | 29,000원

에로 만화에 학문적으로 접근하다!

에로 만화 주요 표현들의 깊은 역사, 복잡하게 얽힌 성립 배경과 관련 사건 등에 대해 자세히 분석해본다.

AK Trivia Book 53

마도서의 세계

초판 1쇄 인쇄 2019년 4월 10일
초판 1쇄 발행 2019년 4월 15일

저자 : 쿠사노 타쿠미
번역 : 남지연

펴낸이 : 이동섭
편집 : 이민규, 서찬웅, 탁승규
디자인 : 조세연, 백승주, 김현승
영업 · 마케팅 : 송정환
e-BOOK : 홍인표, 김영빈, 유재학, 최정수, 이현주
관리 : 이윤미

㈜에이케이커뮤니케이션즈
등록 1996년 7월 9일(제302-1996-00026호)
주소 : 04002 서울 마포구 동교로 17안길 28, 2층
TEL : 02-702-7963~5 FAX : 02-702-7988
http://www.amusementkorea.co.kr

ISBN 979-11-274-2429-9 03900

이 도서의 국립중앙도서관 출판예정도서목록(CIP)은 서지정보유통지원시스템 홈페이지(http://seoji.nl.go.kr)와 국가자료공동목록시스템(http://www.nl.go.kr/kolisnet)에서 이용하실 수 있습니다.(CIP제어번호: CIP2019010853)